매스 미디어와 언어

KB020855

전병용

1962년 충남 홍성에서 태어났다. 단국대학교 국어국문학과를 졸업하고 같은 대학 대학원에서 「근대국어의 접속어미에 대한 연구」로 석사학위를, 「중세국어의 어미 '-니'에 대한 연구」로 박사학위를 받았다. 논문으로는 「'-니'와 의미단락 완결기능」, 「한글맞춤법 오용에 대한 교정론적 연구」, 「통신 언어의 연구(Ⅰ)」, 「통신 언어의 연구(Ⅱ)」 외에 다수가 있으며, 저서로는 『디지털 시대의 광고와 언어』, 『중세국어의 어미 '-니'에 대한 연구』가 있다.

국립국어연구원 사전편찬위원회 집필위원과 전문위원 및 혜전대학 전자출판과 겸임교수를 역임하였으며, 현재 단국대학교 어문학부 한국어문학 전공교수로 재직하고 있다.

청동거울 학술총서 ❻

매스 미디어와 언어

2002년 6월 20일 1판 1쇄 인쇄 / 2002년 6월 25일 1판 1쇄 발행

지은이 전병용
펴낸이 임은주
펴낸곳 도서출판 청동거울 / 출판등록 1998년 5월 14일 제13-532호
주소 (137-070) 서울 서초구 서초동 1360-28 익산빌딩 203호 / 전화 02)584-9886~7
팩스 02)584-9882 / 전자우편 cheong21@freechal.com

편집장 조태림
편집 조은정 / 표지디자인 우성남 / 본문디자인 김지윤 / 영업관리 정재훈

값 15,000원

ISBN 89-88286-72-3

청동거울 학술총서 ❻

매스미디어와 언어

청동거울

책머리에

　우리는 매스 미디어와 함께 하루를 시작하고 마감한다.

　1999년을 기준으로 우리는 평일 2시간 47분, 토요일 3시간 8분, 일요일 3시간 54분씩 텔레비전을 시청한다고 한다. 일요일에는 하루의 6분의 1을 텔레비전을 보면서 지내는 격이다. 신문의 경우 평일에는 남자의 28%가 평균 39분 신문을 읽고, 일요일에는 23%가 41분 읽는다. 매스 미디어는 이제 우리의 삶의 일부분으로 자리잡았으며, 싫든 좋든 우리는 매스 미디어와 함께 살아가야 한다.

　현대 사회에서 매스 미디어의 역할은 입법부, 사법부, 행정부의 3권에 이은 제4의 권력으로 이야기할 정도로 권한과 영향력이 막강해졌다. 그래서인지 일반인들은 매스 미디어가 전하는 정보의 진정한 의미나 의도를 모른 채 매스 미디어가 전하는 정보는 모두 진실하다고 생각하는 경향이 있다. 그러나 이런 순진한 생각은 종종 무참히 짓밟힌다.

　매스 미디어가 전하는 표면적인 정보보다 이면의 의미나 정보를 알아차리는 것이 중요하다. 이면의 정보 파악은 매스 미디어의 특성과 성격을 확실히 이해할 때 비로소 가능한 일이다.

　매스 미디어는 우리에게 유익한 정보나 감동과 교훈을 전해 주는 순기능을 갖기도 하지만 역기능도 적지않다.

　선정성 광고나 허위·과장 광고는 소비자를 현혹시키며 일부 매스 미디어는 안정적인 운영을 위해서 서슴지 않고 왜곡된 정보를 유포하기도 한다. 또한 폭력적이고 선정적인 내용으로 청소년들의 정서와 성교육에 나쁜 영향을 끼친다.

매스 미디어에서 쓰는 언어가 일상 언어 생활에 끼치는 영향을 언급하는 것은 새삼스러울 정도다.

우리는 스포츠 연예 신문뿐만 아니라 종합 일간지에서도 폭력적이고 과장적이며 선정적인 표현들을 쉽게 볼 수 있으며, 방송에서도 폭력적이고 극단적인 표현, 상대방을 무시하는 표현, 권위적인 표현, 선정적인 표현, 부정확한 표현 따위를 얼마든지 접할 수 있다.

매스 미디어가 발달하면서 개별 미디어 언어가 그 영역을 확대하여 일반화되는 현상이 생기게 되었다. 인터넷 시대를 맞이하면서 새로운 유형의 언어가 보이기 시작하였고, 인터넷 언어가 유행하면서 다른 미디어의 언어뿐 아니라 우리의 일상 언어에도 크나큰 영향을 미치게 되었다. 신문과 방송에서는 권위적인 표현이 줄어들었지만, 가벼운 말장난이 판을 치는 현상이 빚어지고 있다.

이 책은 우리의 언어 생활에 가장 직접적이고 구체적으로 영향을 미치고 있는 매스 미디어의 언어를 다룬다.

우리가 매스 미디어의 언어를 살피는 것은 매스 미디어의 언어가 대량성과 신속성을 특징으로 하는 21세기 커뮤니케이션의 현장 언어이기 때문이다. 그리고 이런 연구는 우리의 삶과 문화를 이해하기 위한 방편이기도 하다.

1장은 매스 미디어의 기초적인 이해를 위해 매스 미디어의 정의와 특성 및 기능에 대하여 살펴보았다.

2장은 신문 언어를 대상으로 신문의 정의와 특성을 살핀 다음 기사 작성의 요령과 기사문 자체의 문제점을 제시하였다.

3장은 방송 언어를 대상으로 방송의 정의와 특성을 살핀 다음 방송 언어의 문제점을 내용면과 표현면으로 나누어 고찰하였다.

4장은 통신 언어 가운데 대화방 언어를 중심으로 개념과 특성을 살피고 문제점을 지적하였다.

우리는 이제 새로운 매스 미디어의 시대에 우리의 정체성을 잃지 않으면서 매스 미디어와의 조화로운 관계를 영위하도록 노력해 나가야 할 것이다.

끝으로 이 책을 내는 데 큰 도움을 주신 청동거울 식구들에게 고마움을 전한다.

2002년 6월
안서 호반에서
전병용

차 례

책머리에 • 5

| 제1장 | 매스 미디어의 이해

1. 매스 미디어의 정의 • 13

2. 매스 미디어의 기능 • 14
   2-1. 정보 전달의 기능/2-2. 설득의 기능/2-3. 교육의 기능/2-4. 오락의 기능

3. 매스 미디어의 특성 • 19
   3-1. 전달의 대량성/3-2. 전달의 일방성/3-3. 전달의 신속성/3-4. 수용자의 이질성/3-5. 수용자의 자발성/3-6. 프로그램의 다양성/3-7. 메시지의 상품성과 상징성/3-8. 확실성/3-9. 공공성/3-10. 효과의 장기성/3-11. 매스 미디어와 권력

| 제2장 | 신문 언어

1. 신문과 현대생활 • 29

2. 신문의 정의와 분류 • 30

3. 신문의 기능 • 31

4. 신문 매체의 특성 • 33

5. 신문기사의 특성 • 34

6. 신문기사의 분류 • 34

7. 신문기사의 작성원칙 • 35
   7-1. 육하원칙(六何原則)에 따른 글/7-2. 간결한 글/7-3. 쉬운 글/7-4. 객관적인 글/7-5. 명확한 글

8. 신문기사의 제목 • 37

8-1. 제목의 기능/8-2. 제목의 조건/8-3. 제목의 유형/8-4. 제목의 작성 요령

9. 신문기사의 어휘 • 101

9-1. 관청용어 되도록 일상용어로 바꿔라/9-2. 주관적 어휘는 삼가라/9-3. 다의어는 가능한 한 피하라/9-4. 금기어는 삼가라/9-5. 방언은 피하되 경우에 따라 활용하라/9-6. 한글 표기 때 오해할 한자어는 피하라/9-7. 번역어는 우리말 문맥에 맞게 써라

10. 기사의 구성과 유형 • 112

10-1. 기사의 구성/10-2. 기사의 유형

11. 분야별 기사 작성요령 • 127

11-1. 정치 기사/11-2. 경제 기사/11-3. 사건·사고 기사/11-4. 국제 기사

| 제3장 | 방송 언어

1. 방송의 이해 • 143

1-1. 방송의 정의/1-2. 방송의 기능/1-3. 방송의 특성

2. 방송 언어의 정의와 기능 • 146

2-1. 방송 언어의 정의/2-2. 방송 언어의 기능

3. 방송 언어의 조건 • 156

3-1. 내용면/3-2. 형식면

4. 방송 언어의 특성 • 170

4-1. 텔레비전 보도 언어의 특성/4-2. 라디오 언어의 특성

5. 방송 언어의 문제점 • 176

5-1. 내용의 문제/5-2. 표현의 문제

6. 방송 언어 문제점의 극복 방안 • 216
  6-1. 방송인의 역할/6-2. 방송의 표준 발음 교본 역할/6-3. 방송의 언어 교육 역할

| 제4장 | 통신 언어

1. 인터넷과 현대생활 • 221

2. 인터넷과 언어생활 • 225

3. 통신 언어의 개념 및 특성 • 231
  3-1. 통신 언어의 개념/3-2. 통신 언어의 특성

4. 대화방 언어의 특성 • 235
  4-1. 표기/4-2. 음운/4-3. 어휘/4-4. 문법/4-5. 인사말/4-6. 말투

5. 통신 언어의 문제점과 극복 방안 • 304

참고문헌 • 308

10

제1장 ● 매스 미디어의 이해

1. 매스 미디어의 정의/2. 매스 미디어의 기능/3. 매스 미디어의 특성

제1장 매스 미디어의 이해

1. 매스 미디어의 정의

매스 미디어는 '매스 커뮤니케이션 미디어(Mass Communication Media)'의 준말로 불특정 다수의 일반 대중에게 공적(公的)·간접적(間接的)·일방적(一方的)으로 다량의 사회 정보와 사상을 전달하는 매체를 가리킨다.[1]

미디어라는 말은 물리적으로 열이나 파동과 같이 힘이나 효과를 전달하는 물체를 가리키기도 하지만, 사회적으로는 목소리, 제스처, 봉화, 대자보, 신문, 전화, 텔레비전 등과 같은 의사소통의 수단을 가리킨다. 의사소통 수단으로서 미디어는 자신의 메시지를 남에게 전달하기도 하고 남의 메시지를 받기도 한다. 따라서 이러한 의사소통은 송

---

[1] 흔히 매스 커뮤니케이션과 매스 미디어가 혼용되고 있지만 다른 개념이다. 매스 커뮤니케이션이란 대중사회에서의 의사소통 과정, 정보 전달 과정을 이야기하는 것이고, 매스 커뮤니케이션의 매체가 매스 미디어다. 가령 TV는 매스 커뮤니케이션이 아니라 매스 커뮤니케이션의 도구인 매스 미디어이다. 또한 매스 커뮤니케이션(mass communication)의 준말로 매스컴(mass com)이란 말도 쓰는데, 이는 일본식 조어로서 영어사전에는 없는 용어다.

신자와 수신자라는 의사소통 참여자들과 그들이 주고받는 메시지 외에 그 메시지를 운반할 매체를 필요로 한다.

오늘날 매스 미디어는 크게 인쇄 미디어와 전자 미디어로 나눌 수 있다. 인쇄 미디어로는 책, 잡지, 신문 따위가 있고, 전자 미디어로는 음반, 영화, 라디오, 텔레비전, 각종 뉴 미디어가 있다. 라디오와 텔레비전을 하나로 묶어서 특별히 방송 미디어라고 부르기도 하고, 음반과 라디오를 따로 음성 미디어라고 부르기도 한다. 그리고 보도를 주로 하는 신문, 시사잡지, 방송의 보도 프로그램을 특별히 보도 미디어 또는 언론이라고 말하기도 한다.[2]

2. 매스 미디어의 기능

매스 미디어의 기능에는 상반되는 순기능과 역기능이 있다. 일반적으로 사회에 바람직한 기능을 순기능이라고 하고, 사회에 바람직하지 않은 기능을 역기능이라 한다. 그러나 이 기준은 엄격한 것이 못 된다. 그것은 보는 사람의 처지나 가치관 또는 이해 관계에 따라 정반대로 얘기될 수 있기 때문이다. 따라서 같은 기능도 상반되게 이해될 수 있음을 염두에 두어야 한다.

윌버 슈람(Wilbur Schramm)은 의사소통 과정을 다음과 같이 네 가지로 나누어 설명한 바 있다.[3] 뉴스, 일기예보, 시장정보, 문화행사 등의 '정보 전달의 기능', 사설, 논평, 광고 등의 '설득의 기능', 의사, 경제인, 문화인 등이 담당하는 프로그램인 '교육의 기능', 소설, 만화, 드라마, 쇼, 영화 등의 '오락의 기능'이다. 이를 좀더 자세히 살펴

---

2) 이효성(2000:67-69) 참고.
3) 최진우 외(1997:19-23) 참고.

보자.

2-1. 정보 전달의 기능

매스 미디어는 날마다 일어나는 국내 및 국제 뉴스를 전달하고, 각종 문화행사를 알려 준다. 또한 일기예보와 일반 시장의 상황 등을 정기적으로 자세히 알려 줌으로써 일상생활의 도구적 역할을 한다.

신문만이 정보 전달의 수단이었던 19세기 초반만 하더라도, 뉴스는 주로 국내의 수도와 대도시를 중심으로 전달될 뿐이었다. 그러나 수용자의 소득 증대 및 교육 수준의 향상에 힘입어 독자층은 확대되고, 정보 전달의 규모가 전국화되었다. 수용자가 급속히 늘어남에 따라, 신문의 구독료는 싸지고 '한 닢짜리 신문(penny paper)'이 등장하였다. 다수의 수용자인 대중에게 전달되는 한 닢짜리 신문(penny paper)의 등장은 정보의 대량 생산을, 그리고 대중신문의 시대를 상징하는 것이다.

영국의 경우, 1855년 인지세가 폐지되어 데일리 텔레그라프(The Daily Telegraph)는 2펜스의 지대를 1페니로 떨어뜨려 이른바 '페니 페이퍼'의 효시가 되었으며 중산층의 환영을 받았다. 미국의 경우에는 1883년 뉴욕 선(The New York Sun)의 성공이 대중신문의 시대를 열어 놓았다.

페니 페이퍼의 등장은 교육의 수준이 높아져 식자층이 넓어진 결과이며, 소득 수준이 높아져 신문 구독자의 수가 늘어난 결과이다. 대중 사회의 특성을 나타내는 사회에서만이 페니 페이퍼가 만들어지며, 이것이 대량으로 유통됨으로써 수많은 사람들이 아주 싼값에 다양한 정보를 접할 수 있었다.

한편 우리는 정보의 홍수 속에 파묻혀 살아가는 '정보 과잉의 사회'에 접어들었다. 이제 정보를 생성하는 능력이 그것을 검색, 구성, 출판하는 능력을 이미 넘어섰음을 뜻한다.

오늘날 우리는 매일 약 40개의 전자우편을 받고 있다. 2000년에는 하루에 100억 개의 전자우편이 송·수신되고, 2005년경에는 하루에 350억 개의 전자우편이 송·수신될 것이란 전망이 나오고 있다. 지구 상에는 현재 5,5000억 개의 도큐먼트가 있지만 그 중의 약 90%는 쓸데없는 것이라는 말도 있다.

이제 우리는 필요한 정보를 능숙하게 검색하고 그것을 효과적으로 관리하고 사용하는 기술과 판단력이 중요한 시대에 접어든 것이다.

2-2. 설득의 기능

매스 미디어는 정치, 경제, 사회 문제에 관한 지식을 전달해 주고, 새로운 해석을 제시함으로써 공공 문제에 대한 안내자의 역할을 한다. 다시 말하면, 신문과 방송 등은 단순히 정보만을 전달하는 데 그치지 않고, 수용자들 주변에서 일어나는 사건이나 현상들에 대하여 설명하고 해석함으로써 이해를 도울 뿐만 아니라, 수용자가 그에 대한 판단을 내리는 데 도움을 주며 일정한 시각을 갖게끔 한다.

설득의 기능은 수용자의 사고와 행동에 변화를 주는 것으로 신문의 칼럼이나 사설, 방송의 해설과 논평, 혹은 시사 토론 등을 통하여 이루어진다. 그러나 이러한 설득 기능이 제 기능을 발휘하지 못하거나 악용됨으로써 군사 독재정권이나 일부 언론재벌에만 유리한 방향으로 여론이 조작되는 역기능도 있다.

2-3. 교육의 기능

과거에는 먼 세계로만 존재하였던 아프리카나 남아메리카의 환경과 풍습을 매스 미디어를 통해서 간접적으로 알게 됨으로써 좀더 넓은 지식을 갖게 된다. 뿐만 아니라 매스 미디어에서 의사, 경제인, 과학자 등 전문인들이 구체적인 지식을 알기 쉽게 설명해 줌으로써 많은 사람들이 상식을 넓히고 교양을 쌓아 간다. 그리고 우리는 매스 미디어를 통하여 여러 분야의 문화인들을 만나고 그들의 작품 세계를 알게 되며, 급변하는 문화환경에 접하면서 새롭게 갈등을 느끼기도 하고 즐거움을 얻게 된다.

교육적 기능을 구체적으로 열거하면 다음과 같다.

첫째, 새로운 지식을 제공한다. 현대인들은 독서와 같은 어려운 일을 하지 않고서도 언론매체를 통하여 쉬운 방법으로 새로운 지식을 습득한다. 그것이 체계적으로 실시되지는 않지만, 그때그때 알아야 할 정치·경제·사회·문화에 대한 지식을 얻는다.

둘째, 사회 생활을 계도한다. 바람직한 사회 생활과 가정 생활을 영위할 수 있도록 조그마한 일에서부터 간접적으로 가르치고 올바른 방향으로 지도한다.

셋째, 예술 교육에 공헌한다. 음악과 미술에 대한 해설과 문학작품의 소개, 그리고 드라마와 연극을 통한 예술성 함양은 인간의 마음을 정화시키고 일상생활에서 자주 일어나는 갈등을 예술적으로 승화시켜 그것을 해결해 주는 요인이 되기도 한다.

넷째, 언어의 정화와 통일을 기한다. 방송을 통한 표준어의 사용은 언어의 순화와 통일을 가져오는 데 기여한다.

다섯째, 좁은 의미의 교육과 교양에 관계된 지식을 제공한다. 우리나라에서는 주로 교육방송 프로그램에서 학생들을 위한 시간을 제공하거나, 신문지상에서 외국어 강좌나 한자풀이, 고사성어 해석 등을 위하여 고정란을 두고 있다.

교육의 기능을 몇몇 학자들은 미디어의 사회화 기능이라고 요약하기도 한다. 사회화 기능이란 일반적으로 성인이 되기 이전까지 가족과 학교, 그리고 친우집단을 통해서 개인이 살고 있는 사회의 생활양식과 가치관을 배우는 과정이라고 볼 수 있다. 그러나 현대에 이르러서는 사회화 기능을 수행하는 주체로 가족, 학교, 친우집단 못지않게 매스 미디어를 들고 있다. 어린이 프로그램, 청소년 프로그램을 통하여 미성년자들은 구체적인 지식을 배울 뿐만 아니라, 전통, 풍습, 규범 등을 익힌다. 이와 동시에 일상생활에서의 가치관, 국가관, 세계관 등을 고취한다.

넓은 의미의 교육이란 비단 어린이나 청소년만을 대상으로 삼지 않는다. 어른들이 신문을 읽거나 방송을 시청할 때, 전문인들의 설명을 통해서 그리고 문화예술인 등의 작품을 통해서 새로운 정보와 지식을 갖게 되고, 직접 경험해 보지 못한 사회환경에 대하여 좀더 구체적인 시각을 갖게 된다. 성인을 대상으로 한 교육 과정을 재사회화라고도 한다. 다른 말로 표현하면 매스 미디어에 의한 평생교육이라고도 볼 수 있다.

2-4. 오락의 기능

매스 미디어는 연속극, 만화, 음악, 쇼, 스포츠 따위를 통하여 사람들에게 복잡한 사회 생활에서 누적된 피로를 해소시켜 주며, 사회 생활의 수고로부터 벗어나 긴장을 완화시키고 새로운 활력을 갖게 하는 등 오락적 기능을 수행한다.

우리 사회에 백만 장 이상 돌파하는 대중가요가 나타난 지 오래고,

서태지와 아이들, 김건모, 신승훈 등은 젊은이들의 우상이 되었을 뿐 아니라 신세대 문화를 대표하는 상징적 기호가 되었다. 텔레비전의 드라마 주인공들은 어느새 유명인사가 되어 국회의원으로 정계에까지 등장하였다.

스포츠 중계방송의 경우는 오락의 범주가 국경을 뛰어넘어 전세계의 시청자들을 사로잡은 지 오래다. 1998년 월드컵 축구 중계방송을 전세계 10억 이상의 인구가 시청하였으며, 한국과 일본에서 열린 2002년 월드컵 축구 경기는 8조원 정도의 경제 파급 효과, 사회·문화적인 국민 통합 효과, 정치·외교적인 국가 위상 제고뿐만 아니라 건설, 관광, 기업 홍보, 정보통신, 스포츠 마케팅, 방송기술 등 갖가지 부문에서 엄청난 유발 효과를 일으키는 '지구촌 최대의 종합제전'으로 세계인의 이목을 집중시켰다는 사실이 이를 입증한다. 이렇듯 매스 미디어에서 오락의 비중은 점점 커지고 있다.

그러나 매스 미디어가 제공하는 오락적 내용이 단순히 웃음을 선사하고 순간적인 쾌락에만 머무른다면 현실 도피와 정치적 무관심을 조장하는 저속한 오락도구로 전락하여 대중의 현실 비판력을 마비시키는 역기능을 초래할 수도 있다.

3. 매스 미디어의 특성[4]

3-1. 전달의 대량성

고도의 기술과 거대한 자본을 기반으로 출현하여 대규모의 전달방

---

4) 강상현·채백 엮음(2001:69-72) 참고.

법을 사용하는 커뮤니케이션은 그 표현수단이 문자이든 영상이든 대량성을 갖는다. 신문의 경우만 보더라도 국내외 독자가 수백만에 이르고, 더욱이 텔레비전의 경우에는 밤낮으로 방영되기 때문에 송신량이 엄청나게 많으며, 시청자는 때때로 전국민 혹은 전세계인이 될 수도 있다. 따라서, 매스 미디어로 전달되는 내용은 대중이 공통적으로 갖고 있는 관심들을 대상으로 삼고 있으며, 활용되는 어휘도 대중이 이해하기 쉬운 것들이다.

3-2. 전달의 일방성

대인 커뮤니케이션은 송신자와 수신자가 메시지를 주고받는 의사소통이지만, 매스 미디어에 의한 의사소통은 대개 송신자로부터 수용자로 이르는 메시지가 일방적으로 전달된다. 물론 방송 미디어에서 전화를 통해 송신자와 수신자가 쌍방향의 의사소통을 하는 경우가 있으나 그것은 특수한 경우이고, 매스 미디어에 의한 의사소통은 대부분 일방적인 전달이다. 따라서 매스 미디어에 의한 커뮤니케이션에서는 대인 커뮤니케이션에서와 같은 즉각적인 반응을 보기 어렵고 그 반응의 양도 적다. 신문이나 텔레비전을 본 사람들이 보고 읽은 내용과 관련하여 신문사나 방송사에 어떤 반응을 보이는 경우는 극히 적다. 설령 독자나 시청자가 전화, 편지, 방문 등으로 어떤 반응을 보이는 경우라 하더라도 그 반응은 어느 정도 시간이 흐른 후에야 전달된다.[5]

---

5) 요즘 신문사마다 인터넷 홈페이지를 개설하여 독자의 의견을 그때그때 탄력적으로 수용함으로써 독자와의 양방향 소통을 시도하고 있다. 하지만 이런 소통은 아직까지는 일방적인 전달의 허점을 보완하는 정도에 머물고 있다.

3-3. 전달의 신속성

인간의 지적 욕구는 사회가 발전함에 따라 증가되었다. 그리고 좀 더 많은 것을 빨리 알려고 하는 것은 격동하는 현대사회에서는 현실 생활의 적응과도 깊은 연관이 있다. 신속한 뉴스 전달은 그들의 지적 욕구를 충족해 줄 뿐만 아니라 사회 변화에 대한 인식을 높이는 데에도 기여한다. 아무리 귀중한 보도라도 신속성을 잃게 되면 기록적이고 회고적인 가치에 그칠 뿐, 개인에게 의미를 주는 실용적 가치는 줄어든다. 라디오와 텔레비전과 같은 전파매체가 일상생활에 큰 비중을 차지하게 된 까닭은 바로 그 신속성에서 말미암은 것이다. 신문의 경우도 주요 사건은 호외라는 방법으로 독자에게 전하는데, 이는 바로 신속성이란 매스 커뮤니케이션 고유의 성격을 지키고자 함이다.

3-4. 수용자의 이질성

매스 미디어는 비교적 이질성이 큰 수용자를 대상으로 한다. 매스 미디어의 수용자는 대개 송신자로부터 멀리 떨어져 있고 널리 흩어져 있으며 서로 알지 못하는 많은 사람들이다.

매스 미디어의 수용자를 흔히 대중이라 부른다. 대중은 현대 대중 사회의 특성적인 집합체로서 그 구성과 크기가 유동적이다. 대중은 자의식과 일체감이 부족하여 공통의 목적을 달성하기 위해 조직적으로 함께 행동하지 못한다. 대중은 스스로 행동하지 않고 정치 선전이나 상품 광고에서 보듯이 오히려 어떤 행동의 대상이 된다.

대중은 모든 지역과 계층과 인구학적 속성을 포괄하는 다수의 사람들로 구성된 이질적인 집단이지만, 대중을 어떤 특별한 목적에 이용하려는 자들에게는 동질적인 존재로 지각된다. 대중의 이런 역설적인 특성은 대량 시장의 소비자 대중이나 선거에서의 유권자 대중에게도 적용되며, 이들 대중을 통제하기 위해 매스 미디어가 이용되기도 한다.

3-5. 수용자의 자발성

우리가 수용자로서 매스 미디어 현상에 참여한다면 그것은 기본적으로 자발적인 행위이며, 강제되거나 사회적인 의무가 아니다. 미디어 이용이 근무시간이 아닌 여가시간에 주로 이루어진다는 점에서 그러하다.

그러나 현대사회에서 생존을 위해서나 원활한 삶을 영위하기 위해서 매스 미디어의 수용은 거의 필수적이다. 매스 미디어의 수용이 형식적으로는 자발적이지만 현실적으로는 필수적이라고 할 수 있다.

3-6. 프로그램의 다양성

이상적인 매스 커뮤니케이션이란 실제로 공통의 흥미에 쉽게 빠져들지 않는 사람들에게까지 만족을 주는 것이다. 프로그램의 다양성은 보도 프로그램, 교양 프로그램, 교육 프로그램 등을 중심으로 이루어진다. 현실의 여러 가지 서로 다른 삶을 보여주고, 서양인의 생활, 아랍인의 종교 등 우리가 직접 경험하지 못하는 삶의 부분들을 전해 주며, 세계에서 시시각각으로 일어나는 중요한 사건들을 보도함으로써 매스 커뮤니케이션의 다양성은 실증된다.

그러나 요즈음 프로그램 내용이 점차로 오락적인 방향으로 치우치는 경향이 있다. 이에 대하여 많은 학자들은 매스 미디어의 내용이 획일화, 저속화로 빠지지 않도록 주의를 기울여야 하며 다양성을 살려야 한다고 주장한다. 최근에는 사건 보도까지도 흥미 위주로 사진을 게재하거나 기사를 작성하고 선정성이 강한 내용들을 지나치게 많이 보도하여 황색언론이라는 비난을 받는다.

3-7. 메시지의 상품성과 상징성

매스 미디어의 메시지는 교환가치를 갖는 노동의 산물로서 이윤을 목적으로 하는 상품이지만, 다른 한편으로는 사용가치를 갖는 상징적 메시지라는 점에서 일반 상품과 차이가 있다. 상품으로서의 매스 미디어의 메시지는 그 상업적·경제적 역할이 중시된다. 이 경우 매스 미디어는 상품으로서, 지면이나 시간을 수용자나 광고주에게 판매하는 것이 주목적이다.

상징으로서의 매스 미디어의 메시지는 그 공적·정치적인 역할이 중시된다. 이 경우 매스 미디어는 정보, 아이디어, 문화 등의 형태로 지식을 생산하고 배포하는 것이 주목적이다. 이는 개인들의 요구에 따른 것일 뿐만 아니라 사회적 필요에 따른 것이기도 하다. 그러나 매스 미디어의 상품으로서의 면모와 상징으로서의 면모는 배타적이지 않고 밀접한 관계를 맺고 서로 영향을 미친다.

3-8. 확실성

아무리 빨리 전달하는 뉴스라 할지라도 확실성이 떨어져서는 안 된다. 이는 매스 미디어의 윤리와 관련된 문제이다. 실제로 사건을 서둘러 알리려다 보면 때로는 확실성이 떨어진다.

정치사건, 경제 문제 등은 그 현상을 기자가 재구성하는 과정을 밟기도 한다. 따라서 편집자의 입장, 경영자의 의도가 내용에 영향을 끼칠 뿐만 아니라 기자의 편견이나 정보의 부족 등이 정확한 보도에 장애 요소로 작용하기 쉽다.

매스 미디어의 확실성이란 장기적으로 보면 수용자의 신뢰성을 얻는 것이다. 신뢰성 있는 방송으로는 영국의 BBC가 대표적이다. BBC는 전세계에 수많은 정보원(情報源)을 활용하며 방송인들이 사회적 책임의식을 갖고 있어 어느 정파에도 흔들리지 않는 것으로 유명하다.

3-9. 공공성

매스 미디어를 운영하는 신문사 혹은 방송사는 다른 사기업과는 달리, 개개인과의 관계보다는 사회 구성원 전체와의 관계를 중시한다. 즉, 신문이나 방송은 개인 혹은 소수에게만 해당되는 매체가 아니므로, 특정 집단만을 위한 내용을 고집해서는 안 된다.

전파매체의 경우에는 더욱이 전파가 어느 특정한 개인의 사유재산이 아니므로, 다수의 시민 혹은 국민과 관련된 기사들을 써야 한다. 한 걸음 더 나아가 그들에게 유익하고, 사회 발전에 도움이 되는 공익성을 갖는 기사들을 편집해야 한다. 신문이 구독자의 수에 집착하거나 방송이 시청률에 민감할 경우, 즉, 기업의 영리만을 지나치게 좇을 경우 수용자들은 다양한 기사나 프로그램을 접할 수 없고, 선정적인 기사나 저속하고 오락성이 강한 프로그램만을 접하게 된다.

3-10. 효과의 장기성

매스 미디어의 메시지는 행동이나 태도의 변화로 나타나는 단기적이고 가시적인 효과보다는 인식의 변화로 나타나는 장기적이고 비가

시적인 효과가 더 큰 것으로 알려져 있다. 연구 결과에 따르면, 가시적인 행동이나 태도 변화에는 대인 커뮤니케이션이 더 효과적이다.

매스 미디어의 메시지만으로는 사람들이 가진 태도나 행태를 쉽게 변화시키기 어렵다. 그러나 매스 미디어의 메시지는 사람들의 행동과 태도의 바탕이 되는 인식의 변화에는 효과적이기 때문에 장기적이고 비가시적으로는 사람들의 행동이나 태도에도 영향을 미친다고 할 수 있다.

3-11. 매스 미디어와 권력

매스 미디어 자체는 형식적인 권력을 갖고 있지 않지만 국가의 관습적 이용이나 법적인 작용을 통해서, 국가권력을 정당화하는 역할을 하게 됨으로써 국가권력과 항구적으로 연계되어 있다. 매스 미디어는 국가권력의 유지와 강화에 필수적이기 때문이다. 국민을 계도하고 국민의 동의를 이끌어내는 힘을 가지고 있다는 점에서 매스 미디어는 국가권력의 후견기관이며 무력 없는 유력기관이라고 할 수 있다.

제2장 ● 신문 언어

1. 신문과 현대생활/2. 신문의 정의와 분류/3. 신문의 기능/4. 신문 매체의 특성/5. 신문기사의 특성/6. 신문기사의 분류/7. 신문기사의 작성원칙/8. 신문기사의 제목/9. 신문기사의 어휘/10. 기사의 구성과 유형/11. 분야별 기사 작성요령

제2장 신문 언어

1. 신문과 현대생활

　대부분의 사람들은 하루를 시작하는 아침 시간이나 잠시 쉬는 동안 흔히 신문을 본다. 취향에 따라 TV 프로그램이나 만화를 먼저 보는 사람도 있고, 소설을 먼저 읽는 사람도 있으며, 처음부터 끝까지 꼼꼼하게 기사 전체를 읽는 사람도 있다. 이렇게 해서 얻어낸 정보는 생활을 영위하는 데 중요한 자원이 된다. 신문이 제공한 정보를 가지고 동시대의 사람들과 유대를 형성하여 공동체 의식을 갖기도 하고, 자신의 삶을 진단하기도 한다. 어떤 정당 혹은 정치인을 지지하거나 비난할 때 대부분 신문에서 얻은 정보가 그 토대를 이루며, 대학 입시생을 둔 부모는 아예 여러 신문을 펼쳐 놓고 지원해야 할 대학이나 학과를 결정하기도 한다. 이렇듯, 신문은 어떤 매스 미디어보다 우리의 삶에 중요한 영향을 미치며, 또 그만큼 친근하다.

　신문이 우리의 삶에 미치는 영향력을 감안한다면, 우리는 응당 그

가치를 가늠할 필요가 있다. 우리가 신문에서 얻은 정보를 통해 일정한 판단을 내린다고 할 때, 그 판단의 합리성 여부는 곧 정보의 진위에 의해 결정된다. 그런데 신문기사는 기자의 판단과 관점에 의해 재구성된 결과이기 때문에, 우리가 그 기사를 액면 그대로 받아들이는 것은 곧 기자의 판단과 관점을 받아들이는 행위라고 할 수 있다. 그런 점에서 독자가 신문기사에 대한 주체적인 판단을 내리기 위해서는 무엇보다도 기사에 대한 비판적 시각을 지녀야 한다.

이 장에서 우리는 신문에 대한 개괄적 이해를 토대로 기사를 객관적으로 수용하기 위해 먼저 신문의 특성을 이해하고, 기사의 구조적 특성, 기사 작성의 원칙과 요령, 기사의 여러 문제점 등을 분석하기로 한다.

2. 신문의 정의와 분류

신문이란 특정한 조직체(신문사)가 뉴스와 정보를 수집 · 처리 · 제작하여 독자에게 정기적으로 제공함으로써 그들의 정신적 욕구를 만족시켜 주고 그 대가로 이윤을 추구하는, 경제적이면서도 공공성을 지닌 문화적 매스 미디어이다.[6]

신문은 불특정한 다수의 독자를 상대로 시사 뉴스와 의견 등을 전달하는 일반지 외에도 기사의 내용과 그 신문이 대상으로 삼는 독자 또는 발행 형태에 따라서 여러 종류로 나뉜다. 내용별로는 종합지 외에 경제, 스포츠, 오락, 서평 등을 전문으로 다루는 신문을 일반 보도 신문과 구별하여 '전문지'라고 부른다. 또한 특정한 성(性), 연령, 직

---

6) 최진우 외(1997:47) 참고.

업의 사람을 대상으로 발행하는 여성신문, 어린이신문, 학생신문, 업계지 등을 '특수지'라 하고, 특정 정당이나 종교단체, 노동조합 등에서 영리를 목적으로 하지 않고 발행하는 신문을 '기관지'라고 한다.

그 밖에 발행 형태에 따라 일간지, 격일간지, 주간지, 순간지(旬刊紙), 월간지 등으로 나누고, 신문의 보급 범위에 따라 전국지, 지방지, 한 지역의 주민을 대상으로 발행되는 지역지 등으로도 분류한다.

3. 신문의 기능

인간의 사회적 커뮤니케이션 형태는 크게 나누어, 사람과 사람이 직접 대면해서 행하는 '대인 커뮤니케이션(인격적 커뮤니케이션)'과 신문 또는 방송 등의 매체를 통해 간접적으로 행하는 '매스 커뮤니케이션(비인격적 커뮤니케이션)'이 있다. 역사적 측면에서 볼 때, 근대 이전의 농업을 주로 한 촌락에서의 공동체 사회에서는 대인 커뮤니케이션에만 의존하였다. 그러나 사회의 발전에 따라 상품의 생산과 유통이 늘어나고 공동체가 해체되면서 사람들의 사회적 환경이 확대된 근대사회가 전개되었고, 이에 따라 비인격적 커뮤니케이션이 사회적 커뮤니케이션의 주요한 형태로 등장하였다.

매스 커뮤니케이션이 이러한 사회 발전 단계에서 성립되었고, 그 과정에서 신문이 최초로 등장하면서 가장 유력한 미디어가 되었다. 신문의 가장 기본적인 역할은 직접 접촉하고자 하는 외적 환경에 관한 뉴스를 중심으로 갖가지 정보를 대중에게 전달하는 일이라 할 수 있다. 대중은 신문이 전달하는 정보에 의지해서 환경의 변화에 적응하고 사회생활을 영위해 간다. 그러나 신문이 전달하는 정보는 변화하는 환경의 전체일 수는 없고, 편집자에 의해 선택된 일부이기 때문에 보도기사의 정확성과 기사 선택의 신중성이 크게 요청되면서도 한 편으로는 속보성도 요청된다. 이러한 신문의 속보성은 최근에 와서 전파 미디어의 발달, 특히 텔레비전의 보급으로 다소 감소된 반면, 그 대신 해설과 심층 보도 기능이 중요시되는 경향을 띤다.

신문의 기능은 관점에 따라 다양하다. 그러나 일반적으로 신문의 메시지가 독자들에게 미치는 영향에 초점을 맞추어 보도 기능, 지도 기능, 오락 기능, 광고 기능 등으로 크게 나눈다.

보도 기능은 신문이 독자들에게 사회에서 일어나는 사건들에 대한 정보를 제공하는 기능으로서, 뉴스 보노가 이 기능을 주로 수행한다.

독자를 설득하고 계도해서 그들로 하여금 특정한 태도나 행동을 취하도록 하는 것이 신문의 지도 기능이다. 이는 대개 사설, 논설, 시사 만평, 칼럼, 독자 투고 등을 통해 이루어진다.

신문은 소설 및 만화, 연예, 레저, 스포츠, 취미 관련 기사의 대부분은 독자에게 오락을 제공한다는 점에서 오락의 기능을, 그리고 광고 지면과 경제면을 통하여 상품과 시장에 관한 정보를 독자에게 제공한다는 점에서 광고의 기능까지도 수행한다. 하지만 다양해진 독자의 요구를 신문이 채워 주고자 하는 과정에서 더러는 단일 기사에서 중복되기도 하고, 또 일부 기능이 약화되기도 한다. 경제 기사가 보도, 계도, 광고 기능을 겸하거나, 만화가 보도, 오락 및 정보 전달 기능을 행하는 경우라든가 오락 기능을 텔레비전에 뺏긴 신문이 약화된 오락 기능 대신 정보 전달 기능을 강화하는 측면을 보이는 것이 그것이다.

신문이 또한 특정 사상을 강화하거나 주입시키는 이데올로기적 기능, 잉여가치를 생산하는 영리적 기능, 그리고 권력을 창출하는 정치적 기능 등도 수행한다고 하여, 역기능을 비판하기도 한다.

물론 이상과 같은 신문의 여러 가지 기능들은 독자의 구독 동기나 메시지 수용 형태에 따라 각기 다르게 행사될 수 있다.

4. 신문 매체의 특성

매스 커뮤니케이션 가운데 신문은 가장 전형적이고 중요하며, 오래된 형태이자 현상이다. 매스 커뮤니케이션의 한 형태라는 것은 종이나 모니터 위에 문자와 사진 및 그림으로 된 정보를 정기적으로 전달하는 매스 미디어라는 의미로서 협의의 신문 개념이라고 할 수 있다.

반면 매스 커뮤니케이션 현상이라는 것은 좀더 넓은 의미의 언론 현상을 뜻하는 것이다. 하지만 전자기술의 발달 때문에 도래하는, 방송을 비롯한 각종 새로운 매체의 출현 및 대중화는 신문의 개념을 좁은 의미의 신문으로 제한시키고 있다. 신문이 매스 미디어를 대표하던 시대와는 달리, 그 기능과 양태가 다양해진 여러 매스 미디어 때문에 역할과 영향력이 한정되어 버렸기 때문이다.

뉴스페이퍼(newspaper)로서의 신문은 시사성, 공공성, 주기성 등의 특성을 갖는다. 새로운 소식을 제때에 빨리 전해 주는 것이 시사적 특성이고, 대중들을 위한 공공의 일을 누구나 알 수 있도록 일반 독자에게 보도하는 것이 공공적 특성이며, 일정한 시간 간격을 두고 발간되는 것이 주기적 특성이다. 그리고 인쇄 매체로서 신문이 갖는 기록성, 높은 재독성(再讀性) 및 선별적 접근성 등은 전파 매체에 비해 앞서는 특성이다. 하지만 신속성, 동시성, 접근의 용이성 등의 측면에는 신문이 방송 매체에 뒤진다.[7]

---

7) 강상현·채백 엮음(2001:99) 참고.

5. 신문기사의 특성

신문기사는 각종 뉴스와 다양한 정보를 제공함으로써 독자에게 중요한 정보원이 되고, 다른 인쇄자료에 비해 최신성이나 즉시성을 갖는다는 점에서 그 가치의 중요성이 있다. 신문기사는 대체적으로 스크랩, 색인, 데이터베이스를 통한 정보 수집과 활용에 쓰이며 다음과 같은 특성을 가진다.

첫째, 기자가 직접 사건 현장에서 취재하거나 간접적인 취재로 얻은 정보를 정리하고 재구성하여 보도된 사실이다.

둘째, 그 시대의 정치, 경제, 사회, 문화 등 각 분야에서 일어나고 있는 사건이나 사실을 생생하게 전달하고 기록함으로써 신문기사는 역사 연구의 소재로서 가치를 지닌다.

셋째, 신문기사는 그 주제가 특정한 분야에 한정되지 않고, 상식적인 내용에서부터 전문 분야에 이르기까지 모든 주제를 폭넓고 다양하게 다룬다.

넷째, 단편적인 일과성 사실 보도에 그치는 것보다는 속보성을 지니고 있는 경우가 많다.

다섯째, 일정한 간격을 두고 반복적으로 다루는 주제의 기사가 많고, 깊이 있는 전문성보다는 독자들이 원하는 정보를 좇는 경향이 강하다.

여섯째, 현재로서의 가치를 중요시하는 경우가 많다.

6. 신문기사의 분류

신문기사는 형식에 따라 뉴스, 해설, 논평, 칼럼, 사설, 좌담, 회견,

인터뷰, 통계, 인물, 부고, 시리즈, 만평 및 시사만화, 독자란, 광고 등
으로 나눌 수 있고, 내용에 따라 넓게는 정치, 경제, 산업, 사회, 문화
예술, 과학, 학술, 스포츠, 국제 등으로 나눌 수 있다.

7. 신문기사의 작성원칙

신문기사가 다른 글과 다른 것은 지면이 제한된 매스 미디어이면서
하루를 단위로 만들어지기 때문이다. 신문은 시정(市井)의 잡사(雜
事)에서 학술이론에 이르기까지 다양한 기사를 싣고 있으며, 어떤 간
행물보다도 폭넓은 독자층을 가지고 있다. 신문은 또 일정한 지면과
마감시간이라는 넘을 수 없는 벽을 가지고 있다. 그래서 신문기사는
빠르고 정확해야 할 뿐만 아니라 명확하고 간결하고 또 쉬워야 한다.
같은 보도기사라고 해도 신문기사는 월간지나 주간지의 기사와 같을
수 없고, 바쁜 아침 시간에 읽는 조간과 한가한 저녁 시간에 보는 석
간의 기사가 같은 스타일일 수도 없는 것이다. 각 신문이 가지고 있는
고유한 영역과 독자층의 성향을 인식, 그에 맞는 매력 있는 기사를 써
야 한다.

7-1. 육하원칙(六何原則)에 따른 글

육하원칙은 5W 1H원칙이라고도 한다. Who(누가=주체),
When(언제=시간), Where(어디서=장소), What(무엇을=객체),
How(어떻게=상황), Why(왜=이유)에서 머릿글자를 모은 것이다. 이
여섯 가지 요소는 가능한 한 빠뜨려서는 안 되지만 관련기사가 있다
든지 전후관계로 보아 필요하지 않다고 생각될 때는 한두 개 정도 생

략 가능하다. 또, 이 요소들은 Who(주체)를 앞세우고 중요도에 따라
나머지를 배열하는 것이 정석이지만 이 역시 융통성이 있다.

7-2. 간결한 글

신문기사는 제작상 지면이 제한되어 있다는 측면과 바쁜 시간 중에
읽어야 한다는 독자의 요구를 고려해서 간결하게 작성해야 한다. 신
문기사는 수필이 아니다. 그것은 감정이나 사상을 호소하는 주관적인
글이 아니라 무엇보다도 사실을 편견 없이 전달하는 데 충실해야 하
는 글이다. 그러므로 언어의 유희나 미사여구로 단장된 문장보다는
꾸밈없고 내용이 충실한 글이 바람직하다.

7-3. 쉬운 글

신문기사는 쉽고 부드러운 생활어로 써야 한다. 특히 독자층을 의
식하면서 될 수 있는 한 쉬운 글을 쓰도록 노력해야 한다. 글을 쉽게
쓰려면 우선 문장 그 자체를 쉽게 써야 한다. 어려운 표현이나 한자숙
어는 되도록 피하며 복문보다는 단문을 사용한다. 한 문장의 길이는
짧게 하고(대체로 60자 이내가 적합하다), 길어도 2백자 원고지 한 장을
넘지 않도록 한다.

그리고 내용을 쉽게 쓴다. 기자는 자기가 쓰려고 하는 주제에 관해
독자들이 거의 사전 지식을 가지고 있지 않으며, 또 가지고 있다고 하
더라도 그 신문을 처음 읽는다고 가정하고 기사를 쓴다. 생소한 전문
용어나 약어는 가능한 한 설명을 붙여 준다. 그리고 한 기사에서 여러
가지 내용을 언급할 때는 같은 내용의 글을 한데 모은다.

7-4. 객관적인 글

엄격한 의미에서 객관적인 기사는 읽기 힘들다. 그러나 기자는 적어도 공정하도록 노력해야 한다. 원칙적으로 기자는 독자를 설득하려고 할 것이 아니라 보여주는 선에서 그쳐야 한다. 그러나 객관성을 추구한다고 해서 형식만 취해서는 의미가 없다. 예를 들어 '밝혀진 바에 의하면' 이라든가 '~라고 알려졌다' 라든지 '여론이다' 는 등의 '객관적 표현' 은 기사 내에 그에 상응하는 뒷받침이 없으면 무의미한 것이다. 기사는 공정하면서 객관성이 추구되었을 때 비로소 독자의 신뢰를 얻는다.

7-5. 명확한 글

기자는 단어의 선택에 있어서 신중해야 하며 모호하거나 오해를 불러일으키기 쉬운 말은 피한다. 주어는 가능한 한 독자가 듣고 보고 만지고 느낄 수 있거나 냄새를 맡을 수 있는 구체적인 명사를 고른다. 한 문장 안의 말의 순서도 검토해서 달리 해석될 여지가 없는가 살펴 의미와 내용이 명확한 글을 쓴다.

8. 신문기사의 제목

글을 써본 사람이라면 글에 제목 붙이기가 쉽지 않다는 것을 잘 안다. 제목 붙이기가 어려운 것은 글뿐만 아니라 미술품이나 음악 작품도 마찬가지일 것이다.

하루치의 신문만 봐도 참 많은 제목을 볼 수 있다. 예술작품처럼 두

고두고 생각할 여유가 없는 것이 신문기사의 제목이다. 그 많은 기사의 제목을 붙이는 일이 편집기자들의 몫이므로 편집기자들을 제목 뽑기의 귀재라고도 한다.

신문기사의 제목은 제목만 봐도 기사의 내용을 곧바로 짐작할 수 있도록 뽑아야 한다. 기사 제목이 문학작품의 제목처럼 암시적이거나 비유를 많이 동원해서는 안 된다. 바쁜 사람들은 제목만 훑고 넘어가는 경우가 많기 때문에 내용을 극도로 압축한 형태가 가장 좋다.

되도록 많은 내용을 짧은 문장 속에 압축하려다 보면 기사 제목은 의미소만 살려 놓고 형태소는 줄여 버리는 경우가 많다. 일반적으로 서술어는 뿌리나 줄기만 살려 놓고 나머지 형태소는 줄여 '여전하다'는 '여전'으로만 쓰는 것이 보통이다.

제목의 기능에는 요약·압축 기능, 광고 기능, 암시 기능, 뉴스 등급화 기능, 지면의 미화 기능, 사시 반영 기능 따위가 있다.

8-1. 제목의 기능

1) 순기능

(1) 요약·압축 기능

기사의 요약·압축 기능은 제목의 기능 중 가장 보편적인 기능이다. 제목은 단 몇 글자로 기사 내용을 알려 주는 역할을 해야 한다. 편집기자들은 늘 고민하면서 제목 작업을 하게 된다. 기사 내용과 다른 제목은 기사 내용을 제대로 전달하지 못하고, 독자로 하여금 기사 내용을 잘못 인식하게 한다. 기사 전체를 요약 압축하여 표현하는 것도 좋지만 때로는 그 기사의 특성만 잡아 과감하게 제목으로 삼는 것도 바람직하다.

(2) 광고 기능

광고 기능은 재미있고 함축적인 제목 표현을 통해 독자의 관심을 이끌어 기사를 읽도록 하는 기능을 말한다. 제목이 재미있고 묘미가 있을수록 독자가 그 기사를 읽을 확률이 높다.

(3) 암시 기능

제목의 낱말이 지닌 함축성 때문에 때때로 제목의 표면적 의미를 넘어 깊은 암시성을 내포하는 경우가 있다. 직접적 표현을 피하거나 하나의 제목으로 이중적 의미를 풍기려 할 때 암시의 제목을 사용한다.

(4) 뉴스 등급화(等級化) 기능

기사의 중요도는 제목의 크기와 비례한다. 편집기자는 기사를 접할 때 일차적으로 기사의 경중을 가려 몇 단짜리 기사로 할 것인가를 판단한다. 그런 다음 활자의 크기를 결정하고, 기사의 성격에 따라 어떤 글꼴을 쓸 것인가를 결정한다.

같은 단수의 제목이라도 글꼴의 종류와 크기, 지면의 위치에 따라 뉴스의 가치가 다르게 전달된다.

(5) 지면의 미화(美化) 기능

다양한 단의 제목을 사용하여 지면에 변화를 주고 보기 좋게 꾸며 독서 의욕을 높인다.

(6) 사시 반영(社是反映) 기능

사시 반영 기능은 제목을 뽑거나 본문을 쓸 때 신문사가 내건 사시(신문사가 신문을 발행하는 기본방침)에 부합되게 표현하는 것이다. 예를 들면 진보적인 언론은 진보 중심의 주장을 펴며 보도를 한다. 이 언론이 만약 보수적인 주의를 강조한다면 사시에 어긋나는 보도가 되는 것이다.

2) 역기능

제목은 기사를 요약한 것이기 때문에 적시된 사실이 전체 기사의 대표가 될 수도 있고, 그렇지 못할 경우도 있다. 바꿔 말하면 제목만 읽고 그 기사 전체를 이해했다고 볼 수는 없다. 기사를 읽음으로써 비로소 기사의 전모를 파악할 수 있을 뿐이다. 어디까지나 제목은 기사를 적확하고 간결하게 표현할 뿐이지, 그 기사의 축소판일 수는 없다.

8-2. 제목의 조건

1) 어휘

① 독자를 생각해서 정중한 낱말을 써야 한다.
② 간결하면서도 정보를 담을 수 있는 낱말을 써야 한다.
③ 정확한 낱말을 써야 한다.
④ 쉬운 낱말을 써야 한다. 어려운 말은 풀어 써야 한다.
⑤ 약어는 널리 알려진 것이어야 한다.
⑥ 사투리, 신조어, 장황한 수식어 사용은 삼가야 한다.
⑦ 편파적인 표현은 피해야 한다.
⑧ 제목은 생생하고 신선해야 한다.
⑨ 같은 낱말의 반복을 피해야 한다.

2) 문장

① 문장으로 성립돼야 한다.
② 여러 행 제목일 때 각 행은 독립된 형식의 문장이어야 한다.
③ 동사를 핵심으로 하여 움직임을 함축하는 것이 좋다.
④ 주체가 있어야 한다.
⑤ 짧을수록 강하다.
⑥ 주어의 주격 조사와 연결어휘(-와/과) 등은 생략할 수 있다.
⑦ 제목에서도 기획 기사인지 스트레이트 기사인지 구분되어야 한다.
⑧ 동사는 피동형보다 능동형이 바람직하다.
⑨ 편집기자의 주관은 배제되어야 한다.
⑩ 진실이 결여된 것은 피해야 한다.
⑪ 기사 내용을 압축 요약한다.
⑫ 기사 내용의 전반을 표출한다.
⑬ 제목의 자수는 11자를 넘지 말아야 한다.

8-3. 제목의 유형

1) 관점에 따른 유형

(1) 객관형
① 요약형 : 기사 본문의 내용을 요약하여 정보를 전달하는 기법의 제목이다. 편집자가 가장 많이 쓰는 제목 표현방법으로 기사 내용상의 정보를 객관적인 사실 그대로 요약하여 표현하는 경우이다.

(1) a. 대북 화해·협력정책 지지 68.9%

    b. 강추위 엄습 어제 서울 영하 14도

    c. 올 공무원 봉급 6.7% 인상

    d. 주5일 수업 빠르면 내년 1학기 실시 〈경향 2001. 10. 05.〉

    e. 정부 저자세 협상은 비판 72.2% 〈중앙 2001. 01. 03.〉

② 주요 내용 소개형 : 기사의 전체 내용을 요약하는 게 아니라 주요 내용만 간추려 제목으로 삼는 경우이다.

(2) a. 보험업계에 구조조정 '칼바람' 〈경향 2001. 10. 05.〉

    b. 해외여행 씀씀이 갈수록 커진다 〈경향 2001. 10. 05.〉

(2)주관형

① 기분 표출형

(3) a. 브라질축구 히바우두 '맑음', 호나우두 '흐림' 〈경향 2001. 09. 28.〉

    b. 김미현 첫승 느낌 '꽉' 〈경향 2001. 09. 28.〉

    c. '선수협 PS 보이콧 속타는 4강 사령탑 〈스포츠조선 2001. 10. 05.〉

② 호소·요청형

(4) a. 미국의 테러 보복공격 추석연휴만 피해다오 〈경향 2001. 09. 26.〉

    b. 대북정책 초당대처 계기되길 〈경향 2001. 09. 21.〉

    c. 인천공항 "애완동물 동반 자제" 〈경향 2001. 10. 02.〉

    d. 고구려 유적 내부 관람 자제하자 〈동아 2001. 10. 04.〉

    e. 찬호, 마지막 등판 "뒷심이어 솟아라" 〈한겨레 2001. 10. 04.〉

f. 정부·지역 '건강연대'로 전염병 확산 막자 〈경향 2001. 09. 09.〉

③ 관심 유도형

(5) a. 광우병, 이제 발등의 불이다 〈경향 2001. 09. 11.〉
　 b. 동강 수질은 몇 급수? 〈강원일보 2001. 10. 05.〉

④ 문제 제기형

(6) a. '주가조작' 근절할 수 없나 〈경향 2001. 10. 03.〉
　 b. 금감원은 뭘 했나 〈경향 2001. 09. 27.〉

⑤ 의견 주장형

(7) a. '李게이트' 열쇠 特檢에 있다 〈경향 2001. 10. 04.〉
　 b. 외래관광객 유치 위한 제언 〈경향 2001. 10. 04.〉
　 c. 정간법 개정없인 언론개혁 없다 〈경향 2001. 09. 25.〉

⑥ 의혹 제기형

(8) a. 병역비리 정치인은 없다? 〈경향 2001. 10. 04.〉
　 b. '콜레라 기록착오' 믿어도 되나 〈경향 2001. 09. 11.〉

2) 육하원칙에 따른 유형

(1) 누가(Who) 표출형

(9) a. 월수익 1% 이웃나눔 실천 8남매〈경향 2001. 10. 04.〉

    b. 아시아나, 테러용의자 검색시스템 시행〈경향 2001. 10. 04.〉

    c. 삼성 갈베스 드디어 입국〈한겨레 2001. 10. 05.〉

(2) 언제(When) 표출형

(10) 주5일 수업 빠르면 내년 1학기 실시〈경향 2001. 10. 05.〉

(3) 어디서(Where) 표출형

(11) 한반도에 미공군전력 추가배치〈경향 2001. 10. 02.〉

(4) 무엇을(What) 표출형

(12) 김형윤 전단장 오늘 영장〈경향 2001. 10. 05.〉

(5) 왜(Why) 표출형

(13) a. 단병호씨 구속 노·정 갈등 고조〈경향 2001. 10. 04.〉

    b. '대포차' 매매 무더기 적발〈경향 2001. 10. 02.〉

    c. 'KS직행' 삼성이 남해로 가는 이유〈스포츠조선 2001. 10. 04.〉

(6) 어떻게(How) 표출형

(14) a. 해외여행 씀씀이 갈수록 커진다 〈경향 2001. 10. 05.〉

b. '막바지 귀경' 대체로 원활 〈경향 2001. 10. 04.〉

c. 미군 음식쓰레기로 부대찌개 만들어 팔아 〈국민 2001. 10. 05.〉

(7) 누가 무엇을 표출형

(15) a. 윤경호 영암장사 꽃가마 〈경향 2001. 10. 05.〉

b. 최태욱 히딩크호 주전 '찜' 〈경향 2001. 10. 04.〉

c. 강지성 4단 '신예바둑' 정상에 〈경향 2001. 10. 04.〉

(8) 누가 어떻게 무엇을 표출형

(16) 최성용 4억원에 수원 삼성 입단 〈경향 2001. 10. 04.〉

(9) 누가 언제 무엇을 표출형

(17) a. 삼성 외국인투수 갈베스 4일 입국 〈경향 2001. 10. 04.〉

b. 美골프신동 트라이욘 5일 프로데뷔전 치러 〈경향 2001. 10. 04.〉

(10) 누가 왜 무엇을 표출형

(18) '월드컵마인드' 없는 조직위 망신살 〈경향 2001. 10. 04.〉

(11) 어떻게 무엇을 표출형

   (19) a. 과외 허위신고땐 100만원 벌금낸다 〈경향 2001. 10. 04.〉

       b. 외교관 관용차 私用 중징계 〈경향 2001. 10. 04.〉

       c. '높은 이자' 미끼로 주부 상대 수십억 가로채 〈경향 2001. 10. 05.〉

3) 단어 선택에 따른 유형

(1) 한 어구 제시형

   (20) a. 남극서 첫 마라톤대회 〈국민 2001. 10. 05.〉

       b. 움츠린 女心 〈동아 2001. 10. 04.〉

(2) 전문용어 원용형

   (21) a. "반찬 클릭만 하세요" 인터넷 접수·배달 〈국민 2001. 09. 03.〉

       b. 野, 화력 업그레이드 "이러면 정말……" 전방위 공세

         〈국민 2001. 08. 20.〉

(3) 새말 만들기형

   (22) a. 조디 포스터 또 '묻지마 출산' 〈한겨레 2001. 10. 04.〉

       b. 한나라당의 엇박자 정치 〈주간조선 1671호 2001. 09. 20.〉

       c. '빈대철학'으로 현대왕국일구다 〈신동아 2001년 5월호〉

(22a)는 영화 '양들의 침묵'의 주인공 역을 했던 미국 영화배우 조

디 포스터(38)가 최근 둘째아들을 출산했으나 아이의 아버지가 누구인지, 또는 어떻게 임신을 하게 됐는지에 대해서는 입을 다물고 있다는 내용인데 '묻지마 관광'을 패러디해서 '묻지마 출산'이란 새말을 만들어 제목으로 삼았다.

(22b)는 "싸워야 할 때 타협하고 타협해야 할 때 싸우자고 덤비는 엇박자가 한나라당 지도부에서 자주 발견된다"는 한나라당 부총재의 말을 인용하면서 '엇박자 정치'라는 새말을 만들어 제목으로 삼았다.

(22c)는 '에피소드로 본 故 鄭周永 회장 라이프 스토리'라는 부제가 달린 기사로 정주형 회장의 검소한 생활철학을 '빈대철학'이란 말로 표현했다. 이밖에 다음과 같은 경우가 더 있다.

(23) a. '냉동정국' 언제쯤 녹을까 〈동아 2001. 01. 16.〉

　　b. 푸틴 "정국 정면돌파"······ '침몰정국' 해법 가닥 잡아

　　　〈동아 2001. 08. 25.〉

　　c. 윤경호 '파란의 꽃가마' 〈동아 2001. 10. 05.〉

　　d. 젊은 '도사'들 인터넷 占집 '占령' 〈동아 2001. 10. 04.〉

　　e. 메이저리그는 '노장천하' 〈스포츠조선 2001. 10. 05.〉

4) 종결형식에 따른 유형

(1) 체언

정치면이나 경제면 따위의 경성기사(硬性記事)에서는 체언으로 종결함으로써 진술의 객관성이나 신뢰성의 효과를 얻는다. 접미사를 생략한 채 동작성 명사만을 제시하는 경우, 서술격 조사를 생략하는 경우, 서술어 전체를 생략하는 경우가 있다. 주체의 의도가 드러나는 서술어를 생략함으로써 객관적인 정보 전달 효과와 박진감이나 강조의

효과를 얻을 수 있다.

(24) a. 아프간, 이란 접경서 美 특수부대 요원 3명 체포
〈중앙 2001. 09. 29.〉
b. 단병호 민주노총 위원장에 영장〈중앙 2001. 09. 29.〉
c. 민주 "安장관, 야당 정치공세의 피해자"〈중앙 2001. 09. 29.〉
d. "테러참사 여파 교역비용 상승해 세계화 위축될 것"
〈중앙 2001. 09. 29.〉
e. MMF 수익률 3%대 눈앞〈중앙 2001. 09. 29.〉
f. 현대하이스코 남궁성 냉연공장장〈중앙 2001. 09. 29.〉
g. 전라도 사투리 경연대회 대상 오점순씨〈중앙 2001. 09. 29.〉
h. "부시 테러대응 잘못" 비판론 고개〈중앙 2001. 09. 28.〉
i. 몇달마다 바뀌는 건교장관〈중앙 2001. 09. 29.〉

(2) 종결어미

종결어미로 끝냄으로써 독자에게 완성된 메시지를 확실하게 전달
하는 효과를 얻는다.

① 기본형 종결 : 선어말어미를 생략한 채 어간에 종지형 종결어미
'-다'로 끝낸 경우이다. 시제법이나 경어법을 배제함으로써 객관적이
고 단정적인 상황 제시의 효과를 얻는다.

(25) a. 일본 핵폐기물 처분장 롯카쇼무라를 가다
〈신동아 2001년 6월호〉
b. 세계 최초 3차원 케이블 자정식 현수교 영종대교 바다 위에 '神
話'를 매달다〈신동아 2001년 1월호〉
c. 서세원 '조폭~' 34억 투자 마침내 웃다

〈스포츠투데이 2001. 10. 05.〉

　　　d. 국민은 불안하다 〈신동아 2001년 3월호〉

② 일반 종결

(26) a. "국정원, 윤태식씨 14년간 뒤봐줬다" 〈경향 2001. 11. 24.〉

　　　b. 정년연장 끝까지 갈까 〈경향 2001. 11. 25.〉

　　　c. '진승현 리스트' 존재하나 〈경향 2001. 11. 23.〉

　　　d. "광주 자치구 경계선 다시 긋자" 〈동아 2001. 11. 26.〉

　　　e. LA 교민들 "홍걸씨 귀국하라" 〈중앙 2002. 04. 27.〉

　　　f. 〔사설〕 주5일제 노사 재타협하라 〈대한매일 2002. 04. 26.〉

　　　g. "월드컵 조추첨 日 자극할라……" 〈동아 2001. 11. 26.〉

(3) 부사

① 부사 : 특히 의성어나 의태어 같은 음성 상징어를 씀으로써 생생
한 현장성의 효과와 함께 친숙함의 효과도 얻는다.

(27) a. 월드컵 조추첨행사 어떻게 〈대한매일 2001. 11. 27.〉

　　　b. 감사위, 공적자금 특감 마무리 어쩌나…… 〈동아 2001. 11. 26.〉

　　　c. 한국 대표기업들 "날 좀 보소"…… 대규모 IR 잇따라

　　　　 〈동아 2001. 11. 26.〉

　　　d. 소유진 "예쁘지 않은데 뜨다니 황당해요, 으흐흐"

　　　　 〈동아 2001. 11. 26.〉

　　　e. 잘나가는 카드사들 광고비 '흥청망청' 〈대한매일 2001. 11. 27.〉

　　　f. 하나로·두루넷 통합론 솔솔 〈대한매일 2001. 11. 24.〉

　　　g. 월드컵경기장 영문표지판 '엉망' 〈경향 2001. 11. 26.〉

h. 멧돼지 부농꿈 '무럭무럭' 〈강원일보 2001. 10. 06.〉

② 부사형 : 부사형으로 끝냄으로써 표제어에서 본문으로 독자의 관심을 유도하는 효과를 얻을 수 있다. 또한 아래의 예에서 보듯 과거나 현재의 상황을 부사형으로 싸잡아 표현할 수 있는 이점이 있으며, 단정적이지 않은 표현을 씀으로써 여운의 효과도 얻는다. 다만 형용사의 부사형과 해체의 종결형은 구분하기 힘들다. 다음 (28g)의 "동성애자는 괴로워"가 그 예이다.

   (28) a. 수뢰혐의 前해병사령관 대법서 무죄판결 뒤집어
         〈중앙 2001. 09. 29.〉
      b. 웬지닷컴, 10대들 시각 카메라에 담아〈중앙 2001. 09. 29.〉
      c. 영하권 추위에 노숙자 숨져〈경향 2001. 11. 26.〉
      d. 체불임금 문제로 동료 찔러〈경향 2001. 11. 26.〉
      e. 세계증시 빠른 회복세 보여〈중앙 2001. 09. 29.〉
      f. 정부기관 긴급 감청 36시간內 영장받아야〈동아 2001. 11. 26.〉
      g. 〔씨네리뷰〕'갓 앤 몬스터', "동성애자는 괴로워"
         〈동아 2001. 11. 26.〉

(4) 조사
   체언의 종결이 가지는 장점(객관성, 신뢰성, 강조성)을 아우르면서 체언만의 종결보다 더욱 구체적인 메시지를 전달할 수 있다.
   다음의 (29a)처럼 '하수처리장 부실 소독시설 13%'라는 표현보다 '하수처리장 부실 소독시설 13%뿐'이라는 표현이 더욱 부실한 실태를 부각시키는 효과를 갖는다.

50

(29) a. 하수처리장 부실 소독시설 13%뿐 〈중앙 2001. 09. 29.〉

b. "주한·주일 미군시설 후속테러 표적될 수도"

〈중앙 2001. 09. 29.〉

c. 김대통령 "추석 치안관리 만전을"〈중앙 2001. 09. 29.〉

(5) 어근

신문에만 쓰는 특이한 종결방법이다. 보통 어근은 접미사와 결합해서야 비로소 문법단위로서 기능을 하게 된다. 어근은 독자성이 없다는 말이다. 그러나 신문기사의 제목에서 흔히 어근으로 종결함으로써 어법을 파괴하고 있다는 비판을 받는다.

다음의 (30)은 독자성이 전혀 없는 순수어근으로 종결한 경우이다. '북적'은 '-거리다/대다/이다'와 같은 접미사와 결합해서 쓰이고 '뒤숭숭', '훈훈', '무럭무럭'은 '하다'와 결합해서 쓰이는 게 보통인데 신문에서는 과감히 생략해서 쓰고 있다. 주로 음성 상징어 계통의 어근이 쓰이는데, 이제 관행으로 굳어짐으로써 다른 분야의 제목에서도 원용되고 있다.

(30) a. 제주공항 귀성·관광객으로 북적 〈중앙 2001. 09. 30.〉

b. 동교동 갈등설·MK인맥충돌설…… 여권 뒤숭숭

〈중앙 2001. 09. 28.〉

c. '이웃사랑 송편나누기' 훈훈 〈한겨레 2001. 09. 27.〉

d. 전광렬 마흔두살의 영화 데뷔 "너무 흐뭇"

〈주간조선 2001. 09. 06.〉

e. 박세리, 공동 3위로 주춤 〈스포츠투데이 2001. 10. 06.〉

다음 (31)은 상황에 따라 독자적인 용법도 갖는 명사로 종결한 경우이지만 접미사 '하다'가 결합해야 자연스러운데 어근성 명사의 종결로 볼 수 있는 예들이다.

(31) a. 추석 귀경길 10월 2일 가장 혼잡〈중앙 2001. 09. 30.〉

　　b. 경찰청, 계좌·통화내역조사 주력〈중앙 2001. 09. 30.〉

　　c. 숨진 신생아 전염성 바이러스 가능성 우려〈한겨레 2001. 11. 01.〉

　　d. 美공군사관학교 풋볼경기 관중없이 치러질 듯
　　　〈중앙 2001. 09. 30.〉

　　e. KTB네트워크 김대호 팀장 피랍 주락기 탈 뻔
　　　〈중앙 2001. 09. 29.〉

다음 (32)는 '2001 네오미─휘르자 프로야구대상'의 '최우수 지도자상'에 김인식 두산 감독, 김응용 삼성 감독, 김성한 기아 감독 곧 '3김'이 경쟁을 벌인다는 기사이다. 온국민들이 식상해 하는 '3김'이란 용어를 스포츠에 이용하여 주목을 끌고 있다.

(32) 최우수 지도자상 '3김' 경쟁 뚜렷〈조선 2001. 11. 27.〉

5) 경어법에 따른 유형

신문제목은 아래의 예에서처럼 주로 명사형이나 부사형으로 끝나거나 기본형 종결어미로 끝나기 때문에 경어법이 거의 드러나지 않는 것이 보통이며, 이런 까닭에 신문기사의 제목은 경어법 면에서는 중립적이라고 할 수 있다.

(33) a. 일본 핵폐기물 처분장 롯카쇼무라를 가다〈신동아 2001년 6월호〉

b. 국민은 불안하다〈신동아 2001년 3월호〉

c. 영종대교 바다 위에 '神話'를 매달다〈신동아 2001년 1월호〉

d. 서세원 '조폭~' 34억 투자 마침내 웃다

　〈스포츠투데이 2001. 10. 05.〉

e. 청주국제공예비엔날레 오늘 개막〈동아 2001. 10. 04.〉

f. "당진 왜목마을 방파제 공사 재고를"〈동아 2001. 10. 04.〉

g. "다저스, 박찬호에 관심있으면 협상할 것"〈한겨레 2001. 10. 05.〉

　그러나 요즘 제목의 서술성이 강조되면서 문장식 제목이 늘고 있으며 자연스레 상대경어법(대우법)이 적용된 제목도 늘게 되었다. 이에는 격식체인 '합쇼체, 하오체, 하게체, 해라체'와 비격식체인 '해요체, 해체' 따위가 있다.

(1) 합쇼체

(34) a. 〔NBA포토〕조던 "복귀준비 잘돼갑니다〈동아 2001. 10. 04.〉

　　b. 〔사고〕올해의 여성 과학기술인 찾습니다〈동아 2001. 10. 04.〉

　다음 (35)처럼 요즘 잘 쓰이지 않는 극존칭의 합쇼체를 씀으로써 세태를 비꼬거나 재미를 돋우는 데 쓰기도 한다.

(35) a. 충북 제천 "왕건이시여, 감사하옵나이다"

　　　〈주간동아 제305호 2001. 10. 18.〉

　　b. 호텔롯데부산 "전시 호랑이 어찌 하오리까?"〈동아 1999. 06. 15.〉

　　c. 〔NBA포토〕"즈려밟고 가시옵소서"〈동아 2001. 04. 06.〉

　　d. 〔방송〕"어마마마, 쉬마렵사옵니다."〈동아 2001. 09. 28.〉

(2) 하오체

(36) a. 이왈종 화백 "이제 돌작업도 해보려 하오" 〈동아 2001. 08. 29.〉

b. "문명자 기자, 이 친서를 김정일에게 전하시오!"

〈신동아 2001년 5월호〉

(3) 하게체

하게체는 잘 쓰이지 않는다. 개인간에 쓰는 구어적인 문체이면서 의고체적이어서 신문의 제목으로서는 적합하지 않다.

(4) 해라체

(37) a. 정부, 항공업계에 구조조정 '강도 높여라' 〈동아 2001. 10. 05.〉

b. 너, 박제된 상업만화에 불벼락 내려주마 〈한겨레 2001. 09. 20.〉

c. 이슬람도 변해야 한다 〈문화 2001. 11. 26〉

d. 추억의 만화 '로봇찌빠' 다시 본다 〈문화 2001. 11. 26〉

e. 찬호, 마지막 등판 "뒷심이여 솟아라" 〈한겨레 2001. 10. 04.〉

f. 〔중앙시평〕 의원 자율성 높여라 〈중앙 2001. 11. 25.〉

(5) 해요체

요즘 일상 대화에서는 비격식체인 '해요체'와 '해체'가 경어법을 대표하게 되었다. 신문의 제목에서도 대표적인 비격식체인 '해요체'가 부쩍 늘고 있다.

(38) a. "장사 안되니 가로수 바꿔주세요" 〈동아 2001. 10. 04.〉

b. "김우중 前회장방 쓰실분 없나요" 〈동아 2001. 10. 04.〉

54

c. TV보며 토론, 감상문 "바보상자라뇨?" 〈동아 2001. 06. 04.〉

d. 애견사진 콘테스트 "우리 강아지 포즈 멋지죠"

   〈동아 2001. 11. 26.〉

(6) 해체

위의 '해요체'와 함께 요즘 부쩍 늘었다. 예전에는 제목에 정중한 표현을 선호했기에 '해체' 표현은 잘 안 썼다. 그러나 요즘은 제목에 '해체'를 과감히 씀으로써 기사가 독자에게 당당하고 신선한 느낌으로 전달된다.

(39) a. 교실만 지으면 뭐해…… 선생님이 없잖아!

   〈주간동아 제306호 2001. 10. 25.〉

b. 박찬호 제대로 평가해줘 〈중앙 2001. 11. 25.〉

c. 김병현 "푹 쉬고 싶어" 〈중앙 2001. 11. 25.〉

d. "성도 몰라 이름도 몰라" 〈동아 2001. 11. 26.〉

e. 시인이 사진으로 시를 썼네 〈한겨레 2001. 09. 26.〉

f. '조폭 마누라' 뜻밖 흥행몰이 가벼움이 아쉽다

   〈한겨레 2001. 10. 04.〉

g. 필라델피아 이승학 "실링폼 배우고 싶어" 〈동아 2001. 10. 04.〉

h. "도대체 언제 경기하는 거야" 〈동아 2001. 10. 03.〉

i. 금강산대금 미지급 2400만달러 언제 주기로 했나

   〈동아 2001. 10. 04.〉

j. 주5일 근무제 서둘다 망칠라 〈동아 2001. 10. 04.〉

k. "마니치를 어찌할꼬……" 〈동아 2001. 05. 14.〉

l. 투신권 "소형펀드 어쩌지" 〈동아 2001. 04. 13.〉

m. 〔프로야구〕 "노장들 유니폼 벗어!" 〈중앙 2001. 11. 25.〉

6) 시제법에 따른 유형

신문제목은 주로 명사형이나 부사형으로 끝나거나 기본형 종결어미로 끝나기 때문에 시제법이 잘 드러나지 않는 것이 보통이며, 이런 까닭에 신문기사 제목은 시제법에서는 중립적이라고 할 수 있다. 그러나 사건의 시간적인 면에서 분석하면 '과거'와 '미래'의 사건이 대부분이다. 다음의 (40)은 명사 종결이지만 사건의 시제로 보면 과거의 일이고, (41)은 용언의 기본형으로 종결했지만 사건의 시제로 보면 미래의 일이다. 또한 (42)도 사건의 시제로 보면 미래의 일이다.

(40) a. 세계 뒤흔들 중국의 '귀환'〈동아 2001. 11. 24.〉

　　 b. 전쟁이 앗아간 꿈과 사랑〈동아 2001. 11. 24.〉

　　 c. 히메네스 강풍뚫고 버기 셋〈동아 2001. 11. 24.〉

　　 d. 호주 - 우루과이 월드컵 '막차전쟁'〈동아 2001. 11. 24.〉

(41) a. 일본 핵폐기물 처분장 롯카쇼무라를 가다

　　　　〈신동아 2001년 6월호〉

　　 b. 서세원 '조폭~' 34억 투자 마침내 웃다

　　　　〈스포츠투데이 2001. 10. 05.〉

　　 c. 이슬람도 변해야 한다〈문화 2001. 11. 26.〉

　　 d. 추억의 만화 '로봇찌빠' 다시 본다〈문화 2001. 11. 26.〉

(42) FA컵 축구/이태호 대전감독 "우승 갈증 풀겠다"

　　　〈동아 2001. 11. 26.〉

7) 수사법에 따른 유형

매스 미디어의 발달로 말미암아 요즘은 말의 홍수 속에서 산다. 이에 말미암은 언어의 혼돈과 곡해에 대한 문제도 수사법의 대상이 되었으며, 새로운 이해의 영역을 넓히는 역할도 수사법의 대상이 되었다.

수사법이란 글을 구체적이고 실감 있게, 재미있고 아름답게, 때로는 강렬하고 단조롭지 않게 표현하는 효과적인 문장 표현법을 말하며, 크게 비유법, 강조법, 변화법의 세 가지로 나뉘고, 그 안에 60여 종의 방법이 있으나, 여기서는 신문제목에 흔히 쓰이는 용례를 찾아서 설명하고자 한다.

(1) 비유법
표현하려는 대상(원관념)을 그와 공통점을 가지고 있는 다른 대상(보조관념)에 빗대어 표현함으로써 그 자체의 성질, 모양 등을 뚜렷하고 선명하게 하여 내용을 쉽게 이해시키기 위한 것이다. 이에는 직유법, 은유법, 의인법·활유법, 의성법, 의태법, 대유법(제유법·환유법), 풍유법, 중의법 등이 있다.

(43) <u>철수</u>는 걸어다니는 <u>백과사전</u>이다.
　　(원관념)　　　　　　(보조관념)

① 직유법 : 비슷한 점을 지닌 두 대상을 직접적으로 비교하여 표현하는 방법으로, 비유법 중 가장 명료하며 초보적인 방법이다. 보조관념에 '~같이, ~처럼, ~인양, ~듯이' 따위의 연결어가 쓰인다. 직유적 표현기법은 경성 기사(정치, 사회, 경제, 국제 등)뿐만 아니라 연성

기사(문화, 연예, 스포츠, 오락, 건강, 레저, 여행 등)에도 자주 사용되는
표현기법이다.

　(44) a. 커피향처럼 부드러운…… 정수현〈스포츠조선 2001. 09. 02.〉

　　　b. 배일호 '단비처럼 촉촉한 선행'〈스포츠조선 2001. 06. 29.〉

　　　c. 매일 인형처럼 변신하는 여자 안연홍〈스포츠조선 2001. 06. 24.〉

　(45) a. "호텔같은 편리함"…… 주상복합 아파트 붐

　　　　〈주간조선 2001. 09. 13.〉[8]

　　　b. 기아 장일현, 삼성전 천금같은 역전타 '스타탄생'

　　　　〈스포츠조선 2001. 09. 14.〉

　　　c. 여자축구, 기적같은 역전승 동메달 획득

　　　　〈스포츠조선 2001. 09. 01.〉

　　　d. LG 실낱같은 4강 희망…… '믿는 도끼' 신윤호

　　　　〈스포츠조선 2001. 09. 23.〉

　　　e. 토끼같은 앞니가 매력인…… 박소연〈스포츠조선. 2001. 09. 28.〉

　② 은유법 : 'A는 B이다' 식으로 대상의 본뜻을 숨기고 겉으로 비
유하는 대상만을 내놓는 방법이다. 은유법은 직유법과는 달리 연결어
가 없는 상태에서 은밀하게 나타내는 고도로 세련된 비유방법이며,
직유법보다 원관념과 보조관념의 밀도가 강하기 때문에 직유법보다
직관적이고 주관적인 표현이라 할 수 있다.

　(46) 프로축구 화제/MVP—신인왕 '안개속'〈세계 2001. 11. 10.〉

---

8) 띄어쓰기는 가능한 한 원문에 따른다. '호텔같은'은 '호텔 같은'으로 띄어 써야 하지만 신문 제목의
　띄어쓰기 실제를 보여주기 위해 원문 그대로 싣는다. 이하 같다.

위의 (46)은 프로축구 MVP와 신인왕 경쟁이 막판까지 숨가쁘게 벌어지고 있는 상황을 안개에 은유한 제목이다. 이밖에 은유적인 제목은 다음 (47)과 같다.

(47) a. S/W 불법유통 와레즈는 '사이버 해적'
　　　〈주간동아 제301호 2001. 09. 13.〉
　　b. "쪼이면 변신" 방사선은 요술광선〈동아 2001. 10. 05.〉
　　c. 최성용, "역시 폭주기관차!"〈스포츠조선 2001. 10. 05.〉

③ 의인법·활유법 : 의인법은 사람이 아닌 사물을 사람처럼 나타내는 표현법이고, 활유법은 무생물을 생물로 나타내는 표현기법이다. 활유법이 더 넓은 의미이며, 인격성이 부여되었을 때 특히 의인법이라고 한다. 보통 대상에 감정을 이입하여 표현하는 경우에 많이 쓰인다.

(48) a. 스톡홀름처럼 살고 로마처럼 먹고 아테네처럼 취하라
　　　〈신동아 2001년 6월호〉
　　b. 소주업계, '한류열풍' 타고 중국시장 진출에 잰걸음
　　　〈중앙 2001. 10. 02.〉
　　c. "부시 테러대응 잘못" 비판론 고개〈중앙 2001. 09. 29.〉
　　d. 주택시장 기지개 켜나〈동아 2001. 10. 05.〉
　　e. 어린이 멤버십 레포츠클럽 첫선〈스포츠서울 2001. 09. 27.〉
　　f. '전쟁과 축구' 테러여파 축구계 '몸살'〈스포츠서울 2001. 10. 04.〉

④ 의성법 : 사물의 특성이나 사건의 상황을 설명으로 서술하지 않고 의성어로 그대로 묘사함으로써 원색적이면서도 감각적인 실감을

환기하여 기사의 내용을 생동감 있게 전달할 수 있다. 의태법과 함께 최근에 신문제목에 부쩍 많이 쓰이는 방법이다.

(49) 위성방송 출범 전부터 "치지직~" 〈주간동아 제307호 2001. 11. 01.〉

위의 (49)에서는 한국디지털위성방송이 기자회견을 통해 올해 말 시작하려던 본 방송을 내년 3월 1일로 연기하기로 한 배경에 대해 뒷 말이 무성하다는 기사를 의성어 '치지직~'으로 함축적이면서도 실 감나게 표현했다.

(50) a. 반탈레반 '삼각동맹' 삐걱 〈한겨레 2001. 09. 29.〉
　　 b. 미 테러에 아시아 주가 '뚝' 〈한겨레 2002. 09. 27.〉

그러나 의성법이 널리 쓰이다 보니 다음의 (51)처럼 '톡톡 튀는 아나운서'를 '톡톡 아나운서'로 무리하게 줄여 표현하는 경우도 생긴다.

(51) 방송계 비상 '톡톡' 아나운서 최은경 잡아라
　　 〈스포츠서울 2001. 10. 02.〉

⑤ 의태법 : 사건이나 상황을 설명하는 대신 '뒤숭숭, 아슬아슬, 첩 첩, 느릿느릿, 비실비실' 같은 의태어를 사용함으로써 추상적인 시간 개념을 구체적인 공간개념으로 전이시키는 방법이다. 보이지 않는 대 상이 보이도록 유추하는 의태법은 의성법과 마찬가지로 최근 부쩍 늘 어난 수사법이다.

(52) a. 동교동 갈등설·MK인맥충돌설······ 여권 뒤숭숭

　　　〈중앙 2001. 09. 28.〉

　　b. 김병현 '아슬아슬 17세이브'〈중앙 2001. 09. 29.〉

　　c. '李게이트 國調' 등 난관 첩첩〈한국 2001. 09. 29.〉

　　d. 추석현금공급 한은 느릿느릿〈한국 2001. 09. 28.〉

　　e. 게임채널 게임붐타고 시청률 '쑥쑥'〈한겨레 2001. 09. 26.〉

　　f. 이용호 관련 4개사 '비실비실'〈동아 2001. 10. 04.〉

　　g. 6월 결산법인 실적-거래소 금고업종 적자 2배 껑충

　　　〈동아 2001. 10. 04.〉

　⑥ 대유법 : 원관념에서 연상되는 어떤 일부분으로 전체를 표현하는 방법을 말한다. 전체를 구성하는 부분으로 전체를 나타내는 제유법과 부분적인 특성으로 전체를 나타내는 환유법이 있다. 즉, 제유는 부분과 전체의 속성이 같고, 환유는 부분과 전체의 속성이 다르다. 그러나 제유와 환유의 구분은 그 경계선이 애매한 경우가 많아서 대유법으로 통칭하여 부를 때가 많다.

　다음의 (53)이 제유법의 예들이고, (54)가 환유법의 예들이다.

(53) a. 신경통 관절염 고치는 藥酒 개발(약주→술)〈국민 2001. 07. 04.〉

　　b. "친구를 위해······ 친구와 함께"······ 사랑의 빵 모으기(빵→양식)

　　　〈국민 2001. 10. 30.〉

　　c. 학꽁치떼······ 즐거운 강태공(강태공→낚시꾼)

　　　〈동아 2001. 02. 02.〉

(54) 탁구 남녀, '만리장성' 넘었다〈문화 2001. 12. 05.〉

한국 남녀 탁구선수팀이 '2001 덴마크오픈' 복식에서 중국의 벽을 뛰어넘어 나란히 승리한 기사인데 '중국'을 '만리장성'으로 표현하였다. 그 밖의 예는 (55)와 같다.

(55) a. 자선냄비에 사랑넣는 고사리 손〈한겨레 2001. 12. 04.〉

   b. 陳게이트 재수사/검찰 '칼' 언제 빼나〈국민 2001. 11. 23.〉

   c. 해외파 '우울한 주말' …… 벤치신세―골가뭄

     〈스포츠서울 2001. 10. 04.〉

   d. 시구촌 월드컵 열기 '후끈' …… 본선티켓 굳히기

     〈스포츠서울 2001. 10. 04.〉

   e. 강혜미-장소연 팀 해체위기에 한숨〈스포츠서울 2001. 10. 05.〉

   f. 신창건설 '기술씨름' 모래판 평정에 나선다

     〈스포츠서울 2001. 10. 05.〉

   g. 김용대, 한라장사 우뚝 통산 6번째 꽃가마

     〈스포츠서울 2001. 10. 03.〉

   h. '막둥이 킬러' 원빈, '프렌즈'로 브라운관 컴백

     〈스포츠서울 2001. 10. 05.〉

   i. 뮤비감독 김세훈 '이젠 스크린으로 간다'

     〈스포츠서울 2001. 10. 03.〉

   j. '킬러들의 수다', 킬러 4인방 '배꼽 정조준'〈동아 2001. 10. 05.〉

   k. 알 왈리드 사우디 왕자, 역시 큰손〈동아 2001. 10. 05.〉

⑦ 풍유법(諷諭法) : 표현하고자 하는 내용을 직접적으로 나타내지 않고 그 내용을 다른 이야기나 속담, 격언, 문장 등으로써 간접적으로 나타내려는 내용을 속에 숨기고 그것을 뒤에서 풍자적으로 암시하는 방법인데, 이를 '우의법(寓意法)' 또는 '우유법(寓喻法)'이라고도 한

다. 풍유로 표현하기 위하여 도입된 비유는 문장 전체에 사용되기 때문에 그 본뜻은 추측할 수밖에 없다.

> (56) a. 공기업 개혁 역시 '빈수레', 빛바랜 경영평가 〈경향 2001. 06. 20.〉
>   b. 국제 미술행사, 남의 잔치? 〈중앙 2001. 11. 07.〉

위의 (56a)는 "빈 수레가 더 요란하다"는 속담을 패러디한 것으로서 성과 없이 요란만 떨었던 공기업의 개혁 실태를 풍자하고 있다. (56b)는 대부분의 국제 미술행사가 일과성 행사이거나 주최자들의 능력 과시 수준에 머물고 있으며, 주체적인 능력과 안목이 없고 해외 의존도가 높아 우리의 돈으로 남의 잔칫상을 차려 주는 사례를 '남의 잔치'라는 말로 풍자하고 있다. 이밖에 다음의 예가 있다.

> (57) a. 신보 · 기술신보 '낙하산 인사' 논란 〈동아 2001. 10. 05.〉
>   b. 대통령도 세월을 거스를 순 없다 〈주간조선 1670호 2001. 09. 13.〉
>   c. '파출소' 피해봤자 '경찰서' 〈주간동아 제305호 2001. 10. 18.〉
>   d. "햇볕정책, 시련은 있어도 중단은 없다"
>   e. DJ '40년 정치' 상징 계속 추진 재천명…… '국민 상대로 정치' 배수의 진 〈주간동아 제301호 2001. 09. 13.〉

⑧ 중의법(重義法): 말 하나가 둘 이상의 뜻을 나타내는 표현방법이다.

다음의 (58a)는 집회 대신 거리유세 등 삶의 현장 누비기 전략을 펴는 국민신당의 이인제 전 경기지사의 새로운 선거운동 전략에 대한 기사에서 제목의 '인제는'이 '이인제'라는 이름과 '이제부터'라는 두 가지 뜻을 가짐으로써 재미를 더한다. (58b)는 민주당 대통령 후보에 나선 이인제 후보가 김대중 대통령을 공격했다가 철회한 뒤, 하룻밤 사이에 다시 공격하는 능 갈팡질팡하는 갈지자 행보를 보이자 제목에 "인제 어디로"라는 식으로 중의법을 사용하고 있다.

(58) a. 이인제 "인제는 국민속으로"〈한겨레 1997. 11. 20.〉

b. 이인제 후보 갈지자 행보 "인제 어디로"〈한겨레 2002. 04. 11.〉

⑨ 비교법 : 비교법은 두 개 이상의 사안에 대해 비교하여 표현하는 기법의 제목으로 대조법 제목과 비슷하다. 대조법 제목은 반대되는 내용이나 주장을 병렬하는 데 반해, 비교법 제목은 두 개의 사안의 차이점을 표현해 주는 기법이다.

두 개의 자동차 회사의 신차 출고 기사가 있다면 편집자는 독자에게 두 신차에 대한 정보를 전하면서 신차의 성능에 대해 비교하는 제목을 잘 사용한다.

(59) 쏟아지는 신차 선택고민

A제품 연료 덜 들고 순발력 OK

B제품 승차감 안정성 등 뛰어나

이처럼 두 개 이상의 사안을 구체적으로 비교해 주는 제목은 어느 것이 더 좋다는 결론은 내리지 않는 것이 좋다. 결론은 독자에게 맡기는 것이다. 만약 어느 제품이 더 우수하다면 그 제품만 소개하는 제목만 사용하는 것이 무난하다

(60) a. 추석 귀경길 평소 주말과 비슷한 교통량 보여

〈동아 2001. 10. 03.〉

b. 亞 에이즈 확산 아프리카보다 심각 〈연합뉴스 2001. 10. 06.〉

c. 美 상장기업 파산 신청 전년보다 증가 〈조선 2001. 11. 26.〉

d. 입시 · 취업경쟁 뺨치는 軍입대경쟁 〈신동아 2001년 2월호〉

⑩ 대조법(對照法) : 뜻이나 정도가 상반되는 사물을 맞세워 중심되는 바를 인상 깊게 드러내는 표현방법이다. "인생은 짧고, 예술은 길다"처럼 주로 대구법과 함께 쓰인다.

(61) 수돗물 "못마셔" "마실만" 〈한겨레 2001. 09. 14.〉

위의 (61)은 2001년 9월 14일 오전 서울시청에서 열린 '환경노동위'의 서울시 국감에서 김문수 의원(한나라당)이 서울시가 홍보용으로 제작한 페트병에 담긴 수돗물을 든 채 바이러스 검출 등이 의심되는 이런 물을 어떻게 마실 수 있느냐며 따지자, 고건 서울시장이 보란 듯이 이를 마시고 있는 사진의 제목이다.

(62) a. 추석, 과일 · 채소값은 약세 고기값은 올라 〈한겨레 2001. 09. 25.〉

b. 상처에 소금뿌리는 언론, 상처 어루만지는 문학

〈한겨레 2001. 09. 21.〉

c. 숫기없는 순둥이? 끼로 똘똘뭉친 귀염둥이!

〈한겨레 2001. 09. 20.〉

d. 신건 국가정보원장 솜같은 분위기, 칼같은 기질

〈신동아 2001년 7월호〉

⑪ 대구법(對句法) : 가락이 비슷한 어구를 짝지어서 대립과 병렬의 운치를 주는 표현방법이다.

(63) 굴레 벗은 한화갑, 날개 단 이인제 〈주간동아 제302호 2001. 09. 20.〉

다음의 (64)처럼 주로 대조법과 함께 쓰며 이때 반전의 효과를 얻는다.

(64) a. 신건 국가정보원장 솜같은 분위기, 칼같은 기질
〈신동아 2001년 7월호〉
b. 공격경영 외래生保 vs 반격작전 토종生保
〈신동아 2001년 7월호〉

⑫ 억양법(抑揚法) : 먼저 꺾어 누르고 나중에 치켜올려 글뜻을 인상 깊게 강조하는 표현방법이다.

(65) 조지 W. 부시 美차기대통령 라이프 스토리
돌아온 탕아, 세계 정상에 오르다 〈신동아 2001년 1월호〉

⑬ 양억법 : 먼저 치켜올리고 나중에 꺾어 눌러서 글뜻을 인상 깊게 강조하는 표현방법이다.

(66) 지식인 100명의 DJ 정권 평가
'유식한 대통령'이 연출한 '무능한 정치' 〈신동아 2001년 1월호〉

(2) 강조법형

독자에게 더 한층 발랄하고 절실한 인상을 주고자 표현하는 내용을 강렬하게 표현하는 방법이다. 넓은 의미에서 모든 수사법이 강조법에 속할 수 있으나, 비유법이나 변화법 등으로 구분할 경우 강조법에는

과장법, 영탄법, 반복법, 점층법, 대조법, 미화법, 열거법, 억양법, 현재법, 연쇄법 따위를 들 수 있다.

① 과장법(誇張法) : 어떤 사물이나 사실을 표현할 때, 선명한 인상을 주기 위해 실제보다 훨씬 크거나 작게, 또는 많거나 적게 나타내는 표현방법이다. 과장법은 마음놓고 호탕하게 감정을 발산하는 묘미가 있다. 그러나 지나친 과장은 역효과가 날 수 있으며, 감정의 절제가 오히려 효과적일 때가 많다.

    (67) a. '쌀농사 못해' 논 매물 홍수〈문화 2001. 10. 31.〉
        b. 조미 오징어포 '세균덩어리'〈국민 1999. 08. 25.〉
        c. 신당공천 '낙타가 바늘귀 뚫기'〈문화 1999. 12. 03.〉
        d. 벤처펀드 봇물속 투자는 '쥐꼬리'〈국민 2001. 11. 20.〉

하지만 다음의 (68)은 과장이 적절치 못하다. 2002년 한일월드컵 입장권이 조추첨 이후 날개 돋친 듯 팔려 나가고 한국 대 미국 대표팀 평가전 입장권도 매진되는 등 전국이 월드컵 열기로 들썩이고 있다는 기사인데, 이를 '대란'이라고 부정적인 낱말로 과장한 것은 지나쳤다.

(68) 열풍! 월드컵 코리아입장권 구입대란〈스포츠조선 2001. 12. 03.〉

② 반복법(反復法) : 같거나 비슷한 말이나 어구, 문장 등을 되풀이하여 리듬을 통해 흥을 돋우거나 뜻을 강조하는 표현방법이다.

    (69) a. 車·車·車……'밤샘 귀경길'〈강원도민일보 2001. 10. 04.〉

b. 대학생은 놀고 먹는다? 소비문화 이젠 바꿔바꿔!
〈문화 2001. 11. 13.〉

c. '떴다 떴다' 하이닉스 〈한겨레 2001. 12. 03.〉

d. '박순석 게이트' 냐 단순 도박죄냐
〈주간동아 제305호 2001. 10. 18.〉

e. 안락사 논쟁 기계적 생존이냐 인간다운 죽음이냐
〈신동아 2001년 6월호〉

③ 열거법(列擧法): 같은 종류의 사물을 크기나 정도에 따라 순차적으로 배열하는 표현방법이다.

(70) a. 태양인 허리, 소양인 하체, 태음인 폐, 소음인 상체
〈신동아 2001년 6월호〉

b. 수지침·뜸·지압봉 초기 치매에 효과 있다
〈신동아 2001년 6월호〉

c. 카인의 후예, 사탄의 제자, 거짓 선지자 〈월간조선 2001년 9월호〉

④ 점층법(漸層法)·점강법(漸降法) : 작은 것, 약한 것, 좁은 것에서 큰 것, 강한 것, 넓은 것으로 표현을 확대하는 것을 점층법이라 하고, 그 반대의 방법으로 표현하는 것을 점강법이라고 한다.

(71) 보험설계사, '아줌마 부업'에서 억대 연봉까지
〈신동아 2001년 7월호〉

⑤ 명령법 : 평범한 서술에 변화를 주기 위하여, 또는 뜻을 강조하기 위하여 명령형으로 바꾸어 표현함으로써 독자의 주의를 자극시키

는 방법이다. 따라서 반드시 명령하는 것이 아니더라도 뜻을 강조하기 위해서 이러한 방법이 효과적인 경우가 많다. 당당함을 특성으로 하는 1인칭 시대에 걸맞게 명령법의 제목이 최근에 자주 쓰인다.

(72) 신혼단꿈 꾸러 오세요(권유), 선생님 똑같이 사랑해 주세요(요청),
　　　이젠 아픔잊고 건강하게 사세요(위로), 쇠고기 잘보고 사세요(조언),
　　　백혈병 수연이를 살려주세요(호소), 제2시내전화를 잡아라(願望)

(73) a. '벽걸이 TV' 시장 일본 물렀거라!
　　　　〈주간동아 제302호 2001. 09. 20.〉
　　　b. 의원 자율성 높여라(요청) 〈중앙 2001. 11. 25.〉
　　　c. 〔프로야구〕 "노장들 유니폼 벗어!" 〈중앙 2001. 11. 25.〉
　　　d. "2002월드컵 관중난동 동포애로 막아주세요"(호소)
　　　　〈조선 2001. 11. 21.〉
　　　e. 노릴스크 "외국인 오지말라"(금지) 〈조선 2001. 11. 26.〉
　　　f. 한화 4위 "두산 나와라" 〈조선 2001. 10. 03.〉
　　　g. 찬호, "15승 추석 선물 기대하세요"(권유) 〈중앙 2001. 09. 29.〉
　　　h. 고향길 차 조심조심…… 사고땐 경찰에 꼭 신고
　　　　〈중앙 2001. 09. 29.〉
　　　i. 훨훨~ 날아가거라 〈중앙 2001. 09. 28.〉
　　　j. 역사와 마주해 보라 〈한겨레 2001. 04. 10.〉
　　　k. "항공사 살려내라" 〈한겨레 2001. 09. 28.〉
　　　l. 태안으로 낙조 기차여행 오세요 〈한겨레 2001. 09. 25.〉
　　　m. 전주권 신공항 건설, 당장 중지하라 〈신동아 2001년 7월호〉
　　　n. 용암온천호텔 "소싸움 구경하고 온천욕도 즐겨요"
　　　　〈중앙 2001. 11. 27.〉

o. 〔방송〕김장거리 다듬어 TV 앞에 앉으세요 〈조선 2001. 11. 21.〉

p. "부부들이여, 섹스를 탐하지 말라"

  〈주간동아 제303호 2001. 09. 27.〉

⑥ 청유법 : 청유법 제목은 행사, 캠페인, 정책 등에 독자의 동참을 유도하거나 주지시키기 위한 제목 표현이다. 연말 이웃돕기라든지 홍수 관련 기사, 국가적인 행사 기사 등에서 신문들은 캠페인형 제목을 자주 사용한다.

(74) a. 제사제도를 바꾸자 〈중앙 2001. 09. 29.〉

  b. "한가위 둥근 달에 양심을 비춰보자" 〈중앙 2001. 09. 29.〉

  c. 한화 "포스트 시즌 가자" 〈중앙 2001. 09. 28.〉

  d. "정·부통령 4년 중임제로 개헌합시다" 〈신동아 2001년 2월호〉

  e. 구름 속으로 과학 여행을 떠나보자 〈조선 2001. 11. 23.〉

⑦ 의문법 : 의문형은 사회 문제 등 쟁점이 있을 경우 의문형식의 표현으로 사용되는 제목이다. 즉, 문제제기를 하는 기법으로 사회에 대해 경각심을 일깨우려는 편집자들의 의도가 우회적으로 표현되는 제목이다,

(75) a. '수컷시대' 는 가는가 약한 자여, 그대 이름은 남자!

  〈주간동아 제299호 2001. 08. 30.〉

  b. 호텔롯데부산 "전시 호랑이 어찌 하오리까?" (호소)

  〈동아 1999. 06. 15.〉

  c. 10·25 재보선 '게이트' 가 표심 흔들까(의문) 〈조선 2001. 10. 03.〉

  d. 건보공단 왜 그렇게 허술한가(비난) 〈조선 2001. 11. 25.〉

70

e. 특소세 인하·연식변경…… 승용차 언제 살까

〈중앙 2001. 11. 25.〉

f. 납세영수증 없으면 또 내라?(비난) 〈조선 2001. 10. 03.〉

g. 중국산 '납수산물' 공포 되살아나나(의구) 〈중앙 2001. 11. 25.〉

h. 소극장 8곳 시설개선, 월드컵 손님맞이용?(비난)

〈조선 2001. 10. 02.〉

i. 아시아 증시, 진짜 바닥쳤나?(추측) 〈중앙 2001. 11. 27.〉

j. 제3차 세계대전은 시작되는가(의문) 〈신동아 2001년 10월호〉

k. 탈레반 외국자원병 포로 참극, 의도된 것인가

〈조선 2001. 11. 27.〉

l. 〔반도체값 한때 폭등〕 삼성전자 탓? 연말특수 때문?

〈조선 2001. 11. 26.〉

⑧ 설의법(說疑法): 분명한 결론을 의문형으로 만들어 독자가 결론을 내리게 함으로써 문장에 변화를 주고 더 큰 효과를 얻으려는 표현방법이다.

(76) a. "만화 싫어하는 사람 있나요?"

맨체스터, "이런 역전승 보셨나요?" 〈중앙 2001. 09. 30.〉

b. 〔김종필총재〕 "검찰이 똑바로 했으면 이런 일 있겠나"

〈조선 2001. 11. 27.〉

⑨ 현재법 : 과거에 있었던 일이나 미래에 있을 일을 문법대로 과거·미래의 형식을 밟아 쓰지 않고, 마치 현재의 일같이 눈앞에 보이듯 표현하는 방법이다.

(77) a. 혼수가전 '불황을 모른다' 〈조선 2001. 10. 03.〉

  b. 1톤 트럭 잘 팔린다 〈중앙 2001. 09. 29.〉

  c. JP "안보위기 오고 있다" 〈한겨레 2001. 09. 27.〉

  d. 反이회창 연합 전선이 뜬다 〈신동아 2001년 2월호〉

  e. 미 주간지 베이스볼위클리 "박찬호 다저스 못떠난다"

   〈중앙 2001. 11. 29.〉

⑩ 영탄법(詠歎法) : 감탄사나 감탄조사, 강조어미를 사용하여 기쁨, 슬픔, 놀라움 등의 강하고 격릴한 감정을 직접적으로 표현하는 방법이다.

(78) a. 프로권투 "아! 옛날이여" 〈주간동아 제300호 2001. 09. 06.〉

  b. "힘주던 DJP시절이 꿈이런가 하노라" 〈조선 2001. 11. 21.〉

  c. 〔FA컵〕 창단 5년만에 우승…… 아~ '대전 블루스'

   〈중앙 2001. 11. 25.〉

  d. 대형유통매장 "추석만 같아라" 〈강원일보 2001. 10. 04.〉

⑪ 돈호법(頓呼法) : 사람이나 사물을 부르는 형태로써 주의를 환기시키고 변화를 주는 표현방법이다.

(79) 알라여! 〈한겨레 2001. 09. 24.〉

전쟁을 피해 파키스탄 국경 도시로 피난 온 한 아프간 여인이 시장 길거리에 쓰러진 그의 병든 딸을 돌보고 있는 사진의 제목이다. 더 이상 무슨 말이 필요할까?

(80) "일본인이여, 논어 맹자 다시 공부하라"〈신동아 2001년 5월호〉

일본 역사교과서의 왜곡 파문에 대한 한 원로학자의 충고를 제목으로 뽑았다.

(81) 아메리칸 스윗하트 "할리우드! 이 속물들아"〈한겨레 2001. 09. 24.〉

⑫ 도치법(倒置法) : 정상적인 언어 배열 순서를 바꾸어 놓음으로써 강한 인상을 주려는 표현방법이다. 다음의 예는 이계진 아나운서의 '나의 한국영화 편력기' 라는 글의 제목이다.

(82) "보고싶다! 허장강이, 도금봉이"〈신동아 2001년 4월호〉

⑬ 선언법

(83) a. 파키스탄 "더 이상 중재협상 없다"〈한겨레 2001. 10. 07.〉
    b. "공적자금 회수, 금융기관 책임 묻겠다"〈한겨레 2001. 12. 03.〉
    c. 개혁 없으면 21세기도 없다〈신동아 2001년 1월호〉
    d. "특정인 봐주기식 인사 없다"〈강원일보 2001. 10. 07.〉

⑭ 약속법

(84) a. 너, 박제된 상업만화에 불벼락 내려주마〈한겨레 2001. 09. 20.〉
    b. "무죄 만들어주마" 8억 사기〈대한매일 2001. 12. 01.〉

(3) 변화법형

① 연쇄법(連鎖法): 앞구설의 끝부분을 다음 구설의 머리에서 다시 되풀이하는 표현방법이다. 말꼬리를 잡아 한없이 이어가는 아이들의 말놀이도 일종의 연쇄법인데, 글의 꼬리와 머리에서 연쇄됨으로써 그 뜻과 어조를 인상 깊게 강조하는 효과를 나타낼 수도 있다.

(85) a. 우리는 역사를 만들고, 역사는 우리를 싣고 간다

b. 하츠 이수문사장 사업은 연극처럼, 연극은 사업처럼

〈신동아 2001년 5월호〉

c. '마사회' 뒷말 많은 입찰, 꼬리 무는 의혹

〈주간동아 제300호 2001. 09. 06.〉

d. '멀홀랜드······' 악몽같은 현실, 현실같은 악몽

〈한겨레 2001. 11. 26.〉

② 생략법 : 끝까지 다 말하지 않고 생략을 통해 단순 명쾌한 메시지 전달과 여운의 효과를 얻는 방법이다. 그러나 지나친 생략은 오히려 분명한 메시지 전달에 장애가 될 수도 있다.

(86) a. 재정 위기가 오면 우리 경제는······ 〈중앙 2001. 11. 25.〉

b. 언제 뚫리려나······ 〈조선 2001. 10. 03.〉

c. 신기루같은 '독도의 아름다움'을 화폭에······

〈조선 2001. 10. 02.〉

d. 고지서 없이 돈내라니······ 〈조선 2001. 10. 02.〉

e. 누굴 위한 서비스인지······ 〈조선 2001. 10. 02.〉

f. "국감받으러 왔건만······" 〈중앙 2001. 09. 28.〉

다음의 (87)은 생략법을 쓰고 있으나 머뭇거리는 듯한 분위기를 띤다는 점에서 차이가 있다.

(87) a. 사랑은…… 머물지않고 흘러가는거야 〈한겨레 2001. 09. 20.〉
   b. 만신창이된 우리…… 내 모습이다 〈한겨레 2001. 09. 26.〉
   c. "갈베스 언제오나……" 애타는 삼성 〈한국 2001. 09. 28.〉

③ 문답법(自問自答) : 알고 있는 사실이라도, 그것을 변화 있게 강조하기 위하여 문답형식(자문자답)으로써 표현하는 방법이다.

(88) a. 高建 서울특별시장 "시장재출마? No! 대권도전? 노코멘트"
   〈신동아 2001년 8월호〉
   b. "정권재창출이요? 3김연합 영남후보가 정답이요!"
   〈신동아 2001년 5월호〉

④ 묵언법 : 화려한 수사나 열 마디 말보다 때론 침묵[묵언]이 더 깊고 절실한 맘을 전달할 수 있다.

(89) a. 쌀 "……"(金대통령 國會연설)
   b. 청와대 "……"(홍걸씨 검찰출두에 할 말 잃어)
   〈한겨레 2002. 05. 17.〉

⑤ 미화법(美化法) : 표현대상을 의식적인 수법으로 아름답게 만들어 나타내거나 높이어 표현하는 방법이다. 이 방법은 좀더 내면의 세계에서 우러나오는 정신적 요소의 뒷받침 없이는 겉치레의 화장으로 끝날 우려도 있다.

(90) a. 아파트 절도분석/"'밤손님' 아닌 '낮도둑'을 조심하라!"

〈동아 2001. 03. 28.〉

b. 신투차세대―암백신 노리는 '4인조 양상군자'

〈경향 2001. 03. 09.〉

⑥ 곡언법(曲言法) : 곡언법은 무엇인가를 주장하되 그것의 반대되는 것을 부정함으로써 주장하고자 하는 것을 표현하는 방법이다. 민감한 문제일수록 곡언법으로 표현하는 경향이 많으며 특히 외교적인 수사기법으로 많이 쓰인다.

(91) a. "국립대 등록금 인상 관여안해"〈문화 2001. 12. 05.〉

b. 〔휴대전화 도청되나〕 전문가 "불가능하진 않다"

〈조선 2001. 12. 03.〉

⑦ 냉조법(冷嘲法)

(92) a. 외교센터에 '외교기관' 적어 〈한겨레 2001. 10. 01.〉

b. 검찰총장직 바람잘 날 없다 〈한겨레 2001. 09. 20.〉

c. 〔긴급대특집〕 일본 역사교과서 왜곡파문

d. "대동아 공영은 있되, 위안부는 없다"〈신동아 2001년 5월호〉

(4) 인용·원용법형

① 인용법 : 인용법 제목은 기사 내용 중 특정 부분을 수정 없이 그대로 제목에 반영하는 표현기법을 말한다. 인용법은 대체로 화자의 발언, 증언 내용, 판결기록, 인터뷰 기사, 연설, 선거유세 등의 기사를 다룰 때 자주 쓰이는 기법으로서 기사의 내용을 더욱 정확하고 신빙

성 있게 강조하는 효과가 있다. 이 인용법 제목은 항상 큰따옴표(" ")를 사용한다.

(93) a. "주소 안 쓴 유언장 효력없다" 서울지법 판결

　　 b. 공무원 50% "떠나고 싶다" 중앙부처 공무원 의식조사

　　 c. "올 아시아경제 더 어렵다" 미국 경제전문가 분석

　　 d. "미군이 노근리주민 학살" 6 · 25 당시 생존자 증언

　　 e. "일본군은 색마였다" 위안부의 사연

　　 f. 마이클 조던 "농구 너무 하고 싶었다" 〈조선 2001. 10. 03.〉

② 경구법

(94) 세상일은 감출수록 나타나는 법, 「趙淳도끼」에 발등찍힌 DJ

③ 속담 · 격언 원용법 : 독자에게 친숙한 속담이나 격언을 원용함으로써 기사의 내용이나 기자의 주장에 객관성과 신뢰성을 줄 수 있다.

(95) a. 겨울날씨 사흘 혹한없다 〈한국 2001. 11. 28.〉

　　 b. 많이 팔리는 차가 중고차 값도 비싸다 〈중앙 2001. 10. 02.〉

　　 c. 기도중 '날벼락' 〈한겨레 2001. 09. 29.〉

　　 d. 프랑스 축구, 형만한 아우들 〈한겨레 2001. 10. 02.〉

　　 e. 검찰총장직 바람잘 날 없다 〈한겨레 2001. 09. 20.〉

　　 f. 이변속출 유럽예선 '축구공은 둥글다' 〈스포츠조선 2001. 10. 05.〉

　　 g. 심은하 '유학이냐 컴백이냐 그것이 문제로다'

　　　 〈스포츠서울 2001. 09. 25.〉

h. "진흙 속의 진주네" 〈스포츠서울 2001. 10. 03.〉

　　i. 〔대한민국 판매왕 4인의 '성공스토리'〕 "나는 판다. 고로 존재한
　　　다" 〈신동아 2001년 2월호〉

　　j. 철원쌀 "공든탑 무너질라 〈강원일보 2001. 10. 06.〉

　④ 관용어법 : 관용어법은 글의 내용을 쉽게 기억하고 이해할 수 있
게 한다. 간단하면서도 인상적이므로, 적은 노력으로 많은 표현 효과
를 갖게 해준다.

　(96) a. 〔프로축구〕 선두다툼 "피말리네" 〈중앙 2001. 09. 28.〉

　　　b. 마이너리거들 '운명 갈림길' 초읽기 〈한국 2001. 08. 31.〉

　　　c. 남북 불교학술 교류 물꼬 텄다 〈한국 2001. 09. 27.〉

　　　d. 유흥업주 등친 간 큰 여대생 〈한겨레 2001. 09. 28.〉

　　　e. 여행사 '추석특수' 된서리 〈한겨레 2001. 09. 27.〉

　　　f. 올 노인진료비 1조 돌파…… 건강보험 재정 허리 휜다
　　　　〈동아 2001. 10. 04.〉

　　　g. 안정환, 주전경쟁 '산넘어 산' 〈스포츠조선 2001. 10. 04.〉

　⑤ 사자성어 원용법 : 복잡한 사건을 단 네 글자로 압축해서 전달할
수 있다는 이점이 있다.

　(97) a. 최경주, 뒷심 발휘하며 기사회생 〈한국 2001. 09. 01.〉

　　　b. 야, "안장관 사표수리는 사필귀정" 〈한겨레 2001. 09. 29.〉

　⑥ 유행어·회자어 원용법 : 사람들 입에 오르내리는 유행어를 제
목에 원용함으로써 함축적이고 재치 있게 표현하는 방법이다. 요즘은

광고에서 만들어진 유행어가 신문의 제목으로 원용되는 사례가 부쩍 늘고 있다.

(98) a. 자격증 광고 '믿으면 다쳐!' (광고 '묻지마 다쳐')

　　〈한겨레 2001. 10. 04.〉

　　b. 올림픽팀 수비수 현영민, '눈에 띄네' (상품명 '누네띠네')

　　〈연합뉴스 2001. 10. 06.〉

　　c. "클릭만 하면 알짜 정보가 보여요" (이동전화 광고)

　　〈강원일보 2001. 03. 07.〉

　　d. 119 장난전화 '급감' — '걸면 걸려' (광고 '걸면 걸리는 걸리버')

　　〈문화 2001. 12. 05.〉

　　e. '문화금지구역'의 묵시록 (영화 '지옥의 묵시록')

　　〈한겨레 2001. 09. 28.〉

　　f. 전두환씨의 '달빛정책' (김대중 정부의 햇볕정책)

　　〈한겨레 2001. 09. 26.〉

　　g. 자민련 "(이용호게이트는) 동생들의 난" (왕자의 난)

　　〈한겨레 2001. 09. 20.〉

　　h. 추석특집, '패러디천하' (드라마 '여인천하')

　　〈한겨레 2001. 09. 25.〉

　　i. '풍선교향곡' '불티나' (라이터 이름) 〈한겨레 2001. 09. 19.〉

　　j. 주가 폭락…… '잔치는 끝났나' …… (시집 '서른 잔치는 끝났
　　다') 〈한겨레 2001. 11. 28.〉

　　k. 영화배급에 얽힌 사연 '너희가 배급을 아느냐'

　　〈스포츠서울 2001. 09. 24.〉

　　l. 아니 벌써 '이인제 대세론?' (가요 제목 '아니 벌써')

　　〈주간조선 1671호 2001. 09. 20.〉

m. '심퓨터'를 아시나요?(가요 제목 '꽃순이를 아시나요')

〈주간조선 2001. 09. 13.〉

n. 考試 권하는 사회(소설 '술 권하는 사회') 〈신동아 2001년 2월호〉

o. "건축현장 20년, 화려한 날은 가고"(가요 제목 '화려한 날은 가고') 〈신동아 2001년 1월호〉

⑦ 통계 활용법 : 통계 결과를 제목으로 뽑아 객관적인 정보를 전달하는 방법이다. 그러나 독자들은 흔히 숫자를 골치 아프게 생각하는 경향이 있어 이해하기 쉽게 비유해서 전달해야 한다. (99)처럼 비유해서 전달하는 것이 (100)보다 훨씬 독자가 이해하기 쉽다.

(99) a. 중고생 10명 중 1명꼴로 학교폭력 피해……

〈한겨레 2001. 11. 28.〉

b. 남산 2.5배 산림 골프장으로 〈한겨레 2001. 09. 28.〉

c. 인천 초등학생 2~3일 한명꼴 교통사고 〈한겨레 2001. 09. 27.〉

(100) a. 9월 수출 16.6% 감소, 무역흑자 8억9천만달러

〈중앙 2001. 10. 01.〉

b. 테러 이후 라스베이거스 관광수입 손실 하루 3천만달러

〈중앙 2001. 10. 01.〉

(5) 희언법형(戱言法型)

① 동음이의어 활용법

(101) a. '기초 체력' 바닥난 기초 학문 〈신동아 2001년 7월호〉

b. 오마이갓! 오마이뉴스!(인터넷신문 1년 성적표)

〈신동아 2001년 4월호〉

c. '국가대표 가수' 들의 알려지지 않은 이야기

"담배는 청자, 노래는 추자"〈신동아 2001년 4월호〉

d. 젊은 '도사' 들 인터넷 占집 '占령'〈동아 2001. 10. 03.〉

② 율조 활용법

(102) a. 불꽃처럼 살다 신화속에 지다

b. 비참한 운명 서정적 승화

c. '멀홀랜드……' 악몽같은 현실, 현실같은 악몽

〈한겨레 2001. 11. 26.〉

d. 사업은 연극처럼, 연극은 사업처럼〈신동아 2001년 5월호〉

(6) 모순어법형

① 반어법 : 겉으로 표현한 내용과 실제 내용을 반대로 말함으로써 독자에게 강한 인상을 주고 문장의 변화를 주는 표현법이다. 겉으로는 칭찬하는 척하지만 사실은 꾸짖고, 겉으로는 꾸짖는 척하면서 칭찬하는 방법으로서 '아이러니(irony)' 라고도 한다.

(103) 너무 싼 것이 흠이라면 흠

② 역설법 : 표면상으로는 불합리하거나 모순되지만 잘 음미해 보면 그 속에 어떤 진실을 담고 있는 표현법이다.

(104) a. 가진 것이 많을수록 줄 수 있는 것은 적다

b. 사랑하기 때문에 헤어집니다

③ 모순 형용법 : 역설의 기교 중에서 '수식어＋피수식어'의 관계가 서로 모순 관계에 있어 상식적인 논리로는 모순이지만 자세히 살펴보면 깊은 의미를 담고 있어 작품에 참신성을 부여하는 문학적 표현기법이다.

(105) 민주당 소장파의 '아름다운 반란'〈한겨레 2001. 06. 07.〉

한겨레신문은 "정당의 생명은 의원들의 민주적 토론과 논쟁으로, 갈등을 화합으로, 불신을 신뢰로, 절망을 희망으로 전환시켜 국민적 지지를 받는 데 있다. 성명파 의원들의 아름다운 '반란'은 계속되어야 한다"는 본문 내용 중 모순 형용법을 이용한 '아름다운 반란'을 제목으로 뽑았다. (106)과 같은 예가 더 있다.

(106) a. 〈테러와의 전쟁〉美, 총성없는 미디어 총력전
　　　　〈문화 2001. 10. 05.〉
　　　b. 〔정규리그 결산〕기록들 '풍요속의 빈곤'
　　　　〈스포츠서울 2001. 10. 05.〉
　　　c. '작은 거인' 다카하시, 여마라톤 세계기록 깼다
　　　　〈스포츠서울 2001. 10. 02.〉
　　　d. 소설가 구효서의 홍상수論
　　　e. 고약하게 아름다운 낯설어서 짜릿한 〈신동아 2001년 4월호〉
　　　f. '살아있는 전설' 칼 립켄, 역사속으로……
　　　　〈스포츠투데이 2001. 10. 07.〉
　　　g. "사랑하기 때문에 반대한다?"〈강원일보 2001. 05. 22.〉
　　　h. 소로스는 사악한 구세주
　　　i. 너무 아름다워 외로운 섬

j. 한국축구 금빛 '은메달'

④ 공감각적 표현법 : 이것은 한 종류의 감각을 다른 종류의 감각으로 전이시켜 참신하게 표현하는 방법이다. 공감각적 심상은 감각적 인상을 개성적으로 전달한다.

(107) a. 노을빛 향을 마신다
b. 척박한 세태 바리톤음색의 눈꽃같은 소설
c. 전명규감독 "동계올림픽 쇼트트랙 금빛희망"
〈스포츠서울 2001. 10. 04.〉

(7) 형용어구법(形容語句法)
다음은 한겨레에 소개된 여행 안내 기사인데, 제목부터 시 한구절을 연상시킨다. 주로 레저 문화 분야의 기사는 형용어구를 사용하여 감성적으로 전달하고 있다.

(108) a. 프르륵 콕콕 산새는 농익은 네몸 탐하고 〈한겨레 2001. 09. 19.〉
b. 아주 오래된 고독 차라리 슬프지 않다 〈한겨레 2001. 09. 24.〉

8-4. 제목의 작성요령[9]

기사의 성격에 따라 제목을 뽑는 스타일이 달라진다. 기사의 종류에 부적절한 제목을 달면 아주 우스꽝스러워진다. 제목을 다는 일반적인 요령은 다음과 같다. 첫째, 사실을 정확히 전달하는 것을 목적으

---

9) LG상남언론재단(1998) 참고.

로 하는가, 아니면 독자의 심금을 울리는 데 주안점이 있는가? 둘째, 희귀하거나 재미있는 사건을 다루는 일상적인 기사인가 셋째, 전문석인 기사인가, 상식적인 기사인가? 넷째, 재미가 적은 숫자 기사인가? 등을 염두에 두고 접근해야 한다. 다음은 기사 제목 작성에 대한 구체적인 요령이다.

1) 사실을 다루는 기사는 이성적으로 접근하라

다음은 김홍일 의원 제주휴가 사건에 대한 동아일보 기사(1)와 한겨레의 기사(2) 내용이다. 정치적 파장이 자못 큰 민감한 사안으로서 사실에 근거해서 이성적으로 접근해야 하는데, 동아일보의 경우 제목부터 '대검부장, 김홍일 의원 제주휴가 합류 파문'으로 뽑음으로써 객관적인 보도 자세를 잃었다. 이에 비해 한겨레에서는 '김홍일 의원 제주휴가 때 대검 공안부장 동행 논란'으로 제목을 정함으로써 객관성을 부여했다. 이 기사는 본문의 구성에서도 차이가 있다. 동아일보는 리드 기사를 한나라당의 주장을 일방적으로 앞세운 반면, 한겨레는 여야의 공방을 객관적을 제시하고 있는 게 다르다.

(1) 대검부장, 김홍일 의원 제주휴가 합류 파문
한나라당은 24일 민주당 김홍일(金弘一) 의원의 8월 제주휴가 때 박종렬(朴淙烈) 대검 공안부장이 동행한 데 대해 박 부장의 파면과 김 의원의 대국민 사과를 요구했다.
반면 민주당 전용학(田溶鶴) 대변인은 "휴가 때 여행을 가는 것은 사생활에 대한 일인데 한나라당이 이를 재·보궐선거에 악용하고 있다"고 반박했다.

▲한나라당 공세=권철현(權哲賢) 대변인은 총재단 회의 브리핑에서 "검찰의 공안 최고 책임자가 대통령의 아들을 수행해 여행한 것은 정권의 도덕성 상실 정도를 보여주는 것"이라며 "대통령은 박 부장을 즉각 파면하고 친인척과 측근 비리에 철퇴를 가해야 한다"고 말했다.

그는 이어 "김 의원도 대통령의 아들로서 고위 공직자 및 업자들과 '총체적 부패여행'을 한 데 대해 국민에게 사과하고 이들과 어울리게 된 경위를 해명해야 한다"며 "검찰과 금융감독원 등은 김 의원에 대한 계좌추적 등을 실시해서라도 국가 기강을 세워야 한다"고 주장했다.

이재오(李在五) 원내총무는 "김 의원은 1월에도 '이용호게이트'와 관련이 있는 모 기업체 스포츠단 정학모(鄭學模) 사장과 같이 제주여행을 갔다"고 말했다.

▲김 의원 성명=김 의원은 개인 성명을 통해 "오래 전부터 알고 지냈고 부인, 자식들끼리도 잘 아는 검사와 휴가를 같이 갔다 해서 어느 부분이 잘못이냐. 같은 비행기를 탄 게 어떻다는 것이냐"고 항변했다.

그는 또 "(박 부장과) 같은 날은 물론 같은 비행기로 제주에 내려가지도 않았고 숙소도 달랐다"며 "대통령의 아들은 휴가도 가지 말고 알고 지내던 사람도 (만남을) 끊어야 하느냐"고 물었다.

　　　　　　　　　　-문철·송인수 기자〈동아 2001. 10. 25.〉

(2) 김홍일 의원 제주휴가 때 대검 공안부장 동행 논란

여야는 24일 김홍일 민주당 의원과 박종렬 대검 공안부장의 휴가 여행 동행을 놓고 각각 "총체적 부패여행"과 "정략적 의혹 부풀리기"

라며 공방을 벌였다.

권철현 한나라당 대변인은 이날 성명을 내어 "박 공안부장이 김 의원의 제주도 휴가여행 때 함께 있었던 것은 '총체적 부패여행'임을 증명하는 것"이라며 대여 공세를 폈다.

권 대변인은 "대명천지에 대통령 아들과 대검 간부, 조직폭력배와 업자들이 어떻게 한통속이 되어 놀아날 수 있느냐"며 대검 공안부장 해임을 요구했다.

이에 맞서 민주당과 김 의원 쪽은 "한나라당이 개인의 사생활을 의혹공세의 소재로 악용하고 있다"며 "정략적 의혹 부풀리기를 중단하라"고 요구했다.

특히 김 의원은 "오래 전부터 알고 지냈고 가족끼리도 잘 아는 검사와 휴가를 같이 갔다 해서 어느 부분이 잘못이냐"며 "'총체적 부패여행'으로 규정한 한나라당의 성명과 관련해 이회창 총재와 권철현 대변인을 명예훼손 혐의로 고발하겠다"고 밝혔다.

박 공안부장은 이날 "지난 8월 4일 제주도로 휴가를 가 김 의원과 한 호텔에 묵으면서 두 차례 식사를 함께 했지만, 개인 차원의 휴가였을 뿐"이라고 밝혔다. 그는 "김 의원과는 지난 95년 목포지청장 시절 알게 돼 김 의원이 야당 시절일 때도 함께 휴가를 가는 등 그 동안 집안끼리 친하게 지내왔다"고 말했다. 그는 "제주에서 김 의원과 식사할 때 정학모 씨는 동석했지만 여운환 씨는 없었다"며 "정씨와는 친하지는 않고 단순히 아는 사이"라고 말했다.

　　　　　　　　　　　　-양상우 · 정광섭 · 안선희 기자 〈한겨레 2001. 10. 25.〉

2) 심금을 울리는 기사는 감성적으로 접근하라

다음 (3)은 2001년 10월 10일자 조선일보 기사다. 휴지를 모아 이웃을 돕는 환경미화원에 대한 미담인테, '폐휴지 모아 이웃돕는 환경미화원…… 그는 미친 걸까요?' 라는 제목은 선뜻 공감하기 어렵다. 자신도 어려운 삶을 꾸려 가고 있음에도 불구하고 어려운 이웃을 돕는 사람에게 '미친 걸까요?' 라니…….

주목을 끌기 위한 기자의 의도는 이해할 수 있지만 미담 기사의 제목으로 적설치 않다. '그는 미친 걸까요?' 대신 좀더 따뜻한 메시지를 함축한 제목을 달았어야 한다.

자신도 어려우면서 남을 먼저 돕는 사람을 이해하기 힘든 세태지만, 일반 독자들은 제목만 보고 내용을 짐작하는 경우가 많다. 제목을 붙일 때는 좀더 신중히 생각해서 내용을 적절히 함축할 수 있도록 신경을 써야 한다.

---

(3) 폐휴지 모아 이웃돕는 환경미화원…… 그는 미친 걸까요?

8년째 선행 김영백 씨

"폐휴지 10t이면 앞을 못 보는 시각장애인 한 사람에게 '세상의 빛'을 되찾아 줄 수 있습니다."

서울 중구청 소속 환경미화원 김영백(58) 씨는 매일 오후 3시 관내 거리 청소라는 12시간 여의 고된 일을 끝내기 무섭게 서울 장충동 일대의 폐휴지 수집장으로 향한다. 지난 94년부터 자신의 집이 있는 장충동 일대의 폐휴지를 분류·수집하기 위해서다.

김씨는 지금까지 이렇게 번 돈 3300여 만원을 불우한 이웃들의 개안(開眼) 수술 후원비와 장학금 등으로 내놓았다. 1인당 30만원 안팎의 수술비를 마련하려면 kg당 30원 가량 하는 폐휴지 10t을 수집해야 한다.

김씨의 도움으로 개안 수술을 받은 사람만 78명, '폐휴지 장학금'

을 받은 중·고교생이 40여 명이나 된다. 그렇다고 김씨의 형편이 넉넉한 것은 결코 아니다. 새벽 2시 30분부터 오후 2시 30분까지 거리 청소를 해야 하는 '환경미화원' 김씨는 불과 2년 전까지만 해도 장충동 산동네 무허가 집에서 살았다.

"처음에 청소원 하는 사람이 불우한 이웃을 돕겠다고 하니까 다들 미쳤다고 했어요." 김씨가 남을 돕는 일에 적극 나서게 된 것은 중동 근로자로 일하던 지난 80년 사우디아라비아의 공사장에서 허리를 크게 다치면서라고 한다. 그는 "5~6년은 누워서 꼼짝도 못할 만큼 혹독하게 앓았다"며 "10여 년의 투병 끝에 건강을 찾고, 새로운 직장에도 적응하면서 '다시 살게 된 삶을 남을 위해 바치고 싶다'는 생각이 들었다"고 말했다.

90년부터 서울 중구청의 환경미화원으로 일해 온 김씨는 하루 평균 300~400kg씩, 약 1100여 t의 폐휴지를 수집·판매했다. 그는 "봉사활동을 하면서 세상에 나보다 어려운 사람이 무척 많다는 사실을 깨달았다"고 말했다.

-윤슬기 기자 〈조선 2001. 10. 10.〉

다음의 (4)는 한겨레 2001년 10월 25일자 기사이다. 문화생활면의 기사로서 제목부터 한편의 시구절을 연상하게 하는 감성적인 제목으로 뽑았다. 애기단풍 사이로 골붉은 감이 주렁주렁 달린 백양사로 한 달음에 달려가고픈 충동이 인다.

(4) 애기단풍 사이 골붉은 감 주렁주렁

가을 정취를 만끽할 수 있는 세 건의 축제가 이달말부터 펼쳐진다. 전남 장성과 구례의 단풍축제와 충남 태안의 안면도 꽃지바다 낙조축제.

어린아이 손바닥만한 애기단풍으로 이름난 장성 백양사에선 26~28일 제6회 단풍축제를 연다. 26일 장성읍내에서 군민과 관광객이 참여하는 단풍테마 행진과 거리축제가 벌어지고, 28일엔 백암산 일대에서 전국단풍등산대회가 열린다. 체험행사로 옷감 물들이기 · 짚풀공예 · 얼굴 단풍페인팅 등이 진행된다. 천연기념물인 비자나무 숲과 제철을 맞은 감나무들도 볼거리다.

철도청에서 백양사까지 운행하는 내장산 등산열차(28, 29일)와 단풍열차(23~27일)를 이용하면 편리하다. 단풍축제추진위원회 (02)723-7671. 구례군도 27~28일 제25회 지리산 피아골 단풍제를 마련했다. 국악공연과 단풍길걷기대회 · 사생대회 · 민요공연 등이 벌어진다. 〈한겨레 2001. 10. 25.〉

다음의 (5)는 대전일보 레저면 기사이다. 행정관청의 공지사항처럼 무미건조하게 정보만 전달하고 있다. (4)와 (5) 두 기사 가운데 어떤 쪽에 마음이 가겠는가?

(5) **충남 태안군 갈음이 해수욕장**
　※ 명칭 : 갈음이 해수욕장
　※ 소재지 : 충남 태안군 근홍면 정죽리
　※ 특성

충남 태안군 근홍면 정죽리에 소재한 갈음이 해수욕장은 천혜의 자연을 보존하고 있으며, 70년대 후반에 군사지역으로 지정되어 민간인의 출입이 통제되었다가 90년대 중반에 군사보호지역 해제로 인하여 비로소 일반인들이 출입이 가능해졌다.

자랑스러운 것은 모래가 아주 곱고 희다. 천연의 사구가 발달되어 있으며 자연 송림이 가까이 있어 가족 단위의 피서지로 적당하다. 해수욕장이 개장되기 시작한 지는 4년 정도밖에 되지 않아 널리 알려지지 않았으나 입에서 입으로 전해져서 찾아오는 사람이 많다. 특히 이 해수욕장은 TV 사극 및 영화의 촬영장으로 활용되었으며 '찬란한 여명', '용의 눈물', '번지점프를 하다', 최근(2001년)에는 '여인천하'의 왜구 침략 장면에 촬영되었다. 〈대전일보 2001. 07. 26.〉

다음의 (6-7)은 날씨에 대한 신문기사의 제목과 내용이다. 요즘 날씨가 현대인의 생활에 미치는 영향이 부각되면서 '날씨'에 대한 기사의 제목을 정할 때도 시 한 구절이 연상되거나 싱긋 미소를 머금을 정도로 세심히 배려한다.

(6) 소슬한 밤 풀벌레 소리
전국이 맑겠다. 중부지방은 오후 한때 구름. 아침에 짙은 안개 끼는 곳이 많겠다. 아침 최저 6~15도, 낮 최고 20~23도.
〈동아 2001. 10. 24.〉

(7) 황사 계속…… 세차장 '미소'
온 나라 흐리고 비가 온 뒤 낮에 북서쪽 지방부터 차츰 개겠다. 아침 최저기온 5~12도, 낮 최고기온 11~17도.

3) 해프닝 기사는 엄숙하게 접근하면 실격

(8) 청주공항 수류탄 뇌관 발견
지뢰부품 등도…… 제대병 소행 추정

20일 오전 10시20분께 충북 청원군 북일면 청주국제공항에서 연습용 수류탄 뇌관뭉치가 발견돼 군·경이 수사에 나섰다.

청주공항 관리공단에 따르면 이날 국내선 2층 남자 화장실을 청소중이던 경영순(55·여) 씨가 좌변기 옆에서 휴지와 약봉지에 싸여 있는 연습용 수류탄 뇌관 2개와 연습용 대인지뢰 압력뿔 1개, 연습용 대인지뢰 연막제 4개, 철선 1롤 등 화기부품 13점을 발견해 경찰에 신고했다는 것이다.

이에 따라 공항내 경찰·안기부·기무사 등은 합동심문조를 구성해 여객기 출발을 정지시키고 승객과 화물에 대한 보안검색을 실시하는 한편 장갑차 3대와 무장 군인 20명을 활주로에 배치하는 등 경계태세를 강화했다.

그러나 합심조의 조사 결과 이 뇌관과 지뢰부품은 국산 연습용 제품인데다 몸체가 분리돼 폭발 위험성이 없는 것으로 밝혀짐에 따라 2시간 만인 12시께 운항정지를 해제했다.

합심조 관계자는 "최근 해외 테러 전문가 잠입설 등에 따라 부품을 정밀조사했으나 모두 국산 연습용으로 밝혀졌다"며 "휴가병이나 제대병의 소행으로 추정돼, 발견 시점의 비행기 이용자들에 대한 신원조회 등을 하고 있다"고 밝혔다. 〈한겨레 1997. 07. 21.〉

항공기 사고는 일단 사고가 발생하면 대형인 경우가 많으므로 사전 대비가 철저하다. 특히 공중 테러에 대비한 승객·화물의 검문검색은 필수다. 폭발물이나 폭발물로 의심되는 물건이 발견되면 공항경찰은

비상근무에 들어가게 되고 무장병력 출동, 검문검색 강화, 비행기의 출발지연 능의 일이 벌어지게 마련이다.

(8)은 한겨레 1997년 7월 21일자 기사이다. 공항 화장실에서 연습용 수류탄 뇌관 등 발견→여객기 출발 정지→합동심문조 보안검색→장갑차·무장병력 배치→폭발위험성 없음 판명→운항정지 해제 등 2시간 여에 걸친 사건의 경과를 보도한다.

수류탄 뇌관이 발견된 것은 그다지 뉴스 가치가 없다. 단지 발견된 곳이 공항이었던 관계로 빚어진 일련의 소동에 주목한다면 사정이 달라진다. 갑자기 공항청사에 무장병력이 늘어나고 검색이 쌍쌍해지는 등 분위기가 썰렁해짐은 물론 제 시간에 출발해야 할 비행기들이 2시간 이상 묶이면서 승객들은 어리둥절한 가운데 항의사태가 벌어지지 않겠는가.

한겨레 편집자가 주목한 뇌관은 말하자면 폭발물의 부싯돌로, 수류탄 등의 본체와 분리된 뇌관은 파괴력이 없어 위험하지 않다. 이 사건이 단순한 해프닝임을 제목에 내세운 다음의 조선일보 기사(9)가 참고된다.

(9) 청주공항 폭발물 소동
화장실서 연습용 수류탄―지뢰부품 발견
청주국제공항에서 연습용 수류탄과 대인지뢰 부품들이 발견돼 여객기 운항이 지연되고 당국이 보안검색에 나서는 소동을 빚었다.
20일 오전 10시 20분쯤 충북 청원군 북일면 입상리 청주국제공항 국내선 2층 남자 화장실에서 환경미화원 경영순(55·여) 씨가 화장지에 싸인 채 변기 옆에 놓여 있던 종이봉지를 발견, 경찰에 신고했다. 군과 경찰, 안기부 등 보안당국의 합동조사 결과, 이 종이봉지에는 수류탄 뇌관 2개, 대인 지뢰용 압력뿔 1개, 연막제 4개, 기폭제 4개, 인계철선 뭉치 등 13개의 폭발물 부품들이 분리된 채 담겨 있었다.

그러나 보안당국은 이 부품이 모두 국내에서 생산된 연습용 부품으로 폭발 위험이 없고 인마살상용으로 사용할 수 없는 것으로 확인됐다고 밝혔다.

공항측은 폭발물 부품이 발견된 직후 이날 오전 10시 40분 출발 예정이던 제주행 대한항공 1953편 A-300 여객기의 승객 2백 90명과 탑재화물, 여객청사 등에 대한 정밀 보안검색을 벌인 후 당초 출발 예정 시각보다 1시간 30분 지연된 낮 12시 10분쯤 항공기 운항을 허용했다.

보안당국은 휴가장병이나 예비군 등이 군부대에서 부품을 갖고 나왔다가 보안검색에 걸릴 것을 우려해 버렸을 가능성이 큰 것으로 보고 있다. 〈조선 1997. 07. 21.〉

4) 어려운 얘기는 풀어 써라

다음의 (10)은 동아일보 2001년 11월 26일자 기사이다. 금융업의 '리볼빙 서비스'에 대해서 일단 "카드대금 나눠 내세요"라고 리볼링 서비스의 특성을 쉽게 풀어 쓴 다음 '리볼빙 서비스가 확산'되고 있다는 사실을 제목으로 뽑았다. 본문에서도 리볼빙 서비스를 자세히 설명하고 예까지 들어 설명하고 있다.

(10) "카드대금 나눠 내세요"…… 리볼빙 서비스 확산
'리볼빙이 뭐지?'

신용카드사나 일부 은행들은 '키드 결제일을 걱정하지 말라'며 새로운 결제 수단으로 '리볼빙'을 적극 내세우고 있지만 고객들은 낯설기만 하다. '한글식' 표현인 '회전결제 시스템'도 어렵긴 마찬가지. 이 때문에 1999년 외국계 은행이 처음 도입했지만 아직도 보편화되지 못했다.

올해부터 신용불량자 등록이 강화된 데다 금융기관들도 시장 개척에 적극 나서면서 사용액의 결제를 미룰 수 있는 리볼빙의 이용자가 늘고 있다.

▲어떻게 이용하나=리볼빙을 신청하면 현금 서비스를 받거나 신용카드로 산 금액을 다음달에 모두 결제하지 않아도 된다. 미리 신청한 비율(또는 금액) 만큼만 결제하고 나머지는 다음달 이후로 연기할 수 있다.

-이나연 기자〈동아 2001. 11. 26.〉

다음의 (11)은 대전일보 2001년 10월 19일자 의료·건강 꼭지에 실린 기사이다. '구강작열감 증후군'이란 병에 대한 설명인데 제목부터 이해하기 벅차다. 바쁜 세상에 누가 읽겠는가. '입안이 화끈거리고 아프세요?'처럼 제목을 뽑는다면 독자가 쉽게 이해하고 읽을 수 있다.

(11) 구강작열감 증후군
특별한 원인 없이 혀나 뺨 등 입안이 화끈거리고 아프다고 호소하는 사람들이 많다. 통증이 좀처럼 없어지지 않고 지속돼 혹시 암이 아닌가 걱정하기도 한다.

입안이 화끈거리고 통증이 있거나 가려운 감각이 구강점막에 뚜렷한 병적 소견 없이 나타나는 경우를 구강작열감 증후군이라고 일컫는다.

구강작열감 증후군은 전체 성인 인구의 약 5%에서 발견될 정도로 의외로 흔한 증후군이다. 주로 중년과 노인에서 흔하며 여성이 남성보다 약 3배 정도 이환되기 쉽다. 40대 여성의 경우에는 이환율이 약 15.7%라는 보고가 있을 정도로 중년여성에서 흔하다.

구강작열감 증후군은 입안 특히 혀가 화끈거리면서 타는 듯한 감각을 느낀다. 때로는 찌르는 듯 쑤시고 가렵고 이상한 감각을 느낄 수도 있다. 이러한 증상은 몇 달이나 몇 년 동안 증상이 없어지지 않고 지속적으로 나타날 수 있다. 이러한 통증이 가장 흔하게 나타나는 부위는 혀이고, 혀 중에서도 혀끝이 가장 흔하다. 다른 부위로는 입술, 볼, 입천장, 목, 틀니가 닿는 부위 등이 있다.

구강작열감 증후군 환자들은 통증 이외에도 입안이 마르거나, 쓴맛이 지속되거나, 입맛이 변하고, 갈증을 느끼며, 음식을 삼키기 곤란하고 목이 불편한 경우와 후각이 변하는 경우 등과 같이 다양한 다른 증상이 함께 나타나기도 한다.

구강작열감 증후군의 치료는 혈액검사, 요검사, 핵의학 검사 등을 통해 특정한 원인이 발견될 때에는 이에 대한 적절한 처치가 선행되어야 한다. 타액 분비 저하시에는 침을 보다 많이 나오게 하는 요법이 반드시 수반되어야 한다. 엽산 결핍, 비타민 B1, 2 결핍이나 철분 결핍시에 이에 대한 보충이 필수적이다.

이 질환은 악성이 아니며 생명이나 다른 건강에도 전혀 지장이 없지만 치료하기도 쉽지 않기 때문에 치료목표는 다양한 치료법을 통한 증상의 감소에 있다. 스테로이드 국소요법, 국소 항진균제, 항세균 함

수제, 진통효과가 있는 항우울제 등은 적절히 치방될 때 효과를 볼 수 있으며 구강건조증을 동반하는 경우에는 인공타액의 사용이 효과적이다.

-한경수 기자 〈대전일보 2001. 10. 19.〉

5) 전문기사는 낯익게 하라

신문은 중학생 정도의 수준으로 기사를 써야 한다. 전문용어는 그 뜻을 설명해 주고, 전문기사는 낯익게 써야 한다. 일단 어렵다고 여겨지는 기사는 읽기 꺼리는 것이 인지상정이다. 전문어가 아닌 일반어를 끼워 넣어 독자의 구미를 당기는 과정이 필요하다.

6) 평범한 얘기는 낯설게 하라

스포츠 기사의 골간은 '이기고 짐'이다. 취재기자의 경우 A팀이 ○ 대 ○으로 B팀을 이겼다는 사실을 뼈대로 하여 경기의 내용이나 특성을 덧붙여 기사를 풀어 나갈 수밖에 없다. 그런데 편집기자의 고민은 여기에서 출발한다. 팀만 다를 뿐 '이기고 짐'은 항상 되풀이되는 까닭이다. 독자들의 눈에 띄는 제목을 달기 위한 대표적인 방법이 바로 '낯설게 하기'다.

'낯설게 하기'란 러시아 형식주의자들이 고안해낸 문학연구의 한 잣대로, 평범한 사실을 독자들이 생소하게 느끼도록 다른 각도에서 접근하거나 우회하는 창작기법을 말한다.

다음의 (12)는 이형택이 이승훈을 꺾고 8강에 올랐다는 내용을 단순히 요약해서 제목으로 뽑은 대전일보 기사이며, (13)은 이형택이 노련한 경기운영으로 이승훈을 꺾고 8강에 합류한 사실을 제목에 담으면서 '스매싱'이란 테니스 전문용어를 사용하여 현장감을 살린 한겨레 기사이다.

(12) **이형택 이승훈 꺾고 8강**

이형택(삼성증권)이 2001 삼성증권배 남자챌린저테니스대회(총상금 5만 달러)에서 이승훈(명지대)을 꺾고 8강에 올라 2연패를 향해 순항했다.

톱시드 이형택은 24일 올림픽공원 코트에서 열린 대회 본선 2회전에서 초반 컨디션 난조를 딛고 와일드카드로 출전한 이승훈에 2—1(2—6/6—2/6—3)로 역전승했다. 〈대전일보 2001. 10. 25.〉

(13) **'노련한' 이형택 8강 스매싱**

'한국 테니스의 간판' 이형택(25 · 삼성증권)이 천신만고 끝에 8강에 올랐다.

1번.시드 이형택은 24일 서울 올림픽공원 센터코트에서 열린 2001 삼성증권배 국제남자챌린저테니스대회(총상금 5만 달러) 본선 2회전에서 국가대표 후배 이승훈(22 · 명지대)에게 2—1(2—6/6—2/6—3)의 힘겨운 역전승을 거뒀다.

이로써 이형택은 지난 대회 2회전에 이어 이승훈을 2년 연속 제압했고, 역대 전적에서 4—0의 일방적인 우세를 보였다. 이날 경기는 이형택의 노련한 경기운영이 돋보인 한판이었다.

지난 대회 우승자 이형택은 첫 세트를 이승훈의 강한 백핸드 직신 공격과 힘이 넘치는 스트로크에 밀려 2—6으로 내줬다. 이형택은 경기 초반 자신의 스트로크를 구사하지 못하며 이승훈에게 경기 흐름을 빼앗겼다. 그러나 2세트 2—2에서 자신의 서비스게임을 공 4개로 가볍게 따내 승부를 원점으로 되돌렸다.

이어 3세트 게임스코어 3—3에서 이형택은 과감한 점프스매싱과 네트 접근으로 경기 흐름을 주도한 뒤 절묘한 백핸드 대각선 발리로 경기를 마감했다.

한국 선수로 유일하게 남은 이형택은 예선 통과자 마르코 추디넬리(스위스)와 26일 4강 진출을 놓고 다툰다.

-박원식 기자〈한겨레 2001. 10. 25.〉

이런 방법은 체육면 기사에만 국한되는 것은 아니다. 사회면 기사도 마찬가지다. 해마다 되풀이되는 추석 대이동을 다룬 기사가 대표적인 예일 것이다. 같은 현상이 반복된다고 제목도 유사하게 붙인다면 독자들이 얼마나 식상할 것인가. 다음 (14)가 그 예들이다.

(14) a. 고향으로…… 고향으로 추석 대이동 시작〈중앙 2001. 09. 30.〉
　　 b. 한가위 고향길 곳곳 '거북 걸음'〈동아 2001. 09. 30.〉
　　 c. 추석 귀성길 곳곳 정체〈한국 2001. 09. 30.〉

이런 기사만 보다가 같은 날짜의 한국일보 기사는 제목 그대로 '숨통'을 트이게 하는 참신한 기사이다. 이렇듯 차별화는 어려운 게 아니다.

(15) 새길, 우회국도 이용법 "알아두면 고향길 숨통"

올 추석 귀성길은 연휴가 다소 길어 예년보다 교통체증이 덜하지만 병목구간 등 구간별 상습 체증은 여전하다. 특히 추석 전날인 30일은 귀성객의 30%가 몰려 교통량이 최고조에 달할 전망이다.

최근 새로 개통된 고속도로와 주변 연결 국도 및 지방도를 잘 이용하면 짜증을 덜고 다소 수월하게 고향집에 도달할 수 있다.

▲충청 서부·호남은 서해안고속도로

27일 충남 당진~서천 구간이 개통되면서 서해안고속도로가 인천이나 서울에서 군산까지 곧바로 연결됐다. 충청 서부나 호남지역 귀성객들은 이 길을 이용하는 것이 기존 국도나 경부고속도로를 이용했을 때보다 1시간 이상씩은 단축시킬 수 있다.

그러나 문제는 동군산 IC에서 도로가 끊겨 끝 지점에서 극심한 정체가 빚어지고 있다는 점. 이에 따라 군산 아래쪽으로 가는 귀성객들은 교통안내판을 참고해 춘장재나 서천·군산 IC에서 빠져 나가 21·26·27·29번 국도 등으로 우회하면 효과적이다.

호남 쪽으로 가는 차량들은 국도를 이용, 전주 IC로 들어가 상대적으로 교통체증이 없는 호남고속도로를 이용하는 게 유리하다.

서해안 고속도로 당진~군산 구간은 아직 휴게소와 주유시설이 없으므로 사전에 연료를 채워 가야 한다.

▲영남, 경부고속도로만 고집 말라

경부고속도로 대전~대구 구간은 구간별로 정체가 심한 구간이다. 대구 방향으로 가는 귀성객들은 경부나 중부고속도로를 이용, 대전까지 간 뒤 대전~진주간 고속도로를 이용, 무주까지 가서 30번 국도를 이용하면 체증을 피할 수 있다. 아예 중앙고속도로 원주~제천 구간을 이용한 뒤 5번 국도를 이용해 풍기나 안동을 지나 대구로 가는 방법도 괜찮다.

부산 방향은 무주까지 가서 37번 국도를 타고 거창~합천(24번국도)을 지난다. 합천에서 의령으로 빠져 남해안고속도로를 타면 부산까지 갈 수 있다. 진주 쪽도 무주까지 가서 교통안내판을 참고해 지방도와 국도를 타고 함양에 이르러 대전~진주 고속도로를 이용하면 시간을 단축할 수 있다.

▲춘천 · 강릉 방향은 중앙고속도로

강릉 방향은 서울에서 6번 국도를 타고 양평을 경유해 중앙고속도로 홍천~원주 구간을 이용하면 효과적이다. 강릉 쪽도 이 구간을 이용하다 횡성이나 홍천에서 빠져 6 · 56번 국도 등을 타면 영동고속도로의 정체를 피할 수 있다.

- 황양준 기자 〈한국 2001. 09. 30.〉

7) 가독성이 낮은 숫자기사는 의미를 부여하라

주가, 경상수지, 세금징수율 등 각종 경제지표는 숫자의 형식으로 발표된다. 발표기관에서 그 수치의 의미를 부여하는 경우도 있지만 대부분 취재기자가 수치의 유의미성을 찾아내 기사화하는 것이 보통이다. 거꾸로 말하면 의미를 찾지 못한 수치는 기사로서의 가치가 없다.

의미의 부여는 하루, 한달 혹은 1년 단위로 전 통계치와 비교하여 그 변동 정도를 계산해내거나, 사정이 비슷한 지자체, 인근 국가의 그것과 비교하여 대소를 산정하는 방법이 있을 수 있다. 비교함으로써 그 정도를 알 수 있고 그때 비로소 의미를 알게 된다.

그런데 단순히 수치의 유의미성을 얘기하는 것으로는 독자의 시선을 잡을 수 없다. 시선을 잡기보다는 오히려 시선을 밀어내는 효과를 갖는다. 숫자는 골치 아프고, 경제는 어렵다는 선입관을 갖는 것이 일반적인 독자의 정서인 탓이다. 그럴 때는 정확한 수치보다는 "서울의 2배" 등의 표현을 써서 누구든지 쉽게 알 수 있게 표현하는 것도 좋은 방법이다.

(16) a. 중고생 10명 중 1명꼴로 학교폭력 피해……

　〈한겨레 2001. 11. 28.〉

　b. 남산 2.5배 산림 골프장으로 〈한겨레 2001. 09. 28.〉

　c. 인천 초등학생 2~3일 한명꼴 교통사고 〈한겨레 2001. 09. 27.〉

9. 신문기사의 어휘

9-1. 관청용어 되도록 일상용어로 바꿔라

(1) 민원인 편의·공무원 사기진작/전일근무제 왜 없애나
　〈대한매일 1998. 06. 08.〉
(2) 말뿐인 공무원 토요격주 全日근무 〈문화 2001. 03. 12.〉
(3) 벼 도복 피해 우려 〈TJB 뉴스〉

(1)의 전일근무는 '全日勤務' 다. 토요일이 오전근무만 하는 것이 관례인데 오후에도 근무한다는 뜻일 터이다. 대법원에서 발표한 근무 형태 용어인 '전일근무' 는 그들의 용어일 뿐 일반인들에게는 생소한 말이다. 오히려 엉뚱하게 '前日근무' 라고 이해되어 요령부득의 말로 비칠 가능성조차 있다.

(2)처럼 '全日근무' 라고 하면 좀 낫지만 차라리 '종일근무' 라고 표

현하는 게 더 적합하다. 전문용어를 일반인들이 쉽게 이해할 수 있는 말로 풀어 쓰는 노력과 더불어 한자를 단순히 한글로 옮겨 놓는 데서 파생하는 문제점에도 신경을 쓸 일이다.

(3)은 장마에 벼가 엎칠 우려가 있다는 내용의 텔레비전 뉴스 자막이다. 아직도 보통 사람들은 알지 못하는 일본식 행정용어를 쓰고 있다.

9-2. 주관적 어휘는 삼가라

1) 본격이란 말은 특정하여 쓸 수 없다

(2) a. 부실기업 정리 본격 착수(1판)

　　1조 5천억 기금 조성 전담기구 설치…… 5~6월 특별법 제출

b. 부실기업 정리기구 설치(5판)

　　성업공사 확대개편…… 1조 5천억 기금 조성

정부는 은행부실채권과 부실기업 정리를 본격적으로 추진하기 위해 1조 5천억 규모의 부실채권정리기금을 조성하고 이에 필요한 전담기구를 설치하기로 했다.

성업공사를 확대 개편해 만들어질 이 기구는 운행의 부실채권을 넘겨 받아 정리하는 한편 부실징후 기업의 자구노력 대신 부동산이나 유가증권, 또는 계열기업 자체를 매입해 정리하고, 부실징후 기업에 대한 경영 진단이나 정상화 방안도 제시하게 된다. 이와 함께 자구노력의 일환으로 부동산을 파는 기업에 대해서는 양도세 감면 등 세제

지원을 해줄 방침이다.

강경식 경제부총리는 23일 오후 기자회견을 열고 이런 내용을 뼈대로 한 특별법을 만들어 오는 5~6월 열리는 임시국회에 제출하겠다고 밝혔다.

정부는 부실채권정리기금을 5년간 한시적으로 설치하고, 그 재원은 금융기관 출연금, 채권 발행, 국내외 차입금 등으로 조달하기로 했다. 금융기관 출연규모는 부실채권 보유비율 등을 고려해 결정하되, 은행의 일시적 자금 부담을 덜어 주기 위해 전환사채를 발행하도록 하는 방안 등을 검토중이다.

아울러 성업공사의 기능 확대를 뒷받침하기 위해 현재 5억원인 성업공사의 납입자본금을 1천억원으로 늘리기로 했다. 이 가운데 2백억원은 성업공사 이익잉여금을 출자로 전환하고 나머지 8백억원은 은행별 총자산 또는 자본금 규모 등을 기준으로 분담시킬 예정이다.

정부는 또 성업공사가 부실징후 기업에 대한 종합적인 전문병원 구실을 할 수 있도록 별도의 재원을 마련할 방침이다. 이 재원은 채권 발행, 채권금융기관 대출금, 성업공사의 여유자금 등으로 충당된다. 또한 정리전담기구 자체의 경영 투명성과 전문성 제고를 위해 성업공사 사장을 위원장으로 하고 예금보험공사, 은행감독원 및 금융기관 임원, 학자, 변호사, 공인회계사 등으로 구성되는 경영관리위원회를 설치하기로 했다. 〈한겨레 1997. 04. 24.〉

'본격 착수'란 언제 쓸 수 있는 말인가? '부실기업 정리'에 관해서 말한다면 전담기구를 설치하겠다고 발표한 사실만을 두고 그렇게 규정할 수 있을 것이다. 그러나 부총리의 발표 이후 법 제정→기구 재편·재원 확보→부실기업 선별 등 거쳐야 할 과정이 많은 편이다. 보는 사람에 따라서는 그때마다 '부실기업 정리 본격 착수'라는 말을 쓸 수 있다. 결국 '본격 착수'란 말은 상당히 자의적인 어휘다.

스트레이트 기사에서 이렇게 자의적인 말을 쓰는 것은 바람직하지 않다. 구체적인 사실을 적시하고 그 속내는 독자로 하여금 판단하도록 하면 그만이다. 스스로 판단이 서지 않는 사람은 관련 상자기사를 찾아 읽도록 유도하는 것이 바람직하다.

본격 착수라는 말에는 의미 규정이 들어 있는 만큼 편집자의 메시지가 담겨 있다고 할 수 있다. 그런 반면 사실의 적시는 없다. 부제목을 읽어 보아야 비로소 구체적인 사안을 접할 수 있다.

즉, 의미 규정→사실 적시의 형식을 가진다. 독자로 하여금 능동적인 기사 접근을 봉쇄하는, 어떤 의미에서는 독자를 무시하는 발상에서 비롯된다. 부실기업 전담기구가 전례없는 것인만큼 독자는 "정부가 부실기업 정리에 나섰구나" 하는 의미 정도는 파악할 수 있지 않을까.

어설픈 메시지보다는 사실을 있는 그대로 전달하는 것이 좋다. 독자는 의외로 현명하다.

2) '완전실패'—완전한 것은 없다

(3) a. 쓰레기소각장 정책 완전실패(1판)
　　맹독물질 '다이옥신' 선진국기준 최고 231배 등 과다 검출
　　환경부, 11곳 실태조사 불구 개별공개 거부

　　b. 소각장 다이옥신 과다검출(4판)

맹독성 선진국기준 최고 231배······ 쓰레기정책 실패 드러나

환경부, 11곳 실태조사 불구 개별공개 거부

우리 나라 쓰레기소각장의 대부분이 치명적인 다이옥신을 무더기로 내뿜는 등 쓰레기소각장 정책이 전면적으로 실패했음이 드러나고 있다.

현재 가동중인 도시 쓰레기소각장 11곳 가운데 10개 소각장이 맹독성 물질인 다이옥신을 선진국 배출기준인 0.1ng/m³(나노그램·10억분의 1g)을 크게 넘겨 내보내고 있는 것으로 확인됐다.

특히 이 가운데 한 곳은 선진국 배출기준의 2백 31배를 넘는 23.12ng/m³을 배출하고 있으며, 배출기준을 1백 배 넘긴 소각장도 3곳이나 되는 것으로 나타났다.

이런 사실은 우리 나라 생활쓰레기 소각시설에서 배출되는 다이옥신이 사회문제로 떠오름에 따라 환경부가 지난해 12월부터 지난달까지 전국의 도시 쓰레기소각장을 대상으로 다이옥신 배출 실태를 조사한 결과 밝혀졌다.

환경부는 그러나 구체적으로 어느 소각장에서 얼마만큼의 다이옥신이 배출됐는지에 대해선 "소각장별 배출 실태가 구체적으로 알려질 경우 혼란이 일어날 가능성이 커 공개할 수 없다"는 궁색한 이유를 들어 확인을 거부했다. 이런 결과가 환경부의 조사로 공식적으로 확인됨에 따라 그 동안 쓰레기소각장에 비판적인 태도를 보여 온 환경운동단체들의 주장이 크게 설득력을 얻게 됐다. 이와 함께 소각장 반대운동이 더욱 활력을 얻게 돼 쓰레기소각장 정책은 전면적인 위기를 맞을 것으로 보인다.

한겨레 취재진의 확인 결과 의정부의 소각장의 배출농도가 가장 높았던 것으로 밝혀졌으며, 의정부소각장은 곧 폐쇄될 것으로 알려졌

다. 서울·부산 지역은 검출량이 상대적으로 낮고, 나머지 지역은 높은 것으로 전해졌으나 구체적 수치는 아직 확인되지 않고 있다.

한편 환경부는 이 조사 결과를 바탕으로 신설되는 소각로의 경우 배출기준을 애초 $0.5ng/m^3$에서 $0.1ng/m^3$으로 강화해 오는 7월 1일부터 시행하고, 가동중인 소각로는 단계적으로 기준을 높여 2005년 7월 1일부터 $0.1ng/m^3$기준을 적용하는 것을 뼈대로 한 다이옥신 적정관리 대책을 마련해 폐기물관리법 시행령 등 관계 규정에 반영하기로 했다.

환경부는 우리 나라에 도시 쓰레기소각장의 다이옥신 배출기준치가 마련돼 있지 않아 지난해 6월 처음으로 기준을 $0.5ng/m^3$으로 정해 오는 7월부터 시행하기로 했으나 민간 환경단체와 소각장 인근지역 주민들은 기준치를 선진국 수준인 $0.1ng/m^3$으로 할 것을 요구하며 반발해 왔다. 〈한겨레 1997. 05. 24.〉

위의 (3)은 환경부가 발표한 전국 쓰레기소각장의 다이옥신 배출량 자료를 선진국의 배출기준치와 비교함으로써 한국에서의 양이 많음을 적시하고, 그 물질의 위험성을 독자들에게 환기하는 것을 목적으로 하는 것 같다.

그런데 기사는 첫머리에서 당국의 쓰레기 정책이 실패했다고 의미부여하고 있다. 이 기사를 1면 머리에 배치한 것은 그러한 의미부여의 결과일 것이다. 제목에조차 '정책실패'라는 어휘를 큰 활자로 박음으로써 독자들은 다이옥신의 위험성에 대한 인식을 3중으로 강제된 셈이다.

스트레이트 기사에서는 사실을 제시하는 것으로 그치는 것이 좋다. 그것에서 더 나아가고 싶다면 해설에서 다루는 것이 마땅하다. '정책

실패'는 해설에서 소화해야 할 몫이다. 해설에서도 의미 해석을 사양하면 독자들의 사고 속에서 치러야 할 몫이다. 정상적인 사고를 하는 독자라면 굳이 제목에서 '완전실패'라고 규정하지 않더라도 그렇게 판단할 수 있는 역량을 가지고 있다고 본다. 독자를 위한 배려라고 편집자는 주장할지 모르나 배려가 지나쳤다.

9-3. 다의어는 가능한 한 피하라

(1) 휴가계획 잘~세우면 휴가비 준다 〈문화 2002. 04. 19.〉
(2) 병원 덜 가는 사람 '인센티브' 준다, 정부 '건강마일리지' 검토 〈경향 2002. 02. 23.〉
(3) 만성환자 진료비 부담 준다 〈세계 2002. 02. 19.〉
(4) 중증환자 본인부담금 절반 준다 〈동아 2001. 12. 20.〉
(5) 영어교사 임용때 토플가산점 준다 〈동아 2001. 12. 17.〉

소리글자인 우리말은 문맥에 따라 의미가 달라지는 예가 많다. '준다'는 '감소', '부여' 등 2가지 의미가 있다. 전후사정을 모르는 독자라면 큰 제목에서 '준다'는 단어의 뜻을 이해하는 데 있어서 감소와 부여에 각각 50%의 가능성을 열어 두지 않겠는가. 부제를 읽음으로써 비로소 그 의미가 정확히 변별된다. 즉, 기사의 이해를 위해 추가적인 노력이 필요하다. 읽기에서의 경제성이 낮다는 얘기다. '준다' 대신 '부여'라고 하면 전혀 문제가 되지 않는다.

한글 제목에서 이 같은 사례가 종종 발생한다. 정확함을 기본으로 하는 신문, 특히 경제기사의 제목에서는 두 가지 이상의 뜻으로 읽힐 수 있는 단어의 사용은 피하는 게 좋다. 그러나 다의어를 의도적으로 써서 한 가지 말로 두 가지 뜻을 동시에 포괄하는 절묘한 제목을 짓기도 한다.

9-4. 금기어는 삼가라

(1) 요즘 기관투자가들 "벙어리 냉가슴 앓죠" 〈조선 2001. 12. 03.〉

(2) 정치新人 가로막는 선거법······ 처녀출전 예정자의 경우는 이름도
내걸 수 없고······ 〈세계 2001. 09. 04.〉

(3) 법까지 바꾸며 처녀림—청청천 훼손 〈조선 2001. 06. 01.〉

(1)의 '벙어리' 처럼 특히 장애인을 빗댄 어휘는 삼가야 한다. 우리
사회에서 장애인들은 차별대우를 받고 있다. 신체장애자 중 태반이
선천적이어서 결국 자신의 의사와는 무관하게 그러한 상태임에도 그
로 인해 불이익을 당한다는 사실은 매우 억울한 일임에 틀림없다. 설
혹 자신에게 귀책 사유가 있다고 해도 마찬가지다. 사회가 그들에게
행하는 부당한 대우로 인해 상대적인 박탈감을 갖고 있다. 당국에서
배려를 하고 있다고는 하지만 선진국에 비해 형편없는 대우를 받고
있음을 부인할 수 없다. 이런 상황에서 신문이 어떤 현상을 설명하면
서 신체 장애인들의 형편을 비유로 들면, 그들은 길을 가다가 아무런
이유 없이 돌멩이에 얻어맞는 것과 하등 다를 것이 없다. 정상인들이
무심코 던지는 말이 그들에게는 엄청난 횡포로 다가오는 것이다. "절
름발이 행정", "눈뜬장님 경비" 같은 예가 더 있다.

또한 (2)의 '처녀출전' 같은 성차별 어휘도 삼가야 한다. 경기에 처
음 출전하는 것에 '처녀출전' 이라는 표현을 쓴다. '처녀출전' 이란 표
현은 '첫출전' 이란 의미와 같다. 동명사 앞에 붙여 처음이란 의미의
꾸밈을 나타내는 관형어 '처녀' 를 사용하게 된 것은 가부장제 사회의
유산이다. 성적으로 순결한 여성에 빗댄 것으로 여성차별의 오해를

부를 수 있는 말이다. 굳이 그러한 말을 씀으로써 여성들로부터 지탄을 받을 이유는 없다. 오랫동안 관습적으로 사용해 왔다고 해도 남녀 평등의 시대에서는 삼갈 일이다.

9-5. 방언은 피하되 경우에 따라 활용하라

일반적으로 신문에서는 특수한 경우를 제외하고는 방언은 쓰지 않는다. 제목도 마찬가지다. 그러나 불가피하게 방언을 써야 할 경우가 있고 방언을 씀으로써 특유한 효과를 기대하는 때도 있다.

   (1) 추석 아이가. 다 모이라. 〈동아 2001. 09. 30.〉

위 (1)은 전국 관객 800여 만 명으로 한국 영화 흥행의 역사를 바꿔 놓은 '친구'의 곽경택 감독 가족의 추석 이야기를 다룬 기사인데 주인공의 말투(경상도 방언)를 흉내낸 제목을 뽑음으로써 영화의 감동을 기사의 제목에 적절히 얹어 전달하고 있다.

   (2) a. 조총련 출신 인민배우 3인방 "우리가 요즘 뜹네다"
        〈중앙 2001. 11. 26.〉
      b. "제주로 옵서예" 〈동아 2001. 10. 17.〉

9-6. 한글 표기 때 오해할 한자어는 피하라

순 한글 표기 신문에서는 동음이의(同音異意)의 한자어 처리가 골칫거리이다. 오해할 수 있는 제목은 바람직하지 않다.

1) 현철씨 측근 청와대 '무적' 근무

이원종 전 수석 요청으로 정대희 씨에 출입증 발급

〈한겨레 1997. 03. 22.〉

위의 (1)에서 한글로 표기된 무적은 ①無敵, ②無籍, ③無賊, ④
霧笛, ⑤無積 등 여러 가지 뜻 중 어느 것으로도 이해할 수 있다. 무
적이란 단어를 쓴 본래의 의도는 ②일 터이나 통상 ①에 익숙해 있는
독자들이 과연 ②로 읽을 것인지는 의문이다. 물론 근무와 결합되었
을 때 ①의 뜻으로 읽을 사람은 없을 것이다. 어쨌든 오해의 여지가
있는 제목은 바람직하지 않다.

다음 (2)는 이러한 문제점을 적절하게 피해 간 한국일보의 제목이
다.

(2) 현철씨 측근 청와대 무단근무

정부비서실서…… 발령도 없이 5개월간 업무〈한국 1997. 03. 22.〉

9-7. 번역어는 우리말 문맥에 맞게 써라

(1) 이양호 前국방장관 린다金과 "호텔서 두 차례" 부적절한 관계 주장

〈경향 2000. 05. 09.〉

남녀간의 관계에 관한 한 우리는 되도록 표현을 삼간다. 남녀간의
관계가 없어서가 아니라 그 표현이 너무 상스럽다고 해서 사용을 기
피하는 탓이다. 하지만 근래엔 공공매체에서 그런 표현을 접할 기회
가 많아지고 예술활동을 하는 사람들도 표현의 자유라면서 이전 세대
의 관점에서 보면 '상스럽고 면구스러운 표현'을 일상화하는 세상이

되었다.

세상이 그렇다 해도 되도록 표현을 품위 있게 하려는 노력마저 아주 없을 수 없는 노릇이다. 그래서 생각해낸 것이 '성관계'다. 그렇지만 이건 우리가 만들어낸 말이 아니라 영어의 '섹슈얼 릴레이션십'의 번역어라고 하는 편이 옳을 것 같다. 생물학적 용어를 그대로 적용해 '교접'이니 '성교'니 하는 말을 피하는 것도 되도록 공적 매체의 품위를 생각해서일 것이다.

한데 빌 클린턴 미국 대통령은 그 점에선 한 수 위였던 것 같다. 백악관 인턴 여직원 르윈스키와의 섹스 스캔들이 터져 나왔을 때 마이크 매커리 백악관 대변인을 시켜 "적절치 못한(Improper) 관계는 없었다"고 '해명'했다. '적절치 못한' 관계란 표현은 분명히 야한 표현이 아니었지만 그게 무슨 말인지 확실하지 않은 것만은 분명했기 때문에 화가 난 백악관 기자들은 "그렇다면 '적절한 성관계'는 있었다는 뜻이냐"고 따져 물었던 것이다. 물론 그때 시원한 대답은 없었다. 결국 클린턴은 나중에 대국민 사과연설에서 "실제로 나는 르윈스키와 적절치 못한(not appropriate) 관계를 가졌다"고 고백해야 했다.

그런데 한동안 듣지 못했던 '부적절한 관계'란 소리가 이번에는 우리 나라에서 들려온다. 이양호 전 국방부장관이 무기거래 로비스트 린다 김과 1996년 두 차례에 걸쳐 '부적절한 관계'를 맺고 그녀의 백두사업과 동부전선 전자전 장비사업 로비를 도와주었다고 시인한 것이다. 그러나 권력층의 추문에는 최대한 원뜻(성관계)에 먼 표현(부적절한 관계)으로 감싸 주고 서민의 실수에는 철퇴를 내리는 관행은 바로잡아야 한다.

요즘 몇몇 신문사를 중심으로 외국말을 우리말로 다듬어 문맥에 맞게 쓰기 시작하여 다행이다.

(2) a. 대형 패션쇼 막올려…… 봄패션 키워드는 '보보스 풍'
〈조선 2002. 03. 19.〉

b. 세계 주요 언론들이 2001년 지구촌의 열쇠말(키워드)로 '테러'와
'전쟁'을 꼽았듯이, 올해는 분쟁과 갈등이 두드러진 한해였다.
〈한겨레 2001. 12. 28.〉

(3) a. 의왕~과천 유료도로에 청계 인터체인지 설치 〈중앙 2002. 01. 11.〉
b. 호남 고속도로 전주나들목 이전 〈동아 2002. 05. 14.〉

(4) a. LG주춤…… CJ39 바짝 추격, 홈쇼핑 라이벌 '주가 레이스'
〈경향 2002. 05. 15.〉

b. 연세대, 맞수 고려대 꺾고 4년만의 정상 〈중앙 2002. 04. 27.〉

(2a)의 키워드보다 (2b)의 열쇠말이, (3a)의 인터체인지보다 (3b)
의 나들목이, (4a)의 라이벌보다 (4b)의 맞수가 훨씬 감칠맛이 나고
명확한 표현이다.

10. 기사의 구성과 유형

10-1. 기사의 구성

신문기자는 일반적으로 세 번 말한다고 한다. 표제(Headline)로 말
하고 전문(Lead)으로 말하고 본문(Body)으로 말한다는 것이다. 가장
전형적인 역피라미드형의 기사를 전제로 말하자면, 기자란 표제에서
핵심을 제시한 뒤 전문에서 사건을 요약하고, 본문에서 그 중요도에

따라 차례로 내용을 설명한다. 기사는 원칙적으로 표제와 전문 및 본문으로 구성되며 부가적 설명이 덧붙기도 한다. 다음은 신문기사의 전형적인 구성을 보여주는 예이다.

표제 : 이스라엘, 사흘째 '팔'과 총격전

전문 : 조지 W 부시 미국 대통령이 팔레스타인 자치지역의 이스라엘군 철수를 다시 촉구한 가운데 이스라엘군은 요르단강 서안 나블루스와 예닌에서 6일 사흘째 연속 팔레스타인측과 총격전을 벌였다.

본문 : 이스라엘군은 좁은 거리 주변의 아파트 등에서 총격을 가해오는 팔레스타인 무장 주민들과 총격전을 벌였는데 팔레스타인측의 저항은 지난 9일간의 이스라엘군 작전 중 가장 강력한 것으로 알려졌다.
이스라엘군은 이에 따라 나블루스 등 2개 도시에 대한 통제권을 다시 잃었으며 일부 지역만 장악한 채 무장세력의 거점인 난민 캠프에는 진입하지 못하고 있다. 팔레스타인 주민은 화기와 폭발물이 주민들에게 배포됐다고 전했다.
앞서 이스라엘군은 라말라의 야세르 아라파트 팔레스타인 자치정부 수반의 집무실을 탱크와 기관포로 포격, 아라파트 수반의 경호원 3명이 부상했다고 소식통들이 전했다.
이스라엘군 탱크는 이날 오후 아라파트 수반이 지난달 29일부터 갇혀 있는 집무실에 포격하기 시작했으며, 인근의 다른 건물들에도 사격을 가했다고 팔레스타인 보안소식통들은 설명했다.

아라파트 수반은 세이크 모하메드 알 사바 쿠웨이드 외무장
관과 전화통화를 갖고 이스라엘군의 나블루스와 예닌 침공
에 맞선 팔레스타인의 투쟁은 계속될 것이라고 다짐했다고
알 사바 장관이 전했다.

아라파트는 또 팔레스타인에 연대를 표시하기 위한 국제회
의에 보낸 메시지를 통해 "팔레스타인은 자유, 정의, 주권
을 위해 싸우고 있으며, 이스라엘군에 맞서 승리할 것으로
확신한다'고 밝혔다.

아라파트 수반은 또 자신의 집무실을 포위한 이스라엘군 병
사와 우연히 마주치자 머리에 총을 겨누면서 이스라엘이 더
접근해 올 경우 자살을 하겠다고 위협했다고 독일 잡지 포쿠
스가 보도했다.

부가적 설명 : 한편 이스라엘 전투기들은 이스라엘 군 진지에 대한
레바논 헤즈볼라 민병대의 박격포 공격에 맞서 세바아, 크파
르 수마 등 레바논 남부 마을을 공습했으나 사상자는 없었다
고 레바논 경찰이 밝혔다.
〈나블루스/AP AFP 연합 2002. 04. 07.〉

1) 표제(表題, Headline)

 일반적으로 본문을 요약하거나 압축해서 달며, 문장으로 표현되어
야 한다. 정확성, 명료성, 간결성을 지니도록 작성하여야 한다. 또한
일상생활에서 흔히 쓰이는 구어로 독자의 호기심을 자극할 수 있도록
작성하고 정해 놓은 자수에 맞추어 작성하는 것이 좋다.

2) 전문(前文, Lead)

전문은 기사의 시작이다. 독자들의 많은 양의 기사를 다 읽을 여유가 없기 때문에 뉴스에 대한 요약을 요구한다. 좋은 전문은 독자들이 원하는 모든 것에 답하고 기사의 요점을 제공하며, 그 다음에 이어지는 본문을 계속해서 읽도록 하는 매력을 가져야 한다. 전문에는 다음과 같은 유형이 있다.

(1) 본문 요약 전문

전체 주요 사건을 쉽게 요약한 것이다. 모든 유형의 전문 중 가장 구성이 간단하므로 전형적인 뉴스 내용은 이러한 유형에서 시작된다.

> (1) 김성환 씨 대출금 71억 행방추적
> '이용호게이트' 관련 의혹을 수사중인 대검 중수부(김종빈 검사장)는 6일 김성환 씨가 서울음악방송의 사옥 시공사였던 성원산업개발측으로부터 명의를 이전받은 토지를 담보로 작년 12월 대출받은 71억원의 행방을 찾고 있다. 〈경향 2002. 04. 06.〉

(2) 결과 제시 전문

> (2) [쇼트트랙] 김동성, 이틀, 연속 우승
> '비운의 스케이터' 김동성(동두천시청)이 2002 세계쇼트트랙 선수권대회에서 이틀 연속 우승, 2관왕이 됐다. 〈경향 2002. 04. 07.〉

(3) 서술 전문

(3) 바른 문장이 아름답다

나의 한국어 바로 쓰기 노트는 소설가 박경리 씨, 문학평론가 김윤식 씨 등 한국 문학의 내로라 하는 '대작가'의 글을 비판하는 데서 시작된다. 〈한겨레 2002. 04. 05〉

(4) 구체사항 인용 전문

(4) "부르카, 이슬람에만 있는 건 아니다"

'부르카'는 이슬람 여성에게만 씌워진 것이 아니다. 남성 위주의 사회질서에 억압과 차별을 받고 있는 전세계 모든 여성에게 보이든 보이지 않든 '부르카'는 씌워져 있다. 제4회 서울여성영화제 참석차 서울에 온 타흐미네 밀라니 감독(42)은 이런 점에서 각별한 주목을 받는다. 〈경향 2002. 04. 05.〉

(5) 산문체적 전문

(5) 〔문화〕 트렌드 Now!/야외 카페

노출-엿보기 욕망 채워 주는 '열린 공간'

봄을 맞은 홍대 앞 피카소 거리는 개나리와 목련, 벚나무 꽃잎들만 난분분(亂紛紛)한 게 아닙니다. 주차장 골목의 바 '樂'의 사장인 서영(31) 씨는 "홍대 앞 카페들은 요즘 야외 카페로 변신하느라고 공사가 한창"이라며 귀띔하네요. 〈조선 2002. 04. 05.〉

(6) 배경 설명 전문

> (6) 지방선거 사조직 경계령
> 6·13 지방선거를 앞두고 선거 때마다 불거져 문제화된 '사조직'
> 경계령이 내려졌다. 최근 지방선거에 편승한 각종 단체나 비밀스러운
> 조직이 발호하고 있기 때문이다. 〈대한매일 2002. 04. 06.〉

(7) 여론 환기 전문

> (7) 소나무 에이즈 '재선충병' 비상
> 한번 감염되면 100% 고사돼 '소나무 에이즈'로 불리는 '소나무 재
> 선충병'이 확산되고 있어 식목일을 앞두고 대책 마련이 시급하다.
> 〈대한매일 2002. 04. 03.〉

3) 본문(本文, Body)

사실들을 배열할 때에는 중요도에 따라 가장 중요한 것을 맨 앞
에, 가장 중요하지 않는 것은 맨 뒤에 배치한다. 통일성과 연관성이
있도록 작성해야 한다. 통일성은 어떤 글이나 단락에서 다루어지는
소재는 하나여야 한다는 것이고, 연관성은 어떤 글이나 단락을 이
루는 여러 문장들이 긴밀한 결합력을 가지고 있는 기본 성질을 뜻
한다.

(1) 단락을 바르게 설정해야 한다. 단락이란 어떤 글에서 완전하

게 맺어진 생각의 한 덩어리이다. 단락은 작은 주제를 표현하는 단위이므로 일성한 소주제를 나타내는 데 직접적으로 관련 있는 문장들은 같은 단락의 구성요소로 다루고, 관련이 없는 문장들은 다른 단락으로 따로 떼어 그것의 구성요소로 다루어야 한다.

(2) 본문은 50음절 이내의 문장으로 작성한다.

(3) 정확성·명료성·객관성이 있는 문장들로 글로 써야 한다. 이를 위해서는 적절한 단어를 선택하여 문법에 맞는 문장을 써야 한다. 그리고 맞춤법, 띄어쓰기, 문장부호 사용의 정확성·명료성의 요인으로 작성한나.

(4) 품위가 있으며 누구나 이해하기 쉬운 일상적인 구어로 본문을 작성한다. 독자가 쉽게 읽고 쉽게 이해할 수 있는 기사가 가장 좋은 글이다.

10-2. 기사의 유형

신문기사는 대체로 가장 중요한 내용을 중심으로 전문을 먼저 쓰고, 다음에 중요도에 따라 부가적 설명문을 본문으로 서술한다. 이런 유형을 '역피라미드형 기사'라고 하며, 대부분의 기사는 이런 유형으로 작성한다.

그러나 피라미드를 엎지 않고 세워 놓은 형태로 기사를 쓸 수도 있는데 이런 유형을 '피라미드형 기사'라고 하며, 이 두 유형 외에 '혼합형'과 '다이아몬드형' 등의 변형도 있다.[10]

---

10) 김민환(1999:63-64) 참고.

1) 역피라미드형

기사의 핵심을 서두에 요약하고, 그 다음에 중요한 사실과 흥미 있는 사실을 보충해서 세부적인 내용을 기술하는 형식이다. 두괄식 구성의 전형으로서 신속성을 중요시하는 전통적인 기사의 구성법이다.

지면의 제약을 받는 신문의 기사는 언제라도 기사의 일부가 잘릴 가능성이 있다. 또 독자들은 기사를 끝까지 읽어 주지 않는다. 기사를 읽다가 중간에 그만둘 수도 있다. 그렇기 때문에 중요한 사실을 앞에 쓰고 덜 중요한 것일수록 뒤에 써야 한다. 그런 면에서 역피라미드형의 기사 쓰기는 일반적인 글쓰기 형태인 수필이나 논문을 쓰는 것과는 전혀 다르다.

이 유형은 독자들이 전체 기사를 읽지 않고 요약문만 읽고서도 전체 내용을 충분히 파악할 수 있게 하는 효과를 지닌다. 또한 이 유형은 제한된 지면과 시간에 중요 사실을 알려 주기에 보도기사를 쓸 때 가장 적합한 형태이며, 읽기 편하고 호기심을 충족시키며 표제 작성에 편리하다.

전문 : 요약
중요한 사실
세부 사항
추가 정보
(역피라미드형 구성)

〈역피라미드형 기사 예문〉
표제 : 공무원, 이 달부터 넷째 토요일 휴무

전문 : 정부의 '행정기관 주5일 근무제 시험 실시' 방침에 따라 공무원들은 이번 달 27일부터 매월 넷째 주 토요일마다 쉬게 된다.

중요한 사실 : 이와 관련, 정부는 8일 열린 국무회의에서 '국가공무원복무규정' 개정안을 의결했다. 정부는 시험실시 기간에 나타난 문제점을 보완한 뒤 노사정위원회에서 주5일제가 최종 합의되는 대로 공직사회에 매주 토요일 휴무제를 전면 확대실시할 방침이다. 시험실시 대상은 전체 1만 3000여 개 행정기관 가운데 30%인 4000여 개 기관이다.

세부 사항 : 정부는 국민생활에 불편을 주지 않기 위해 ▲경찰, 소방, 교도소 등 민생치안 관련기관 ▲24시간 교대근무하는 철도역, 세관, 상수도, 의료기관 ▲정부대전청사, 서울시 자치구 등 토요 전일근무를 실시하는 곳 ▲우체국, 미술관, 박물관, 도서관, 공원 등 생활·문화·체육시설 ▲교원 등 일선 교육관련 공무원 등은 시험실시에서 제외했다. 민원업무가 있는 행정기관은 '토요민원상황실'을 설치, 민원을 접수·처리하기로 했다.

추가 정보 : 지방자치단체는 자율적으로 실시하도록 했으며 조례 개정관계로 7월1일부터 시행될 전망이다. 한편 민간의 우수한 인재를 공무원으로 임용하기 위해 도입한 개방형 직위가 과장급으로 확대됐으며, 임용기간도 최장 5년으로 연장됐다. 정부는 이날 국무회의에서 '개방형 직위의 운영에 관한 규정'을 개정, 현재 실·국장급에 한정돼 있는 개방형 직

위를 부처별로 전체의 50% 범위 내에서 국장 이상 자리 1
개당 2개까지 과장급으로 대체할 수 있도록 했다.
- 김영중 기자 〈대한매일 2002. 04. 09.〉

2) 피라미드형

피라미드형은 역피라미드형과 반대의 구조인데 독자를 유인하는
도입부(details of introduction)를 먼저 쓰고 다음에 중요한 사실(facts
of increasing importance)을 서술한 후, 고삐를 다잡는 긴장부
(building up suspense)를 달고 맨 나중에 핵심(climax)을 쓰는 방식이
다.

이 유형은 해설성 기사에서 사용되는데, 시나 소설작법에서 말하는
기승전결이나 논문의 서론, 본론, 결론과 비슷한 형태를 갖는다는 점
에서 문학적 혹은 연대기적 구성이라고도 한다.

```
도입 ——————— 기
중요한 사실 ———— 승
서스펜스의 형성 —— 전
클라이맥스(결론) —— 결
(피라미드형 구성)
```

〈피라미드형 기사 예문〉
표제 : 얼굴 없는 언어 폭력

도입(기) : 올 대선과 지방선거의 또 다른 현장인 사이버 공간이 추잡하게 일그러지고 있다. 요즘 여야 후보들의 인터넷 홈페이지 게시판은 특정 후보에 대해 입에 담기 힘든 욕설과 근거 없는 비방을 담은 글들로 차 있다.

중요한 사실(승) : 국민경선 열기에 휩싸여 있는 민주당은 이 같은 사이버 테러 문제로 골치를 썩고 있다. 이미 김중권 후보는 경선 포기에 앞서 자신의 사퇴를 강요하는 네티즌의 공세로 몸살을 앓은 바 있다. 노무현—이인제 후보의 공방에서도 이 문제가 빠지지 않는다. 李후보 측은 '노사모(노무현을 사랑하는 사람들의 모임)'가 '이인제 습격대'를 만들자는 등 사이버 테러를 저질렀다고 비난했고, 盧후보 측에선 "이는 사이버 문화를 이해하지 못한 탓"이라고 반박한 바 있다.

서스펜스 형성(전) : 이처럼 위험수위를 넘고 있는 사이버 테러는 기자들의 e-메일을 들여다보면 실감할 수 있다. 자기편 후보에게 불리한 기사를 쓴 기자에게 '암에 걸려 죽어라', '밤길 조심하라', '죽일 ×들' 등 네티즌의 얼굴 없는 언어 폭력이 쏟아지고 있다. 사이버 테러의 심각성은 우리 정치 문화를 황폐화시키는 데 있다. 익명성에 숨은 일부 네티즌이 정치 수준을 진흙탕 정쟁으로 더럽히고 있는 것이다. 이런 저질·욕설의 온라인 문화에 익숙한 네티즌들이 오프라인으로 나왔을 때 그 버릇을 버릴 수 있느냐 하는 측면에서도 대책 마련이 시급한 실정이다. 문제는 망망대해 같은 인터넷 공간에서 형편없는 욕쟁이 네티즌을 추적하기가 힘들다는 데 있다. 올 들어 사이버 관련 선거법 위반으로 중앙선관위가 적발한 것은 4백 93건(구속 3명)이지만, 이는 비방성 사이버 테러 중 극히 일부에 불과하다.

클라이맥스(결) : 경찰과 선관위의 단속에 한계가 있는 만큼 대선·지방선거 후보들은 각자의 지지 네티즌들과 함께 인터넷 공간을 자정하는 데 나서야 할 것이다. 온라인에서 벌어지는 '더러운 정치'를 퇴치하지 않고서는 오프라인에서의 국민경선이란 '새 정치'도 빛이 바랠 수밖에 없다.
〈중앙 2002. 04. 08.〉

3) 혼합형

혼합형은 핵심 전문을 먼저 쓰고, 다음에 연대기적 방법 등을 구사하여 서술하는 방식이다.

서스펜스(혹은 클라이맥스)
(도입, 전개)
연대기적 서술
(혼합형 구성)

〈혼합형 기사 예문〉
표제 : 박세리, '오피스 디포' 우승

위기 : 막판 17번 홀(파5·463야드). 잘 나가던 박세리에게 돌연 위기가 닥쳤다. 2위 아니카 소렌스탐과는 3타 차 단독선두. 다소 여유 있는 상황이었지만, 세 번째 샷에 너무 힘이 들어가 공이 그린을 지나쳐 버렸다. 반면, 같은 조에서 맹추격전을 벌이던 소렌스탐은 두 번의 샷으로 온그린에 성공해 이글 퍼팅을 노렸다. 박세리로서는 공동선두를 허용할지 모르는 위기일발의 상황.

(발단 전개 과정은 생략)

절정 : 박세리는 결국 4번째 샷이 짧아 공이 그린에지에 걸렸고, 보기를 범하고 말았다. 소렌스탐은 이글퍼팅을 놓치고 버디를 잡았다. 마지막 18번홀(파4·400야드)을 남겨 놓고, 박세리와 소렌스탐의 타수가 불과 1타 차로 좁혀지는 상황이 됐다. 하지만, '승부사' 박세리는 흔들림이 없었다. 두 번째 샷으로 공을 홀 오른쪽에 붙여 버디 기회를 만들었다. 반면, 소렌스탐은 두 번째 샷이 조금 짧아 박세리보다 홀에서 더 멀게 공을 붙였다. 소렌스탐이 먼저 내리막 버디 퍼팅을 시도했지만, 공은 살짝 홀을 빗겨 나갔다. 그것으로 승부는 끝이었다. 박세리는 파세이브만 해도 우승이 확정되는 상황에서 여유 있게 버디 퍼팅을 시도했고, 공은 아쉽게 홀 바로 앞에서 멈춰 버렸다. 박세리의 시즌 첫 승이 확정되는 순간이었다.

결말 : 박세리(25·삼성전자)는 8일(한국시각) 미국 캘리포니아주 타자나의 엘 카발레로 컨트리클럽(파72·6394야드)에서 열린 미국 여자프로골프(LPGA) 투어 '오피스 데포 챔피언십'(총상금 100만 달러) 마지막 날 3라운드에서 버디 3개와 보기 4개를 기록하며 1오버파 73타를 쳤다. 박세리는 이로써 최종 합계 7언더파 209타로, 아니카 소렌스탐(스웨덴)을 1타 차로 따돌리고, 시즌 3번째 도전 만에 처음으로 챔피언에 올랐다. 개인통산 14승. 이번 시즌 2승을 올리며 파죽지세를 보이고 있는 소렌스탐과의 맞대결에서 따낸 승리여서 기쁨은 두 배였다. 우승상금 15만 달러. 한편, 김미현(25·KTF)은 이날 2타를 줄이며 합계 1오버파 217타로 공동 12위, 한희원(24·휠라코리아)은 5오버파 221타로 공동 38위, 박희정(22)은 7오버파 223타로 공동 50위에 각각 그쳤다. 카리 웹(오스트레일리아)은 2오버파 218타로 공동 16위로 마감했다.

－김경무 기자〈한겨레 2002. 04. 08.〉

4) 다이아몬드형

다이아몬드형은 중요 내용을 중간에 두고 그 앞과 뒤에 도입부와 추가 정보를 배열하는 방식이다.

도입
중요한 사실
추가 정보
(다이아몬드형 구성)

〈다이아몬드형 기사 예문〉
표제 : 얄미운 황사, 예쁜 구석도 있다고?

도입 : 생명이 움트는 봄을 시샘하듯 천지는 온통 누루죽죽한 황사
먼지로 뒤덮였다. '튀밥' 같은 벚꽃이 모래먼지에 흩날려 떨
어지고, 돋아나던 새순도 잠시 숨을 죽인다. 올해는 유난히
도 황사 '체감지수'가 높다. 발생 횟수도 잦을 뿐 아니라 그
양도 많다. 그런데 황사는 어디에서 왜 생겨나며, 우리 생활
에 어떤 영향을 주는가. 문화방송이 4월말께 방송할 다큐멘
터리 〈황사〉는 이런 물음에 답을 던져 줄 듯하다.

중요한 사실 : ① 1994년 다큐멘터리 〈갯벌은 살아 있다〉를 연출한
장덕수 피디가 황사의 실체를 파헤쳤다. 그는 서울대 박순웅
교수팀과 베이징대의 황사 합동조사단에 합류해 중국 황토
고원지대, 내몽골 초원 사막지대, 린츠지역의 고비사막 지대
등 황사 발원지를 두루 돌아보고, 일본, 미국 등지에서의 황
사연구 현황도 취재했다. ② 만리장성 쌓는 것보다 어렵
다?＝그는 "황사문제가 정말 풀기 힘든 과제"라고 말한다.
중국의 인구 증가→농경지 확대→삼림 남벌로 중국 땅이
빠르게 사막으로 변해 가고 있지만, 먹고 살기 힘든 농민들
에겐 "경작지를 줄이고 삼림을 넓히자"는 전국적인 구호가
먹힐 리 없다는 것이다. 그렇지만 중국 정부의 의지는 굳다.
오는 9월부터는 법령으로 정해 초원에서 풀뿌리까지 먹어치
워 사막화의 한 요인이 되는 양과 염소를 키우지 못하게 하
고, 건조한 땅에는 낙타가시나무 등 황사를 막을 나무를 계
속 심어 갈 계획이다. ③ 황사는 해롭기만 한가?＝제작진은

마치 황사가 대기오염의 주범인 것처럼 인식되고 있지만, 자연현상의 하나로 받아들이는 시각도 필요하다고 강조한다. 황사가 우리 땅에 바람직한 영향을 끼치고 있다는 토양학자들의 주장을 소개한다. 화강암 성분으로 이뤄진 우리의 산성 토양에 알카리성을 띤 황토가 오랜 세월 쌓이면서 흙을 중화해 왔다는 것이다. 황사에는 비타민, 무기질 등이 들어 있어 식물이 자라는 데 중요한 구실을 하기도 한다고 설명한다. 지난해 4월 미국 덴버에 황사가 강타했을 때 제작진은 그곳을 찾았다. 미 국립해양대기국 연구원들은 "황사가 대기오염물질을 얼마나 실어 나르는지 아직은 알 수 없다"는 모호한 견해를 내놓았다고 제작진은 말한다.

추가 정보 : 장 피디는 "황사현상에는 축복과 재앙이 공존한다고 생각한다"며, "해마다 봄만 되면 황사 피해를 부르짖고 마는 게 아니라 장기적으로 황사에 맞서 무엇을 준비해야 할지 일깨우고 싶다"고 〈황사〉의 기획의도를 밝힌다.

－권정숙 기자 〈한겨레 2002. 04. 09.〉

11. 분야별 기사 작성요령[11]

11-1. 정치 기사

정치 기사는 경제 기사나 사회 기사와 다르게 주로 정치인들의

---

11) 이두원 외 지음(2000), 신문 문장 편집 실무, 언론인고용지원센터, 참고.

'말'을 다루는 기사라고 해도 지나치지 않다. 취재원인 정치인의 말을 그대로 인용한다거나 그를 토대로 기사를 써야 하는 경우가 많기 때문이다. 그러나 정처인의 발언은 직설적 표현보다 우회적이고 암시적일 때가 많기에 표현 자체보다 그러한 발언을 한 동기와 배경, 강도는 물론 그 발언이 끼칠 파장에 대해서도 깊이 생각해야 한다.

정치인들의 발언을 잘못 해석하거나 행간에 담긴 뜻을 헤아리지 못하면 기사가 엉뚱한 방향으로 흐를 수 있고, 실제 기사를 쓰다 보면 이 같은 일이 많다. 정치부 기자들에게 정치인의 말 속에 담긴 진의를 정확하게 끄집어낼 수 있는 능력이 생명이라고 하는 것도 이 때문이다.

이처럼 정치 기사가 취재원의 말에 의존하다 보니 다른 기사와는 달리 객관성 문제에 휘말리기 쉽다. 똑같은 상황에서 보고들은 것이라고 해도 그것을 해석하는 과정에서 기자의 정치관이 작용할 수 있고, 특정 정치집단이나 정치인 개인에 대한 인식이나 감정이 끼여들여지도 많기 때문이다. 따라서 정치부 기자는 무엇보다도 객관적인 시각을 가져야 한다. 다시 말해 신중한 안목과 함께 비판적인 시각을 가져야 한다는 것이다.

또 정치현상은 단발적인 현상이 아니라 하나의 흐름이라는 점에서 어느 시점에서 행해진 정치행위는 그 이전의 일 또는 앞으로 일어날 일과 연관관계를 갖고 있게 마련이다. 정치부 기자는 현재의 정국상황과 현안은 물론 과거의 상황에 대해서도 항상 숙지 또는 파악하고 있어야 하며, 그런 토대 위에서 현재의 정치상황을 접목시키는 능력이 필요하다. 다음에 정치 기사를 국회 기사, 정당 기사, 선거 기사로 나누어 기사 작성 요령을 소개한다.

1) 국회 기사

(1) 법안 안건 처리 기사는 본회의 의결사항을 중심으로 쓰되 각 안건의 주요 내용을 간략히 소개해 주고, 여야간 찬반토론이 있는 안건은 찬반토론 내용도 함께 소개해 준다.

(2) 교섭단체 대표연설 기사는 각 당 대표들이 정국상황을 감안해서 가장 역점을 두고자 하는 부분과 차이점을 대배시켜 주어야 한다.

(3) 대정부 질문에 대한 기사는 분야별, 여야 각 정당별로 질의하는 의원들의 논점을 파악해야 한다.

(4) 상임위 및 특위활동에 대한 기사는 특정 사안이 있을 경우에는 단독으로 처리하지만 대부분 여러 상임위를 묶어서 처리한다.

(5) 국정감사 기사는 국감 일정과 기간, 대상 기관수, 증인 채택, 주요 쟁점, 각 당 입장 등에 관한 내용이 중점적으로 다뤄져야 한다.

(6) 예산안 심의·처리 기사는 예산안 문제는 늘 국정 운영에 대한 여야의 시각차와 정국 현안의 돌출 등 정치적 영향을 많이 받기 때문에 심의·처리 과정에서 진통을 겪는 것이 다반사다. 여야의 입장 및 심의전략 차이, 예산안 총액 및 분야별 규모의 증감 여부 등에 주의를 기울이며 써야 한다.

(7) 국회 기사는 여러 번씩 출고되고 내용이 중복되는 경우가 많다. 예고 기사인지 특정 사안의 진전이 있는지를 살펴 뉴스 가치와 취급 여부를 결정한다.

2) 정당 기사

(1) 정당 움직임 관련 기사는 부분보다 전체를 조망하도록 하고, 가능한 한 여야간 제공되는 정보의 내용과 질의 측면에서 균형을 잡아

서 쓴다.

(2) 회의나 행사 기사는 핵심 내용, 장소와 참석자, 주요 발언 등을 다뤄 줌으로써 회의의 전반적인 모습을 파악할 수 있도록 한다.

(3) 정책이나 당정간의 정책조율 기사는 정책의 핵심 내용과 추진 배경, 예상되는 효과들을 스트레이트로 처리하고 구체적인 항목 설명이 필요할 때는 박스물로 보완한다.

(4) 총무회담 등 여야 협상 기사는 핵심 쟁점 부분에 대한 조율 결과를 중심으로 기사를 써야 한다.

(5) 주요 정당의 체제 개편이나 人事와 주요 人士의 행적과 동정은 가급적 빠뜨리지 않는다.

(6) 정당의 정책 발표 등은 실현 가능성 여부와 반영 가능성을 기준으로 판단한다. 집권당의 정책 기사는 반영확률이 높으므로 주요 기사일 가능성이 크다 .

3) 선거 기사

(1) 선거전 기사는 기사 작성 당일의 유세일정과 쟁점을 중심으로 기사를 끌어가되, 각 당의 선거전력 등을 가미하여 입체적으로 전체 상황을 조망할 수 있도록 써야 한다.

(2) 선거전 쟁점 기사는 TV토론 등 적당한 계기를 활용하여 후보들간의 입장 차이를 집중 대비시킴으로써 유권자들에게 후보들을 비교 분석할 수 있는 기회를 제공한다.

(3) 선거전 양상 기사는 지역감정 촉발, 불법·탈법 선거의 양상을 기사화할 경우, 어느 일방의 주장만을 바탕으로 쓰지 말고 상대방의 반박도 동시에 다뤄 준다.

(4) 유세 기사는 현장 분위기를 생생하게 전달하되 연설, 청중 반

응, 집회 참석자 수 등을 냉정하고 객관적으로 기술해야 한다.

(5) 투표 기사는 선거의 개관을 일목요연하게 담으면서 결과에 따른 정국 전망을 포함하는 스트레이트 기사로 처리해야 한다.

(6) 개표 기사는 잠정 투표율과 예상 당선자, 접전지역, 개표장 표정, 당선자와 낙선자 표정, 전체적 최종 결과 등에 대한 정보가 포함돼야 한다.

(7) 대통령선거, 국회의원선거, 지방선거 등 선거 기사는 주요 기사이다. 특히 대통령선거(대선)와 국회의원선거(총선) 기사는 정치 기사 중 가장 중요한 기사로 취급된다.

이밖에 정치 기사를 쓸 때의 요령은 다음과 같다.

(1) 정치인의 발언은 발언한 정치인의 영향력과 위치를 가늠하여 판단하고 그 발언의 파장이 얼마나 클 것인가를 늘 염두에 두고 판단한다. 특히 대통령의 정치적인 발언은 파장이 크므로 놓쳐선 안 된다.

(2) 정치인의 발언이 어떠한 정치적인 변화의 의미를 내포하고 있는지를 잘 분석하고, 실현 가능성이 클수록 기사는 중요해진다.

(3) 정치인과 관련된 비리 기사는 소홀히 취급해선 안 된다.

11-2. 경제 기사

1) 경제정책은 단번에 결정되지 않는 경우가 많아 예정 기사, 검토 기사, 추진 기사, 방침 기사, 발표 기사 등 여러 번 출고되는 사례가 많다. 이런 경우 이미 게재됐던 기사와 어떤 내용이 다른가를 잘 파악하여 경중을 판단하는 게 좋다. 진전된 내용이 있다면 그 내용 중에서 제목이 나와야 한다.

2) 통계 기사는 통계 내용의 의미가 무엇을 의미하는지를 잘 분석해야 한다. 평면적인 통계 기사, 예를 들어 단순한 수치의 변동 등은

큰 기사일 경우가 적다. 그러나 통계 내용의 의미를 입체적으로, 사회학적으로 잘 분석하여 전망하는 기사는 의미가 있는 기사이다.

3) 금융 기사와 부동산 관련 기사는 국민의 생활 변화에 민감한 기사이므로 비중 있게 취급해도 무리가 없다(예를 들어 금리 변동 기사, 대출방식 변화 기사, 분양정보 주택자금 관련 기사 등).

4) 경제 정책 기사 중 국민 실생활에 밀접한 변화를 주는 내용의 기사는 민감 사안이므로 주요하게 다룬다.

5) 세금에 관한 기사는 과세 기준의 변동이 있을 경우 주요 기사로 취급해도 무난하다.

6) 기업에 관련된 기사는 홍보성 기사가 많다. 이 경우 홍보성 기사라도 일반 소비자에게 어떤 이익과 불이익을 주는지를 살펴 경중을 따져 다룬다. 단순 홍보 기사는 지면 사정에 따라 적당하게 다루면 된다.

7) 물가인상 기사는 빠뜨리지 않는다. 뉴스의 경중을 떠나 독자가 꼭 읽는 기사이기 때문이다.

11-3. 사건·사고 기사

언론 보도에서 독자들의 가장 큰 관심을 끄는 기사는 사건·사고 보도이다. 따라서 열독률이 가장 높은 지면이 사회면이고, 대형 사건·사고 기사일 경우 1면 머릿기사와 사회면의 대부분을 차지하는 사례를 흔히 볼 수 있다.

사건·사고 기사는 살인, 강도, 강간, 유괴, 납치, 방화 등 강력사건에서부터 폭력, 절도, 사기, 도난 등 각종 범죄와 시위, 농성 등 사회 문제를 다룬다. 사고 기사는 화재, 지진, 홍수, 가뭄, 폭설 등 재해와 자동차, 항공기, 선박, 열차 등 교통사고와 건축물 붕괴, 가스 폭발 등 각종 안전사고를 다룬다.

　사건 기사는 주로 사람이 주체가 되지만, 사고 기사는 자연이나 사람이 만든 구조물이 주체가 되는 경우도 있다. 각종 사건·사고에는 인간의 갈등과 대립, 섹스, 돈 등 극적인 요소들이 융합되어 있어 독자의 흥미를 유발하기 때문에 신문기사감으로는 그만이다.

　그러나 사건·사고 기사는 가장 단순한 형태의 뉴스 보도이기 때문에 기자는 사건·사고가 희생자들에게 끼친 영향과 문제점, 대책 등을 보도함으로써 이런 사건·사고가 재발하지 않도록 경종을 울려야 하는 사명감으로 취재해야 한다. 다음에 사건·사고 기사 작성 요령을 제시한다.

1) 사건 기사

　(1) 사건 기사를 작성할 때 기자는 항상 경찰 보고서를 확인해 봐야 한다. 경찰 보고서는 다음과 같은 기본적인 정보를 제공해 주고 있다.

　　① 사건의 총체적 설명
　　② 사건 장소
　　③ 피해자의 이름, 나이, 주소(밝혀진 경우)
　　④ 경찰이 추정하는 용의자의 범법 사실
　　⑤ 부상의 정도
　　⑥ 목격자의 이름, 나이, 주소

　(2) 사건 기사의 ( ) 속에 쓰는 죄명은 큰 사건이나 꼭 밝힐 필요가 있을 때만 쓴다.

　(1) 남편을 살해한 혐의(살인) → (살인)을 안 써도 된다.

총포 도검 화약류 단속에 관한 법 → 총포 등 단속법

(3) 형사 사건은 피의자의 혐의를 먼저 기술한 뒤 혐의자 이름, 신원, 신병 처리 등의 순으로 처리한다.

(2) 서울 강남경찰서는 30일 흉기로 위협, 상습적으로 행인의 금품을 빼앗은 혐의로 김정석(32) 씨에 대해 구속영장을 신청했다. '경찰(검찰)에 따르면 김씨는 ……했다는 것이다.' → 김씨는 ……했다는 혐의다.

(4) '전과 몇 범' 표현은 안 쓴다. 무혐의 처리됐거나 고소만 당한 것이 계산에 들어가고 사소한 법규 위반인 경우도 많다. 피의자 인권 차원에서 삼간다.
(5) 판결 기사에서 판·검사 이름은 큰 사건에만 쓴다.
(6) 범행 수법이나 모방 범죄를 부추길 수 있는 표현은 가급적 피한다.

(3) 필로폰 00mg을 물에 타 주사했다. → 필로폰을 주사했다.
길이 00cm의 노끈으로 5분간 목을 졸라 살해했다. → 목을 졸라 숨지게 했다.

(7) 주소는 동-리까지만 쓴다.

2) 사고 기사

(1) 사고 현장에 파견된 기자는 먼저 다음의 등의 정보를 수집하기

위해 신속하게 행동해야 한다.

① 희생자의 성명, 연령, 주소와 현재 상태

② 사고 경위에 대한 목격자와 경찰의 설명

③ 사고 발생 시각

④ 사고 발생 장소

⑤ 담당 수사관 보고에 따른 사고 원인과 경위, 과실 책임자

(2) 사고 기사 취재 요령

① 사고 수습 담당자에게 질문하라.

② 목격자를 찾아내 인터뷰하라.

③ 희생자의 친구나 친척들을 찾아 보라.

④ 가능하다면 생존자와 인터뷰하라.

⑤ 현장의 다른 사람과 이야기하라.

(3) 미성년 범죄에 대한 보도기준

① 미성년 범죄 용의자는 물론 보호자의 이름도 노출되지 않도록 한다. 주소나 학교명, 직장명 등은 본인의 신분이 특정(노출)되지 않는 정도로 한다. 용의자가 미성년자 한 사람일 경우 알파벳을 사용하지 않고 '소년(16)' 등의 표현을 쓴다.

② 저명인사 가정의 미성년자가 저지른 중대 범죄로서 사회적 충격 정도가 강하다고 판단되는 사건은 미성년자의 이름을 익명으로 사용하되 보호자는 실명으로 기재할 수 있다. 미성년자의 학교명, 직장명 등은 노출되지 않도록 한다.

③ 테러 사건 등 사회적 충격이 크고, 역사적 의미를 갖는 사건을 일으킨 미성년자는 실명으로 기재할 수 있다. 보호자도 필요에 따라 마찬가지이며, 미성년자의 학교명, 직장명 또한 이와 같다.

④ 흉악한 범죄를 일으킨 미성년자가 도주 중 또다시 흉포한 범

죄를 거듭할 것이 예상되고, 다른 사람을 해칠 위험성이 높은 사건 등 사회적으로 커다란 충격을 주고 폭넓은 공포감을 조성했을 경우는 실명으로 기재할 수 있다.

⑤ 성인인지 미성년자인지에 대한 여부는 범행 당시를 기준으로 한다.

⑥ 교통사고를 일으킨 미성년자는 생존했으면 익명으로 기재하고, 사망했으면 실명으로 기재한다. 교통사고 피해자는 원칙적으로 실명으로 기재한다.

⑦ 외국에서 발생한 미성년자의 범죄는 미성년자가 외국인일 경우 해당 국가의 법률에 따라 실명 또는 익명을 결정한다.

(4) 성범죄 관련 보도 기준

① 성범죄 피해자는 원칙적으로 익명으로 처리하며 피해자 신분이 노출되지 않도록 기사 전체에 걸쳐 충분히 배려한다. 단, 성범죄자가 사망했을 경우 실명으로 기재한다.

② 성범죄임을 직접적으로 나타내는 죄명은 상황에 따라 생략할 수 있다.

③ 부녀자 폭행 방법이나 상황은 원칙적으로 기재하지 않는다. 단, 보도의 필요성이 있다고 판단될 때는 간략하게 기술할 수 있다. 협박방법 등 행위 전후의 사실은 기술해도 좋다.

④ 성범죄 및 약취·유인·인신매매 사건의 피해자는 익명으로 한다.

11-4. 국제 기사

하루 동안 4대 통신을 통해 들어오는 국제 기사 건수는 2000~2200건 정도다. 이런 기사더미 속에서 독자들에게 어떤 기사가 필요하고 어떤 비중으로 전달할 것인가를 정하는 것은 기자들의 몫이다. 이 결정 과정부터 기자 및 편집자의 시각이 반영된다.

외국에 대한 국민들의 지식과 판단은 이 기사들을 근거로 해서 이루어진다고 할 만큼 국제화 시대를 살아가는 요즘 국제부 기자의 역할은 날로 커지고 있다.

뉴스를 공정하고 균형 있게 선택하는 기준이 필요한 것은 두말할 나위도 없다. 그러나 사안이나 뉴스의 가치가 아무리 중요하다 해도 그 사안에 대해 기자가 잘 모른다면 뉴스의 가치를 판단하기 어려울 것이다.

나라와 나라와의 관계, 그 나라의 입장이 전세계의 정치, 경제, 사회, 문화 등에 미치는 영향을 판단할 수 있는 지식과 소양은 기자가 기본적으로 갖추어야 한다. 같은 기사도 사건의 내용과 사실 가운데 어느 것에 우선 순위를 두어 쓰느냐에 따라 전달하는 의미의 강약도 달라지게 마련이다.

또 한정된 지면을 놓고 어떤 기사를 버려야 하는가도 난제다. 대형 사건 하나를 심층보도하기 위해 나머지 중요한 기사들을 과감하게 버려야 하는 때도 있기 때문이다.

그리고 국제 기사는 항상 남의 나라 사정은 물론 자국의 입장을 생각하고 기사를 써야 하는 경우가 많다. 국제부 기자는 남의 나라 사정만이 아니라 자국의 사정도 누구보다 잘 알고 있어야 바르고 입체적인 기사를 쓸 수 있다.

또 국가간의 이익이 날카롭게 맞서 있을 때는 통신 기사를 송고한 기자 및 그 기자가 몸담고 있는 국가에 치우친 기사를 쓸 수도 있고, 항상 강대국 시선 위주의 기사에 길들여진 기자 자신의 시각이 문제가 될 수도 있으므로, 균형 있는 기사를 쓸 수 있으려면 해당국 양쪽의 의견을 접할 수 있는 뉴스원을 확보해야 한다.

다음에 국제 기사 작성 요령을 몇 가지 소개한다.

1) 국제 기사의 문체는 무엇보다 간결 명료하게 써야 한다.

2) 원문에 충실해야 한다.

3) 빨리 전모를 파악하고 필요한 부분을 발췌해 엮어야 한다.

4) 한국인의 시각과 관심에 맞는 기사를 써야 한다.

5) 별도의 상자 기사, 스케치 기사를 배치할 것인가를 정한다.

6) 나이와 직업, 성별, 가족관계가 한국인에게는 중요하다.

7) 그 국가나 지역에 맞는 정확한 이름을 명기해 준다.

8) 외국의 지명이나 인명은 현지에서 쓰는 대로 써주어야 한다.

9) 현지 시각과 다른 도량 단위는 한국 실정에 맞게 고쳐 줘야 한다.

10) 약어는 반드시 한번은 풀어 써줘야 한다.

11) 설명이 필요한 것은 별도의 풀이란이 있어야 한다.

12) 전문적인 기사는 해당 부서로 넘겨 기사가 밀도 있게 처리되도록 한다.

13) 외신 사진의 설명은 가능한 한 많은 정보를 두세 줄의 간단 명료한 문장으로 전해야 하기 때문에 기자들의 사전 지식과 이해가 바탕이 돼야 가능하다.

14) 토픽 기사는 통신에서 전해 주는 것만 아니라 해외 잡지에 실린 것도 모니터해 실어 보려는 노력이 필요하다.

15) 한국 정치나 경제에 큰 영향력을 가진 국가의 한국 관련 기사는 큰 기사이다.

16) 미국, 중국, 일본, 영국, 프랑스, 러시아, 북한 관련 정치 기사는 비교적 신경을 써서 다루도록 한다.

17) 해외 주요국의 쿠데타나 정변 기사는 빠뜨리지 않는다.

18) 천재지변 기사일 경우 해당지역에 한국인이 많이 살고 있느냐에 따라 기사 비중이 달라진다(단, 대규모 인명 피해가 있을 경우 한국인

과 무관하더라도 큰 기사로 취급한다).

19) 외국의 무역정책 기사 중 한국 관련인 경우 중요한 기사일 경우가 많다.

20) 군비 관련 기사는 예의 주시하여 잘 판단하여 다룬다.

21) 북한 관련 외국의 대북정책 기사는 빠뜨리지 않는다.

22) 외국의 주요 인사 관련 신상변동 기사는 빠뜨리지 않는다.

23)항공기 사고 기사는 반드시 다루되 주요 인사, 한국인 탑승 여부 등에 따라 비중이 달라진다.

제3장 ● 방송 언어

1. 방송의 이해/2. 방송 언어의 정의와 기능/3. 방송 언어의 조건/4. 방송 언어의 특성/5. 방송 언어의 문제점/6. 방송 언어 문제점의 극복 방안

제3장 방송 언어

1. 방송의 이해

1-1. 방송의 정의

'방송(放送)'은 영어로 'Broadcasting'이라고 한다. 즉, '넓게 (Broad) 던진다(Cast)'는 의미를 갖는다. 다시 말해 전파 등을 통해 멀리 보내고 전달해 준다는 뜻이다. 이와는 반대 개념으로서 '협송 (狹送)'이라는 말이 있다. 원어로는 'Narrowcasting'이라고 한다. '좁게(Narrow) 던진다(Cast)'는 의미로 바로 케이블 TV를 뜻하는 말이다.

KBS, MBC, SBS, EBS 등 이른바 공중파 방송(혹은 지상파 방송) 은 전파를 통해 불특정 다수에게 방송 프로그램을 보내 주고 있는 반면 케이블 TV는 케이블을 통해 특정 소수에게 프로그램을 보내고 있다. 바로 여기에 방송과 협송의 기본적이고 중요한 차이가 있다.

법률면에서 방송은 정치, 경제, 사회, 문화, 시사 등에 관한 보도·논평 및 여론과 교양, 음악, 연예 등을 공중(公衆)에게 전파함을 복적으로 하는 무선통신의 송신으로 정의하고 있다(방송법 2조 1항).

브리태니커 백과사전에 따르면 '방송'이란 의도한 일반 대중에게 라디오 또는 TV 프로그램을 전달하는 일이며, 특별한 수신장치를 갖춘 개인에게 전달되는 무선통신 내용의 전달과는 구분이 된다. 가장 일반적인 정의에 따르면 방송이란 오락, 교육, 정보 또는 다른 어떤 체계를 갖춘 프로그램을 조직적으로 전달하여 개인적으로나 집단적으로 분산되어 있는 청중이 수신하게 하는 행위를 말한다. 이러한 경우 청중으로서의 개인이나 집단은 이를 수신할 수 있는 장치를 가지고 있어야 하며, 그 내용은 청각적 또는 시각적일 수도 있다.

1-2. 방송의 기능

사람들은 흔히 방송에 대해서 잘 알고 있다고 생각한다. 이는 눈에 보이는 TV 프로그램만을 방송이라고 생각한 데서 연유한 것이다. 그러나 방송에는 우리가 평소 생각지 못했던 여러 기능이 있다. 첫째, 방송은 현대의 대중문화를 이끌어 가고 주도해 나가는 '문화적 기능'이 있다. 둘째, 방송은 사회의 중요한 사건이나 사실을 국민들에게 정확히 전달하는 '보도적 기능'이 있다. 셋째, 공익광고나 연중 캠페인을 통해 국민들을 과소비나 사치 풍조를 계도하는 '교육적 기능'이 있다. 넷째, 국민의 여론을 수렴하고 반영하며 TV 토론회, 청문회처럼 정치적 도구로도 이용되는 '정치·사회적 기능'이 있다. 다섯째, 광고를 통하여 소비자와 생산자를 연결해 줌으로써 국민의 경제 생활을 윤택하게 해주고 활성화시켜 주는 '경제적 기능'이 있다.

1-3. 방송의 특성

1) 광역성 : 지역적 경계가 없이 전파가 흐르는 곳에서는 어디서나 들을 수 있다.
2) 동시성 : 텔레비전의 채널이나 라디오의 다이얼을 맞추면 동시에 많은 사람들이 들을 수 있다.
3) 공공성 : 은밀한 장소에서 사적으로 듣는 것이 아니라 온 국민 누구나 공개적으로 들을 수 있다.
4) 교육성 : 시청자들에게 교육적인 영향을 미친다.

이 네 가지 중에서 광역성과 동시성은 공간과 시간의 문제로 전파와 기기의 성능에 따라 좌우되는데, 이러한 특성으로 방송 언어가 대중에게 미치는 영향이 크게 된다. 공정성은 항상 긍정과 부정의 양면에서 언어적 영향을 미치므로 방송의 교육성이 그만큼 크게 강조된다.

텔레비전은 비디오, 오디오, 언어가 복합적으로 조화된 종합 예술 매체라는 특성이 있다. 오디오만을 매개체로 하는 라디오와는 달리 텔레비전은 복합적 영상 매체로서 다양한 느낌과 정보를 전달할 수 있다. 텔레비전은 중립적이라는 특성을 갖기도 한다. 물론 시청률을 의식한 편파적이고 선정적이고 비도덕적인 내용을 방송하는 경우도 간혹 있지만 기본적으로 텔레비전은 모든 의견과 내용의 중립을 원칙으로 하며, 방송 제작의 기준은 너무 어렵거나 쉽지 않은 일정한 기준에서 결정된다.

또한 텔레비전은 영상과 음성을 통해 시청자에게 친근하게 다가가는 매체이며, 환상적인 느낌과 상상을 통해 시청자들을 다양한 가능성의 세계로 이끌어 주는 오락 매체로서의 특성도 있다.

2. 방송 언어의 정의와 기능

2-1. 방송 언어의 정의

방송 언어는 넓은 의미로는 방송을 통하여 시청자와 주고받는 의사소통 수단 전체를 뜻하며, 좁은 의미로는 방송을 통하여 방송인[12]이 쓰는 언어를 뜻한다.

방송에 고정 출연하기 위해서는 방송 언어에 대한 기본적인 지식을 습득한 후에 출연해야 하며, 그런 기본적인 언어 능력을 갖춘 방송인들이 하는 말을 방송 언어로 정의할 수 있을 것이다. 방송에서 방송인이 쓰는 언어는 음성언어와 문자언어가 있으며, 그 중에서도 음성언어를 더 많이 쓴다.

그러나 문자언어의 경우도 방송 언어로서의 특성을 지니면서 점점 많이 쓰이고 있어서 가볍게 다뤄서는 안 된다. 지금까지는 자막(caption)이나 슈퍼(super impose) 정도를 문자언어라 했다. 그러나 전자기술의 발달로 화면에 나타내는 영상문자의 사용이 급속도로 늘어날 것이며, 시청자의 처지에서도 영상문자를 많이 원하게 될 것이다.

방송 언어는 넓은 의미로 다음의 다섯 가지로 예를 들 수 있다.

---

12) 요즈음은 방송인의 범위도 넓어져서 아나운서나 기자, 프로듀서, 성우, 탤런트를 비롯한 방송 고유의 직종 외에 자유 출연 방송인으로서 리포터, DJ, MC, 기상방송이나 교통정보 방송 등 전문 분야의 방송요원, 통신원 등 방송에 참여하고 있는 사람들을 말한다. 그리고 각종 어학강좌에 출연해서 강의 형태의 방송을 진행하는 교수, 교사, 강사 등도 하나의 방송 계절(흔히 season이라고 부름) 이상 고정 출연하면 넓은 의미의 방송인의 범주에 넣어야 할 것이다. 이러한 방송인의 범주에 드는 사람들이 방송에서 사용하는 말을 좁은 의미의 방송 언어로 정의할 수 있다.

1) 영상언어

주로 텔레비전의 모든 프로그램의 배경장면이 보여주고 전하는 언어를 말한다. 아름다운 영상은 시 한편을 읽듯이 감동을 줄 것이지만 살인과 같은 잔악한 장면, 도덕적으로 해로운 장면 등은 잔인한 욕설 이상으로 청자의 뇌리에 부정적 이미지를 남길 것이다.

2) 음향언어

전파로 나가는 방송의 음향으로 대개는 음악을 가리키므로 음악언어라고 해도 된다. 라디오 방송에서는 음성언어와 함께 중요하게 다루는 영역이다. 그런데 음악언어에 노랫말을 포함할 것인가가 문제이다. 노랫말의 문제는 음악언어에서 다루어도 되지만 발음이나 가사 내용 등은 음성언어의 영역에서 다루는 내용과 거의 같으므로 음성언어 영역에서 다루어도 좋다.

3) 음성언어

방송에 출연하는 방송 전문인이나 비전문인을 가리지 않고 출연자들이 발성하는 언어를 가리킨다. 흔히 방송 언어라 하면 이것을 가리킨다. 음성언어에 속하는 또 다른 방송 언어 영역으로는 '노랫말'과 '광고 방송'이라는 두 영역이 있다.

4) 문자언어

자막으로 나가는 언어를 말하며, 라디오에는 해당되지 않는다. 자막은 적절한 양에 정확한 표기로 처리하는 것이 중요하다. 문자 언어는 음성언어 다음으로 방송 언어에서 중요한 요소다.

5) 신체언어

출연자의 표정, 외모, 옷차림, 몸짓, 손짓, 발짓 등이 전하는 언어로 라디오에는 해당되지 않는다. 방송의 모든 프로그램과 장면 하나하나, 음성 하나하나가 어떤 전달 의미(메시지)를 가지고 있듯이 신체동작, 옷차림 하나하나도 영상언어와 음성언어 이상으로 메시지를 가지고 있다. 방송에서 출연자의 외모, 옷차림 따위에 신경 쓰는 것은 이 때문이다.

그리고 최근에는 별로 쓰지 않지만 가끔 눈에 띄는 방송 용어라는 말도 그 개념을 명확하게 정리해서 방송 언어와 혼동하지 않도록 해야 한다. 방송으로 송출하는(방송하는) 언어로서의 방송 언어와 방송계에서 사용하는 전문용어로서의 방송 용어(broadcast terminology)는 구별해서 써야 한다. 방송 용어는 UHF, VHF, FM, AM, VTR, 채널, 영상, 출력, 다중 방송, 미니 시리즈, 콘솔 따위와 같이 방송과 관련된 전문적인 용어이다. 그런데 가끔 전문 방송인이나 비전문 방송인을 가리지 않고 방송을 통해서 내보내는 말, 즉 방송 언어를 방송 용어라고 쓰는 경우가 있는데 이것은 틀린 말이다.

2-2. 방송 언어의 기능[13]

1) 언어문화 선도 기능

사람들은 다양한 과정을 거쳐 말과 글을 배운다. 아주 어릴 때는 주위에 있는 가족들에게 말을 배우고, 자라면서 학교에 들어가 말과 글을 배운다. 또 여러 사람과 관계를 맺으면서 의사소통하는 법과 설득하는 법을 배운다. 그러나 현대인의 언어 습관에 가족이나 학교 그리고 교우 이상으로 큰 영향을 미치는 것이 매스 미디어, 그 중에서도 특히 방송이다. 산업화와 도시화의 영향으로 현대사회는 점차 거대해지고 있으며 구성원들은 서로에게서 멀어져 가고 있다. 다른 사람들과 사회활동을 하는 시간이 줄어들고 혼자 또는 가족들과 같이 있는 시간이 늘어간다. 자연히 우리의 삶에서 매스 미디어가 차지하는 비중은 점점 늘어나고 있다.

우리 나라 사람들의 매체 이용 행태 조사 결과에 따르면, 1999년 현재 우리 나라 사람들이 방송매체를 접하는 시간은 평일 평균 3시간 43분, 일요일 평균 5시간 27분에 이른다고 한다.[14] 이 정도면 잠자고 밥 먹는 시간과 근무 시간을 제외하고는 방송과 함께 가장 많은 시간을 보내는 셈이다. 그러므로 사람들의 말이 방송의 영향을 받지 않을 수 없다.

사람들이 방송에서 말이나 말버릇을 배우는 과정은 크게 두 가지로 나누어 볼 수 있다. 첫째는 '배우겠다'는 뚜렷한 목적의식이 없는데도 같은 말을 계속 듣고 보다가 자기도 모르게 그것을 배우게 되는 무의식적 학습이며, 둘째는 나름대로의 이유가 있어서 애써 배우는 의식적 학습이다.

무의식적 언어 학습은 무엇인가. 예를 들어, 엄마가 어린 아기에게 음식을 줄 때마다 '맘마! 맘마!' 하는 소리를 내게 되면 이 아기는 음식과 '맘마'라는 소리를 서로 연관짓게 된다. 그래서 '맘마'라는 소리를 들으면 음식을 떠올리게 되고, 음식을 보면 '맘마'라는 소리를

13) 임태섭·이원락 공저(1997), 보도언론론, 삼성언론재단, 참고.
14) 통계청이 2000년 7월 26일에 발표한 '1999년 생활시간 조사 결과' 참고.

연상하게 된다. 이렇게 대상과 그 이름 사이에 연상관계를 만들어내는 것이 언어 학습이라는 것이다. 시청자들도 이런 식으로 많은 말을 배우게 된다. 방송이 특정 대상을 특정 용어로 반복해서 부르면 시청자들은 자신도 모르게 그 대상과 용어 사이에 연상관계를 만들어내게 된다. 그래서 나중에 그 대상을 일컬을 일이 생기면 절로 그 용어를 떠올려 쓰게 되는 것이다. '사회지도층'이니 '서민'이니 하는 말도 이런 식으로 퍼져 나간 말이다. 우리 방송은 거의 예외없이 '출세한' 사람을 '사회지도층 인사'라 하고 그렇지 못한 사람들을 '서민'이라고 한다. 그러다 보니 '출세한' 사람들도 별 생각 없이 자신을 사회지도층이라 하고, 보통 사람들을 서민이라고 부르게 되었다. 보통 사람들도 마찬가지이다. 자신을 서민이라 하고 '출세한' 사람들을 사회지도층 인사라 부른다. 아무 생각 없이 따라 쓰는 말이다. 조금만 생각해 보면 '출세한' 사람들이 자신을 지도층이라 부르는 것은 교만한 일이요, 보통 사람들이 자신을 서민이라 하는 것은 스스로를 흠잡는 일임을 알 수 있다.

조건반사적 학습은 동일한 연상관계를 얼마나 많이 반복하느냐에 따라 그 강도가 결정된다. 즉, 같은 대상을 같은 말로 부르는 일을 얼마나 자주 되풀이하느냐가 무의식적 학습의 관건이 된다. 같거나 비슷한 현상을 다양한 방식으로 표현하면 그 현상과 표현방식 사이에 연상관계가 형성되지 않아서 조건반사적 학습은 일어나지 않는다. 그러나 한 현상을 언제나 같은 말이나 같은 방식으로 표현하고 이를 꾸준하게 반복하면 시청자들은 자신도 모르게 그 표현방식을 따라 쓰게 된다. 이런 식으로 퍼져 나간 것이 '열악'이라는 표현이다. 우리 방송은 좋지 않거나, 기준에 미달되거나, 바람직하지 않거나, 만족스럽지 않거나, 부족하거나, 나쁘거나, 형편없는 경우에는 언제나 '열악하다'고 한다. 그러다 보니 보통 사람들도 좋거나 만족스러운 형편이 아니면 항상 '열악하다'고 한다.

의식적 학습이란 사람들이 '방송 언어가 모범언어'라는 생각에서 뉴스나 교양 프로그램에서 쓰는 말을 일부러 따라 배우는 현상을 가리킨다. 어느 사회에서나 보도·교양 프로그램에서 쓰는 말은 그 사회의 가장 모범적인 언어로 대접받는다. 따라서 자신의 말솜씨에 신경을 쓰는 사람은 의식적으로 방송에서 쓰는 말을 배우려 한다.

"방송 언어가 그 사회의 진정한 모범 언어인가?" 하는 데는 이견이 있을 수 있다. 그러나 사람들은 여러 가지 이유로 방송 언어를 배워서 쓸 만한 가치가 있는 언어라고 생각한다.

첫째, 사람들은 뉴스에서 사용하는 언어를 표준 언어(standard language)라고 생각한다. 공식적인 '한글 맞춤법' 및 '표준어 규정'이 따로 있지만 보통 사람들은 이런 규정집을 접할 기회가 거의 없다. 그래서 이런 규정을 잘 알고 있으리라고 생각하는 언론인들의 말을 표준 언어라 믿는다. 발음과 맞춤법은 물론이고 낱말이나 문장구조 그리고 표현방식에 이르기까지 우리 사회에서 가장 정확한 언어를 구사하는 사람들이 방송인이라고 생각한다.

둘째, 사람들은 뉴스에서 쓰는 말을 따라 함직한 좋은 말(model language)이라고 생각한다. 방송인들은 지식도 풍부할 뿐 아니라 오랫동안 글쓰는 훈련을 받았기 때문에 남달리 뛰어난 언어를 구사한다고 믿는다. 그래서 방송에서 쓰는 말은 정확하고 논리적이며 세련되어 있다고 생각한다.

마지막으로, 사람들은 언론이 '사회의 거울'이기 때문에 언론이 사용하는 말이 바로 사람들이 실제로 쓰고 있는 말이라는 믿음을 가지고 있다. 이것은 언론의 '표현양식(mode of address)'이 공중의 관용어(public idiom)'라고 한 홀(Stuart Hall, 1978)의 주장과 일치하는 것이다. 홀에 따르면 언론은 먼저 주요 수용자층이 누구인지 헤아려 보고 그들이 공유하고 있다고 생각하는 용어나 표현기법 그리고 묘사법 등을 찾아 쓴다는 것이다. 그래서 방송 언어는 "언론사 나름대로 헤아려낸 수용자들의 언어"인 셈이라는 것이다.

방송 언어가 홀이 주장한 대로 실제로 '공중의 관용어'를 사용하고 있는지 아닌지는 중요하지 않다. 그것이 사실이든 아니든 사람들은 방송 언어를 '공중의 관용어'라고 믿고 있다. 그래서 자신에게는 생소한 표현도 다른 시청자들에게는 일상적일 수 있다고 생각한다. 처음 보는 어려운 용어가 나오면 자기는 이 분야에 대한 지식이 부족해 잘 모르지만 유식한 사람들은 다 알고 있으리라 생각한다. 또 유행어나 속된 표현을 처음 들으면 자기는 '노는 물이 달라' 아직껏 들어 보지 못했지만 '그 물에서 노는' 사람들은 익히 알고 곧잘 쓰는 말이리라 생각한다.

이처럼 사람들은 방송 언어를 표준이 되는 언어, 질이 좋은 언어, 그리고 다른 사람들이 흔히 쓰는 언어라고 믿는다. 우리 나라는 오랫동안 중앙집권제를 시행해 왔으며 항상 언어의 표준화를 위해 힘써 왔다. 그 결과 우리 나라 사람들은 표준 언어를 쓰려고 노력한다. 그러므로 뉴스·교양 프로그램에서 사용하는 말, 즉 표준 언어라 생각하는 말을 의식적으로 따라 배우게 되는 것이다.

2) 현실 재구성 기능

같은 현상이라도 어떠한 언어로 그려내느냐에 따라 시청자들에게 전달되는 현실세계는 달라진다. "기온이 매우 높다"고 하느냐 아니면 "찜통같이 덥다"고 하느냐에 따라 날씨에 대한 느낌이 달라지고, "강제로 범했다"고 하느냐 아니면 "성폭행을 했다"고 하느냐에 따라 가해자의 인간성이 달라 보인다. '방사능 오염물질'과 같이 무시무시한 것도 '핵폐기물'이라고 하면 덜 무서워 보이고, "패퇴했다"는 참담한 현실도 "작전상 후퇴했다"고 하면 희망을 낳게 된다. 방송 언어는 보도하고자 하는 사건이나 현상을 새로 다듬어내는 기능을 가지는데, 이를 학문적으로는 현실 재구성 기능(reality creating practice)이라 한다.

매스 미디어가 현실을 재구성하는 과정은 3단계로 나뉜다.

첫 단계는 방대한 현실세계에서 수용자에게 보여줄 부분과 보여주지 않을 부분을 가림으로써 현실세계를 재구성할 구성요소들을 결정하는 단계이다. 이 단계를 거치고 나면 보여주지 않기로 결정한 부분은 현실세계에 존재하지 않는 것이 되고, 보여주기로 한 부분들만 현실세계에 존재하는 것으로 보이게 된다. 그래서 살인과 폭력 뉴스가 매일 나오고 드라마나 오락물까지도 폭력으로 가득하게 되면 사람들은 현실세계가 살인과 폭력으로 가득한 위험한 곳이라 생각하게 된다.

둘째 단계는 보여주기로 한 부분들 사이의 상대적 중요도를 가림으로써 재구성할 현실세계의 중심을 결정하는 단계이다. 이 단계를 거치고 나면 다른 부분보다 더 자주 그리고 더 오래 취급된 부분이 현실세계의 중심처럼 느껴지게 된다. 그래서 수용자들은 이러한 부분에 더 많은 관심을 가져야 한다고 생각한다.

마지막 단계는 일정 시간 동안 보여주기로 한 대상을 어떠한 방식으로 보여줄 것인가를 결정하는 단계이다. 그 대상을 좋게 묘사하느냐 아니면 나쁘게 묘사하느냐, 강력한 것으로 그리느냐 아니면 미약한 것으로 그리느냐 하는 등의 구체적인 발표방식을 정한다. 앞의 두 단계가 현실을 양적으로 재구성하는 단계라면 이 마지막 단계는 그것을 질적으로 재구성하는 단계이다. 즉, 특정한 양으로 그리고 특정한 순서에 따라 취급하기로 한 현실세계의 각 구성요소들에게 사회적 의미 또는 '성격'을 부여하는 과정이다. 이 과정에서 가장 중요한 노릇을 하는 것이 바로 방송 언어이다.

어떠한 언어로 보도하느냐에 따라 보도대상이 좋게 인식될 수도 있고 나쁘게 인식될 수도 있으며, 강력하게 인식될 수도 있고 미약하게 인식될 수도 있다. 그래서 방송 언어는 현실세계의 구성요소들과 그들 사이를 관계를 정의하는 기능을 하게 된다.

국민들의 방송 시청 시간이 늘어나면서 방송을 통해 흘러나오는 말, 즉 방송 언어의 영향력이 날로 커지고 있다. 반복적으로 방송되는 CM송을 아이들은 금방 따라 부르고, 탤런트나 개그맨의 재미있는 말투가 어느새 청소년들 사이의 유행어가 되기도 한다. 마치 어린 아기가 부모로부터 기초적인 말을 배우는 것처럼 자라나는 아이들과 청소년들은 방송을 통해 말을 구사하는 방법을 배우고 각종 이야깃거리들을 얻게 되는 것이다. 그러므로 방송은 곧 국민의 언어 교사 역할을 하고 있는 셈이다. 실제로 사투리를 심하게 사용하는 지방의 아이들도 매일 방송을 접하면서 자기 고장의 사투리를 버리고 방송 언어를 따라 표준어를 구사하는 경향이 점점 늘고 있다. 이처럼 방송은 시청자들에게 표준어와 바른 우리말을 접할 수 있는 기회를 제공함으로써 결과적으로 국민에게 표준어를 보급하는 순기능의 역할을 하고 있는 것이다.

그러나 방송이 국민의 언어 생활에 순기능의 역할만 하는 것은 아니다. 일부 연예, 오락 프로그램이나 FM 라디오 프로그램의 경우 시청률을 높이기 위해 방송 언어에 대한 자질이 부족한 인기 연예인들을 기용하고 있는데, 이들은 방송에서 사용해서는 안 될 비속어와 유행어들을 구사함으로써 청소년들의 언어 생활에 악영향을 미치고 있다. 방송이 재미있고 자극적인 내용을 추구하면서 바른 말, 고운 말은 점점 배척당하고 대신 비속어와 유행어, 거칠고 센말들이 오히려 득세하는 결과를 낳아 방송이 국민의 언어 교사 역할을 하는 것이 아니라 오히려 우리말의 질서를 무너뜨리는 주역이라는 비판을 받기에 이르고 있다.

그리고 언제부터인가 각종 쇼, 오락 프로그램에서 출연자의 우스운 말을 그대로 전달하거나 진행자의 미숙함을 보완해 주는 효과로 자막이 남용되고 있다. 문제는 자막의 내용이 표준어가 아니라 시청자의 웃음을 유도할 목적의 비속어나 유행어, 국적 불명의 외래어, 또는 맞춤법을 제대로 지키지 않은 오자 및 탈자가 많아 이를 시청하는 청소년들의 국어 교육에 심각한 악영향을 미친다는 사실이다.

실제로 '희안하다', '나뭇꾼', '금새'처럼 맞춤법이 틀리거나 '오마이 갓', '터프가이', '깡다구', '캡' 등의 외국어 및 비속어가 쇼, 오락 프로그램에서 여과 없이 자막처리되고 있는 실정이다. 그래서 TV와 라디오 프로그램을 대상으로 방송 언어 모니터를 실시해 자막과 발음의 오류, 사투리, 비속어, 외래어 사용 등 각종 방송 언어 오용 사례들을 조사하고 있고, 회사기구인 방송 언어 심의위원회는 오용 사례의 심사 결과에 따라 해당 진행자에게 제재를 가하는 강제 조치까지 취하고 있다. 그러나, 이러한 노력에도 불구하고 방송 언어 오염현상은 좀처럼 줄어들지 않고 있으며 오히려 해를 거듭할수록 비속어와 은어, 외래어의 오남용 사례는 더욱 늘어나고 있는 게 사실이다.

이처럼 남녀노소 구분 없이 모든 국민들에게 무차별적으로 전파되는 방송에서 비속어와 사투리, 외래어를 남용하고 정제되지 않은 자막을 여과 없이 내보낸다면 마치 악화가 양화를 구축하듯 바르고 고운 말글은 점점 자리를 잃고 대신 거칠고 속된 말글, 국적 없는 말글들이 난무하는 세상이 될 것이다.

따라서 방송 제작자들과 진행자들은 단순한 말장난을 통해 시청률을 높이겠다는 생각을 버리고, 바르고 고운 우리 말글을 전파하는 첨병이라는 사명감으로 우리 말글의 순화운동에 앞장서야 할 것이다.

3. 방송 언어의 조건[15]

방송은 한시도 쉬지 않고 전파에 실려온다. 이런 방송을 통해 전달되는 말 가운데 어법이나 논리에 맞지 않는 게 많이 있다.

앞에서 살펴보았듯이 방송은 공간적으로 미치는 범위와 계층적으로 전달받는 대상이 무제한이기 때문에 그 영향력이 크다. 이 책임은 전문 방송인이나 비전문 방송인, 그리고 방송에 일시 출연하여 방송하는 일반 출연자를 막론하고 방송을 통해 언어를 구사하는 누구에게나 해당되는 책임이다. 방송 언어의 조건을 내용면과 형식면으로 살펴본다.

3-1. 내용면

1) 순정성

순정성이란 '방송 심의에 관한 규정'이 강조하는 바른말과 고운말의 사용원칙에 합당한 언어의 속성을 일컫는다. 즉, 순수하고(純) 바른(正) 우리말을 써야 한다는 이 기준은 우리 사회가 가장 중시하는

---

15) KBS의 경우 아나운서실 한국어연구회에서는 방송 언어의 조건을 다음과 같이 규정하여 교육과 연수에 활용하고 있다. (1)표준발음이어야 한다. (2)알아듣기 쉽고 분명하여야 한다. (3)시청자 중심의 경어를 사용한다. (4)품위 있는 말을 써야 한다. (5)지나친 수식어를 피한다. (6)음운의 생략이 구어적이다. (7)감탄사의 사용을 가급적 피한다. (8)조사와 용언에 제약이 많다. (9)수의 표현에 조심한다. (10)윤리적인 언어 표현이어야 한다. (11)자연스럽고 생동감이 있어야 한다.

방송 언어의 조건이기도 하다.

2) 객관성, 정확성, 사실성

저널리즘의 본질은 '지금 전하지 않으면 안 되는 것을 지금 전하고, 지금 말하지 않으면 안 되는 것을 지금 말하는 것'이라고 하는데, 이는 방송 언어가 객관성, 사실성, 정확성을 띠어야 함을 조건으로 한다. 가령 뉴스 앵커의 과장된 추측 표현이 시청자에게는 사실로 오해될 수 있고, 연예 프로그램의 사소한 이야기 한 마디가 유언비어나 헛소문을 만들어낼 수 있다. '시사매거진 2580'이나 '추적 60분', '경제 전망대'와 같은 보도 프로그램은 객관적이어야 하며 사실적이고 정확해야 한다.

지금 전하고 지금 말해야 할 것에 대한 판단도 사람이 하는 것이므로 고도의 윤리와 가치 판단이 요구된다. 따라서 지금 말하고 전해야 한다고 해도 국익이나 인권에 위배되면 삼가야 하는 면도 있는데, 이러한 예외적인 경우를 제외하면 방송 언어의 객관성, 정확성, 사실성은 아무리 강조해도 지나친 것은 아니다.

3) 공정성

현재 방송 공정성의 연구는 장르별로는 보도 프로그램에, 그리고 영역별로는 정치영역에 국한되는 경향이 있다. 그러나 공정성이 구태여 보도나 정치에 국한될 필요는 없다. 특히 공정성의 가장 중요한 차원인 불편 부당성은 어떠한 프로그램에 의해서도 위협받을 수 있으며, 어떠한 영역의 사람도 피해대상이 될 수 있다.

4) 공식성

방송은 공공 매체의 하나이기 때문에 방송에서 사용하는 언어는 사석에서 사용하는 언어와는 구분되어야 한다. 사석에서 사용하는 언어는 두 사람 사이의 관계가 허용하는 한 친근한 표현을 써도 괜찮고, 상황이 허용하는 한 '야한' 표현을 쓸 수도 있으며, 때로는 과장해서 말할 수 있다. 그러나 공식성을 유지해야 하는 방송 언어는 두 사람 사이의 관계나 상황에 따라 쉽게 변할 수 없는 성격을 가진 언어이다. 이는 방송이 출연사들 사이의 커뮤니케이션을 위주로 하는 것이 아니라 출연자들과 시청자들간의 커뮤니케이션을 중심으로 하기 때문이다. 따라서 방송 언어는 품위와 격식을 지켜야 하며 감정을 절제하는 언어가 되어야 한다.

5) 지식성, 교양성

모든 방송 프로그램은 그 자체가 새로운 언어의 창조이므로 지식적 성격을 띤다. 더욱이 정보화 시대에 여러 내용의 방송은 정보 전달체 역할을 한다. 교육방송(EBS)과 같은 경우는 이러한 교양 지식만을 전문으로 방송한다. 설령 교육방송이 아니더라도 모든 방송은 교육 매체 역할을 하므로 그 자체가 교육적이다. 교양 프로그램만이 아니라 음악, 드라마, 오락 프로그램조차도 일정한 감화와 영향을 끼치므로 교육적이다.

'환경스페셜', '문화탐험 오늘' 그리고 '아는 것이 힘이다' 와 같은 교양, 음악, 어린이 프로그램은 교양성과 지식성을 위주로 한 프로그램이다. 그런데 이러한 프로그램은 교양성, 지식성 외에 객관성, 사실성, 정확성도 요구된다. 역사 교양물이나 과학 교양물을 방송하면서 학계의 여러 학설을 무시하고 어느 일방만 내보낸다든지 아직 부정확한 정보를 사실인 양 방송한다면 청취자에게는 편향되고 잘못된 지식을 전하는 것이 되기 때문이다.

6) 공익성

방송이 중립성을 추구한다고 하지만 정작 선악 윤리의 가치를 판단할 상황에서까지 중립적이라면 비윤리적, 몰가치적 태도라 하겠다. 아무리 가치가 혼란스러운 세상이 되었더라도 절대윤리, 절대선을 추구할 사명이 방송에는 있기 때문이다. 가령 우리 사회에 극심한 사이비 종교 집단의 문제를 파헤칠 때 종교의 자유가 보장되었다고 사이비 집단의 문제를 배제한다면 방송의 공공성을 포기한 것이라 하겠다. 사이비 집단에 희생된 사람들의 인권과 공익성을 생각할 때 절대악과의 싸움을 선언해야 하기 때문이다.

7) 건전성

방송은 국민의 미풍양속을 계도하고 가정을 보호하며 국가와 국민의 편에 서서 봉사해야 한다. 미풍양속을 지키는 것은 문화적 자주성과 전통성을 살리는 방향으로 방송이 기획되어야 함을 뜻한다. 따라서 일본인의 사고와 풍속과 가치관이 반영된 프로그램, 드라마를 표절하는 관행도 반성해야 한다. 일본 정부가 우리의 만화 복제, 영화, 비디오, 방송 복제를 방관, 방치하는 것도 우리 국민이 일본 문화에 맛들이기, 곧 중독되기를 기다리기 때문이다. 문화 전쟁 시대에 우리의 방송도 마땅히 주체적인 한국 문화를 반영한 방송이 되어야 한다.

'서세원 쇼', '목표 달성 토요일', '한밤의 TV 연예'와 같은 연예,

오락 프로그램에서는 특히 건정성을 갖춰야 한다.

8) 공손성

공손이란 권위주의 사회에서 볼 수 있는 것처럼 아랫사람이 윗사람에게 표시하는 복종적 의례를 의미하는 것이 아니라, 서로 체면을 손상시키지 않는 사려 깊은 언어행위를 일컫는다. 공손하지 못한 언어는 상대의 체면을 공격하게 되어 상대로 하여금 불쾌한 기분을 느끼게 하고, 심한 경우에는 언어폭력에 이르기도 한다.

9) 세련성

방송 언어란 그 사회의 가장 표본적인 언어이기 때문에 기술적으로도 타의 모범이 되는 언어라야 한다. 즉, 언어가 질적으로 뛰어나서 세련미를 보여야 한다는 것이다. 언어가 세련되었다는 것은 어려운 말이나 고급 언어로 치장되었다는 것을 의미하는 것이 아니라, 단어나 표현이 선택이 적절하고 문법적으로 무리가 없어야 한다는 것이다.

10) 일상성

방송 언어가 공식 언어로서 품위와 격식을 지키는 것은 중요하지만 그렇다고 해서 일상에서 잘 쓰지 않는, 지나치게 격식적이거나 고루한 표현을 써서는 안 된다. 이것은 방송이 '보통 사람들'의 매체이기 때문이다.

3-2. 형식면

일반적으로 방송 언어는 문어적인 특성보다 구어적인 특성을 가지고 있다. 그러나 어디까지나 일반론일 뿐이다. 방송 언어의 대표적인 것은 뉴스인데, 뉴스 방송은 구어적인 특성은 물론 문어적인 특성도 가지고 있다. 그래서 방송 언어의 특성을 규정하기 위해서는 어느 일면만 보아서는 안 된다.

이것은 또한 구어 형태의 방송 언어와, 문어 형태의 방송 언어가 조화를 이룬 말이기 때문에 일상생활에서 많이 쓰이는 저속한 표현이나 잘 거르지 않은 일상 언어는 피해야 한다는 말도 된다.

1) 방송 언어는 표준어라야 한다

방송은 언어의 표준화법을 실천, 선도하는 곳으로 자리잡아야 한다. 따라서 방송은 표준어 교과서가 되어야 하며, 외국인들의 한국어 학습에도 가장 이상적인 교과서 구실을 해야 한다. 그러기 위해 방송인은 교양인으로서 인격을 수련하고(계층성 조건), 지역적으로는 서울말을 사용할 수 있어야 하며(지역성 조건), 문법적으로 오류가 없는 어법(문법성 조건)을 사용할 수 있어야 한다.

표준어란 국어를 대표하는 말로, 교육이나 공적인 경우에 사용할 수 있도록 일정 기준에 의해 공통어를 다듬어 규정한 이상형의 공용어이다. 표준어는 교양 있는 사람들이 두루 쓰는 현대 서울말로 정함을 원칙으로 한다. 또한 한글 맞춤법도 표준어와 관계가 밀접하여, 표준어를 소리대로 적되, 어법에 맞도록 함을 원칙으로 한다. 이상은 1989년 3월 1일부터 시행하고 있는 한글 맞춤법과 표준어 규정 중 표준어 사정원칙을 말한다.

이번 표준어 규정에는 표준 발음법이 따로 분류되어 있다. 그래서 표준 발음법은 표준어의 실제 발음을 따르되, 국어의 전통성과 합리성을 고려하여 정함을 원칙으로 하고 있다. 방송 언어는 드라마와 같은 특수한 경우를 제외하고 가능하면 표준어와 표준발음을 사용해야 한다.

예술성이 있는 작품이나 드라마 같은 특수한 경우에는 어떤 지방의 고유한 정서를 표현하기 위해 방언을 쓰기도 한다. 그러나 일반적인 교양이나 보도 방송에서는 표준어를 써야 한다.

또한 서울말 중에서도 사투리가 있으므로 방언과 마찬가지로 방송 언어에서는 사용해서는 안 된다. 방송의 그 대상은 남녀노소를 불문하므로 보편성의 성질을 띠고 있어야 한다. 또한 언어라고 하는 것은 결속력을 띠고 있으므로 방언을 사용하여 위화감을 조성하여서는 안 된다.

(1) a. 맨날(만날)

   b. 티각태각(티격태격)

   c. 목이 메이는(목이 메는)

   d. 되겠구만(되겠구먼)

   e. 헤메는(헤매는)

   f. 삐지고(삐치고)

   g. 임마(인마)

   h. 어떤 것이길래(것이기에)

방언과 사투리는 흔히 같은 의미로 쓰이지만 구별해서 쓰일 때도 있다.

방언(方言: dialect)은 두 가지 용법을 갖는다.[16] 첫째 용법은 표준어와 대립되는 개념으로서의, 다시 말하면 비표준어라는 개념으로서의 용법이다. '방송극에 방언을 함부로 써서는 안 된다'든지, '공직자가 방언을 써서는 안 된다'든지 할 때의 '방언'은 표준어와 대립되는 개념으로서의 방언이다. 이러한 개념으로서의 방언은 '사투리'라는 용어로 바뀌어 쓰이는 수가 많다. '충청도 사투리', '평안도 사투리'라고 할 때의 사투리는 대개 이러한 개념으로 쓰이는 경우다. 이때의 방언이나 사투리는, 말하자면 표준어가 아닌 어느 시골의 말을 뜻하며, 나아가서는 표준어보다 열등(劣等)한 지위에 있는, 그만큼 세련되지 못하고 격을 갖추지 못한 열등의 말을 일컫는다. 그리고 이때의 방언 내지 사투리는 대개 한 고장의 언어체계 전반을 가리키기보다는 그 고장의 말 가운데서 표준어에는 없는, 그 고장 특유의 언어요소만을 일컫는 것이 보통이다. '사투리가 많아 못 알아듣겠다'라고 할 때의 사투리가 바로 그러한 용법으로 쓰인 경우일 것이다.

그러나 언어학 내지 방언학에서 '방언'이라고 할 때는 표준어보다 못하다든가, 세련되지 못하고 규칙에 엄격하지 않다든가와 같은, 어떤 나쁜 평가를 동반한 의미를 가지지 않는다. 한 언어를 형성하고 있는 하위 단위로서의 언어체계 전반을 곧 방언이라 하여, 가령 한국어를 예로 들면 한국어를 이루고 있는 각 지역의 말 하나하나를, 즉 그 지역의 언어체계 전부를 방언이라 한다. 그리고 나머지 지역의 방언들은 표준어가 아니기 때문에, 또는 표준어보다 못한 언어이기 때문에 방언인 것이 아니라 한국어라는 한 언어의 하위류(下位類)들이기 때문에 방언인 것이다. 이때의 '충청도 방언'은, 충청도에서만 쓰이는, 표준어에도 없고 다른 도(道)의 말에도 없는 충청도 특유의 언어요소만을 가리키는 것이 아니라, 충청도의 토박이들이 전래적(傳來

---

16) 이익섭(2001), 국어학개설, 학연사, 328쪽~331쪽 참고.

的)으로 써 온 한국어 전부를 가리킨다. 이 점에서 한국어는 우리 나라에서 쓰이는 각 방언의 집합이라고 할 수 있다. 그리고 각 지역의 방언은 하위 단위인 한국어의 변종(變種: variety)들이라고 정의할 수 있다.

2) 방송 언어는 발음이 정확해야 한다

방송 언어는 표준어를 사용하면서 그 발음 또한 정확해야 한다. 앞에서 말한 바와 같이 방송은 불특정 다수를 대상으로 하고 있으므로 정확한 발음과 표현을 써야 한다.

발음에서 가장 문제가 되는 것은 모음이 제 음가대로 발음되지 않고 혼동되는 경우이다. 단모음의 경우에는 /오/와 /우/의 혼동이 가장 자주 나타나고 있다. 특히 '-고'나 '-도'의 경우에는 거의 '-구'와 '-두'로 잘못 쓰고 있다.

(2) a. 먹구(먹고)
　　b. 저두(저도)
　　c. 따루(따로)
　　d. 일굽(일곱)
　　e. 하드라구(하더라고)
　　f. 잘러(잘라)
　　g. 욕허지(욕하지)
　　h. 하지 말어(마라)

이밖에도 경음화 및 격음화 현상, 잘못된 음운의 첨가 및 탈락, 잘못된 동화 등이 자주 쓰이고 있다.

164

3) 방송 언어는 신문 언어에 비해 상대적으로 구어적이다

방송은 어색함이나 인위성이 드러나지 않도록 자연스런 입말체를 구사할 수 있어야 한다. 즉, 표현된 언어가 인위성(가식성, 조작성)을 띠지 않고 평범한 국민 누구나 꾸밈없이 말할 수 있는 자연성 조건을 만족해야 한다. 자연스런 표현을 위해서는 글말체인 문어체보다는 자연스런 입말체가 요구된다. 그렇다고 글말체가 다 무시되는 것은 아니다. 특히 보도 언어의 경우는 글말체에 더 가깝다고 할 수 있다. 입말체도 정갈한 표현을 해야지, 다음과 같은 군더더기가 붙어 있는 표현은 바람직하지 않다.

> (3) a. 엄마가 물건 같은 거 사가지고(엄마가 물건을 사가지고)
>
> b. 저랑은 별 상관없습니다만서도(저와는 별로 상관이 없습니다만)
>
> c. 첫번째 사연을 소개해 드리도록 하겠습니다(첫번째 사연을 소개 하겠습니다)
>
> d. 지하철 시간이 끊길 시간이 다 돼 가지고(지하철이 끊길 시간이 다 돼서)

4) 방송 언어는 가능하면 쉬워야 한다

방송은 활자매체처럼 기록성이 없어 한 번 듣는 것으로 끝나기 때문에 방송 언어는 쉬운 말을 사용해서 시청자나 청취자가 듣고 바로 뜻을 이해할 수 있도록 해야 한다. 다음은 농업에 대한 보도 방송의 예이다.

> (4) a. 급격한 신장 추세를 보이고 있습니다(많이 늘어나고 있습니다)

b. 재배 도중 실패한 사례가 많습니다(재배하다가 실패한 일이 많습니다)

c. 차광 처리는 계속 광의 중단을 해줘야(계속 빛을 막아 줘야)

d. 꿀벌의 방사를 통한 수분(꿀벌을 넣어서 한 꽃가루받이)

또한 방송 언어는 청각을 통한 전달에 의존하기 때문에 발음이 분명하면서 표준 발음법에 맞아야 한다.

(5) a. 후라이팬(프라이팬)

b. 어나운서(아나운서)

c. 커텐(커튼)

d. 헬맷(헬멧)

e. 샷시(새시)

f. 프랭카드(프래카드)

그러나 어려운 한자어나 외국어 등은 가능하면 피해야 한다. 방송을 통해 지적인 교양을 높인다는 차원에서 학술용어를 사용하거나 경기용어 등 외국어나 한자어를 사용할 때는 이해하기 쉽게 풀어서 말하는 것이 좋다.

5) 방송 언어는 시청자 중심의 경어를 사용해야 한다[17]

방송은 경어로 시작해서 경어로 끝나야 한다. 국어의 경어법에는

---

17) 방송은 경어로 시작해서 경어로 끝난다고 말할 수 있다. 이때의 경어는 다음과 같은 조건을 만족시켜야 한다. ① 방송 언어는 최고의 경어라야 한다. ② 방송 언어는 시청자를 의식한 경어라야 한다. ③ 방송 언어는 어법에 맞는 경어라야 한다. ④ 방송 언어는 박애주의적인 경어라야 한다. ⑤ 방송 언어는 정중한 자세를 가진 경어라야 한다.

상대적으로 하대어도 있으나, 드라마나 특수한 경우를 제외하면 방송 언어는 모두 경어로 돼 있다.

방송 언어의 경어는 시청자를 향한 경어이기 때문에 비록 국가원수에게라도 지나친 경칭을 쓰거나 시청자가 불쾌감을 느낄 정도의 경어를 쓸 수 없다. 또한 나이 많은 방송 진행자가 어린이에게 하대어를 써서는 안 되고, 나이가 많은 출연자가 나이 어린 진행자에게 하대어를 써도 어색하다.

(6) a. 김대중 대통령께서 경축식장에 들어오시고 계십니다(김대중 대통령 입장하고 있습니다)

 b. ○○○ 장관님께 여쭤 보겠습니다(○○○ 장관께 여쭤 보겠습니다)

 c. ○○○ 장관님 모시고 말씀 나눠 보겠습니다(○○○ 장관 모시고 말씀 나눠 보겠습니다)

위의 말들은 지나친 경우이다. 어떤 경우이든 방송인은 시청자를 대신해서 궁금한 것을 알아보거나, 오로지 시청자에게 알려 주는 것을 주된 임무로 하기 때문에 방송 출연자와 1 대 1로 상대하거나 방송 대상 인물에 대해 객관적으로 묘사할 때 지나친 경어를 써서는 안 된다.

6) 방송 언어는 품위 있는 말을 써야 한다

방송 언어는 욕설이나 은어를 써서는 안 된다. 욕설이나 은어를 인용할 경우에도 조심해야 한다. 특히 신체적인 결함을 상징하는 말을 쓸 때 조심해야 한다. '곰보처럼 파인 길, 애꾸눈 운전, 외팔이, 절뚝

발이' 따위의 말은 조심해서 써야 한다. 또한 "목구멍으로 동전이 넘어갔다"와 같은 말은 "목으로 동전이 넘어갔다"와 같은 점잖은 말로 고쳐야 한다. '돼지새끼, 사슴새끼, 하마새끼' 등과 같은 말은 '새끼돼지, 새끼사슴, 새끼하마' 라고 하면 훨씬 부드럽고 귀여운 느낌이 드는 말이 된다. 직업을 말할 때도 '광부, 간호부, 청소부' 는 '광원, 간호사, 미화원' 으로 바꿔서 인격을 존중하는 말이 된 경우이다.

또 비만에 대해 보도하는 경우 '뚱보' 라는 말을 자주 사용하는데, 이 말보다는 '비만' 이라는 말을 쓰는 것이 더 바람직하지 않나 싶다.

7) 방송 언어는 논리적이어야 한다

방송은 방송 내용의 효율적 전달을 위해 언어 논리성의 기준을 충족해야 한다. 즉, 발화자나 청취자나 의사소통에 어려움이 없도록 해야 한다. 표준어를 자연스레 입말체로 전한다고 해도 언어 표현이 간결하고도 쉬우면서 논리성을 갖추어야 전달에 어려움이 없기 때문이다.

8) 방송 언어는 수식어를 지나치게 사용하지 않아야 한다

방송 언어의 대표적인 말인 보도 방송 언어에서는 관형사나 형용사, 부사를 쓸 때 지나치게 원색적이거나 주관적인 표현을 하지 않고 있다.

   (7) a. 그이가 너무너무 좋아서 결혼했습니다.
      b. 굉장히 예쁜 꽃입니다.

색채 표현을 예로 들면 '빨갛다, 붉다, 파랗다'를 원형으로 해서 '빨간, 붉은, 파란' 등의 한정된 범위에서 사용하고, '빨그스름하다, 불그스레하다, 파르족족하다'와 같이 애매하거나 주관적인 표현을 하지 않고 있다. 부사 중에서 의태어나 의성어와 같은 말을 보도 방송 언어에서는 가능하면 피한다.

9) 방송 언어는 음운의 생략이 구어적이다

방송 언어는 의미를 삭감하지 않는 범위에서 음운이나 음절을 생략하는 경우가 많다. '하여'와 '되어'의 경우를 예로 들면 '해, 해서, 했으며, 했고, 했습니다', '돼, 돼서, 됐으며, 됐고, 됐습니다'로 쓰이고 있다. 이름을 말할 때도 "KBS 뉴스 박재우입니다"로 써 있더라도 말로 표현할 때는 "KBS 뉴스 박재웁니다"라고 해야 한다.

그러나 음운을 지나치게 생략하면 의미를 알아듣기 곤란한 경우도 있다. 신문에서는 경과위, 과기처, 중집위 등으로 사용해도 되지만 방송에서는 경제과학위원회, 과학기술처, 중앙집행위원회 등으로 풀어서 발음해야 이해가 가능한 말들이 많다.

방송 언어는 짧은 시간에 많은 정보를 전달해야 하는 부담감 때문에 축약이나 생략의 과정을 거치면서 줄일 수 있으나 의미를 알아듣기 어려울 정도로 어휘를 생략해서는 안 된다.

10) 방송 언어는 순화된 말이어야 한다

방송 언어에서는 순화되지 않은 비속어나 은어 등을 사용해서는 안 되며, 그것을 인용하였을 때에도 조심하여야 한다. 불특정 다수를 대상으로 하기 때문에 반말을 써서는 안 되며 존댓말을 써야 한다.

11) 윤리적인 언어표현이어야 한다

남을 깎아 내리거나 비하하는 말을 해서는 안 된다. 특히 보도 프로
그램에서는 항상 객관적인 입장을 취해야 한다.

오락 프로그램에서도 남을 비난하거나 인격을 모욕하는 발언으로
억지 웃음을 자아내려 하는 행동은 삼가야 하며, 사회적 · 윤리적으로
적합한 언어를 사용해야 한다.

4. 방송 언어의 특성[18]

4-1. 텔레비전 보도 언어의 특성

1) 관형어를 절제한다

관형어 중에서도 형용사는 주된 의미의 전달에 도움이 되지 않는
한 어휘를 선택할 때 절제한다. 이것은 보도방송이 담백해야 한다는
대원칙에도 맞는 것인데, 그 원칙은 미리 세워진 것은 아니고 60년

---

18) 방송 언어와 신문 언어의 차이점을 정리하면 〈표1〉과 같다.
  〈표1〉

신문 언어(글말)	방송 언어(입말)
글이 비교적 길다	글이 비교적 짧다
글의 차례가 옳게 되어 있다	글의 차례가 바뀐 경우가 있다
같은 글이나 말을 되풀이하는 일이 적다	같은 글이나 말을 되풀이하는 일이 있다
말을 맺지 않고 글을 마치는 일이 적다	말을 맺지 않고 글을 마치는 일이 있다
문의 성분은 생략되는 일이 비교적 적다	문의 성분의 일부를 생략하는 일이 있다
지시어가 비교적 적다	지시어가 비교적 많다
첨가어는 비교적 적게 쓰인다	첨가어가 쓰일 경우가 많다
한자어가 비교적 많이 쓰인다	한자어가 비교적 적게 쓰인다

방송 전통에서 자연히 형성된 것이다.

보도방송에서 사용하는 청색과 적색의 표현을 예로 들어 본다. 청색은 '푸르다'를 원형으로 한 활용어미가 주로 쓰이며 그 이외의 것은 절제한다. 즉, '푸른 산'으로 쓰고, '파란/새파란/시퍼런/파르스름한/푸르스름한 산'은 거의 쓰지 않고 있다.

2) 부사어를 절제한다

일반적인 방송 언어, 즉 음악 프로그램이나 드라마, 대담이나 좌담 등에서 많이 사용하고 있는 의태어나 의성어 등의 같은 소리를 겹쳐서 소리나 형태를 시늉하는 말인 첩용부사는 보도 방송에서는 피하고 있다. '짤랑짤랑, 덜렁덜렁, 깡충깡충, 꾸물꾸물, 땅땅, 펄펄, 벌벌' 등의 부사는 뉴스에서 찾아 보기 힘들다.

3) 감탄사를 쓰지 않는다

말하는 사람의 본능적인 놀람이나 느낌을 표시하는 말이나, 부르고 대답하는 말, 또는 입버릇으로 내는 말 등의 감탄사는 뉴스에서 피해야 한다. 왜냐하면 감탄사는 뒤따르는 말 전체에 화자, 즉 전달자의 감정이나 의지가 나타나게 하는 말이어서 객관성을 잃게 하기 때문이다. '아, 아차, 아하, 허허, 아이고, 얼씨구, 에라, 만세' 등의 감탄사가 들어간 뉴스는 상상할 수 없다.

4) 조사에 제약이 있다

감탄사를 쓰지 않는 것처럼 감탄조사에 제약이 있다. 즉, 서술격 조사 '이다'의 감탄형 어미 '이로다, 이구나, 이로구나' 등은 뉴스에 쓰이지 않는다. 호격 조사도 쓰지 않는다. '아/야, (이)여, 시여' 등의 호격 조사는 쓰이지 않고 있다. 부사격 조사인 '한테'와 '하고'도 제약을 받는다.

5) 용언의 어미 활용에 제약이 있다

활용어미에 몇 가지 제약을 받는데, 대표적인 것은 감탄형이다. '먹는구나, 가는구나, 사는구나' 등의 어미는 생각할 수 없다. 그리고 청유형 어미인 '먹자, 가자, 먹읍시다, 갑시다'도 뉴스에서는 쓰지 않는다. 이밖에도 종결어미에서 의문형 어미와 명령형 어미도 제약을 받는다.

6) 음운의 생략이 구어적이다

방송 언어는 의미를 삭감시키지 않는 범위 안에서 음운이나 음절을 생략하는 경우를 많이 볼 수 있다. '하여'와 '되어'의 경우가 그것인데, 신문을 비롯한 활자 매체에서는 '하였다, 되었다, 하였습니다, 되었습니다'를 쓰고 있으나, 방송에서는 일상언어와 마찬가지로 '했다, 됐다, 했습니다, 됐습니다'로 쓰고 있다. 서술격 조사 '이다'에서 모음 아래 '이'의 생략은 절대적이다.

방송 언어는 많은 정보를 짧은 시간에 전달해야 하는 부담감 때문에 음운의 경우는 축약이나 생략의 과정을 거쳐 줄일 수 있다. 그러나 의미를 알아듣기 어려울 정도로 어휘를 생략해서는 안 된다.

7) 수사학적으로 담백한 문체이다

보도 방송 언어는 화려하거나 열변을 토하는 웅변조의 문장이 아니고, 관형어나 부사어를 많이 쓰면서 절이나 구가 중첩되는 긴 문장이어서는 더욱 곤란하다. 문체론의 면에서 방송 언어의 특성을 말한다면 우아한 품격을 지닌 우유체이며, 화려한 표현을 절제하는 평면체이고, 많은 부사어나 관형어를 절제하는 간결체이어야 한다.

8) 품위 있는 표현을 지향한다

방송 언어는 욕설이나 은어, 비어가 난무하는 시정잡배들의 말이 아니라, 교언영색을 멀리 했던 옛 선비들의 품격을 지니는 품위 있는 말이어야 한다. 사건 관계 기사일 경우 경찰의 발표문을 그대로 인용해서 기사화했을 때 특히 조심해야 한다.

9) 시청자 중심의 경어를 사용한다

방송은 경어로 시작해서 경어로 끝난다. 국어의 경어법에는 상대적으로 하대법이 분류돼 있으나, 좁은 의미에서의 방송 언어에서는 드라마를 제외하면 하대법이 없다. 그래서 방송 언어의 경어법은 최고의 경어를 사용하고, 시청자를 의식한 경어, 문법에 맞는 경어, 정중한 자세로 경어를 사용해야 한다. 그리고 시청자를 의식한 경어를 써야 하기 때문에 비록 국가원수에게라도 지나친 경어나 경칭을 쓰지 않는다. 그래서 보도 방송 언어는 민주적인 경어로 돼 있다고 할 수 있다.

10) 전달이 잘 되는 쉬운 말을 쓴다

방송에서 쓰는 어휘는 신문에서 쓰는 어휘보다 쉬우면서 전달이 잘 되는 경우가 많다. 일부 신문에서는 아직도 '상오, 하오'로 쓰지만 방송에서는 '오전, 오후'로 쓰고 있다. '및'이라는 말도 방송에서는 '그리고, -와, -과, -나' 등으로 바꿔 쓰고 있다. 한자어인 '기타'라는 말도 '그 밖에'로 바꿔 쓰고 있다.

4-2. 라디오 언어의 특성

기술적인 면에서 라디오는 전달되는 표현이 소리로 제한되어 있다. 그러나 라디오를 매스 미디어로 바라볼 때, '제한된'이란 표현은 맞지 않는 것 같다. 라디오 방송의 제작자는 광범위한 소리를 선택하고, 선택된 소리를 라디오의 언어로 전환시킴으로써, 의미 있는 양식으로 바꾸기 때문이다.

또한 라디오 방송의 주요 자료는 방송인의 생생한 목소리이며, 이것은 라디오에 매스 미디어로서의 유일한 힘을 부여한다. 라디오 언어는 다음과 같이 세 가지로 나뉜다.

1) 말

라디오에서 가장 중요한 것으로, 말은 정보와 생각을 소리의 효과 도움 없이 전달할 수 있다. 라디오는 말의 특성을 과장한다. 사실에 관한 간단한 의사소통에서는 문자보다 약점이 많지만, 말의 특성이 잘 드러나는 드라마에서는 이점이 많다.

2) 소리의 효과(음악 포함)

소리의 효과는 음악의 형태, 자연적인 소리의 형태 그리고 전기적인 소리의 형태를 취할 수 있다. 이들은 실제의 장면이나 상상의 장면을 생생하게 재현하는 것을 돕는다. 소리의 효과는 제작자들이 이야기를 전달할 때, 낱말의 역할을 한다. 예를 들어, 문을 쾅하고 닫은 뒤에 뒤따르는 발걸음의 소리는 어떤 일정한 정보를 전달하는 낱말이다. 일단 소리가 일련의 대화에 의하여 미리 전달되거나 뒤따르게 되면 그 "문장"은 완전하다. 우리는 누가 행동을 연기하는지, 그리고 왜 그렇게 하는지를 안다. 그리고 명확한 사진이 우리 마음의 눈에 형성된다. 소리의 효과는 또한 한 장면을 설정하거나 또는 분위기를 설정할 때 단어의 부분의 역할을 한다(음악에 의하여 종종 실행된 한 기능). 이들은 심지어 이야기의 인물이나 은유로서 여겨질 수 있다.

3) 침묵

침묵은 충분히 호기심을 유발하는 방송에서 중요한 요소이다. 침묵은 청취자의 상상력에 침묵이 작용하는 시간을 줌으로써 그 뒤에 뒤따르는 말들을 강조할 수 있다. 지속적으로 진행되는 소리는 단조롭다. 그러므로 침묵은 소리의 전체 양식에 리듬과 밸런스를 주는 것을 도와준다. 영화와 마찬가지로 라디오는 시간의 변용을 적극적으로 이용한다.

이것은 과거로의 회귀와 미래로의 상상을 자유로이 사용하게 한다. 왜냐하면, 이것은 각 개개인 청취자들의 상상력에 직접 호소하기 때문에, 이것은 또한 개인의 생각과 상상적인 대화의 표현을 선호한다. 예를 들어, 큰 소리로 언급되는 한 인물의 비밀스런 생각은 연극의

'독백'에서보다 방송 드라마에서 설득력이 훨씬 더 있다.

5. 방송 언어의 문제점

5-1. 내용의 문제

1) 선정성

주로 오락 프로그램에서 선정성의 정도가 날로 심해지고 있다. 가족 시간대에 심하게 노출된 여자 출연자들의 모습을 보여주는가 하면 성희롱의 표현이나 정도를 벗어난 '야한' 표현들이 많이 쓰이고 있다.

> (1) 여배우들 상태가 아주 괜찮습니다. 가서 제가 한번 탱탱한가 안 탱탱한가, 가슴 크네, 이휘재 씨는 함몰유두, 넌 가슴이 처져서 밑으로 내려갔잖아. 여자 가슴을 보는 것 같다, 출연자 중 누가 자위 행위로 고민했을까?, 특히 남자한테 중요한 허리 부분은 괜찮습니까?, 김혜수가 볼륨 있고 볼 게 많다, 그러면 방실이가 낫지 않냐?

2) 폭력성

요즘은 좀 나아졌지만 아직도 아침 드라마를 보면 싸우는 장면이 많이 나온다. 보통 싸우는 게 아니라 때로는 고래고래 악을 쓰며 싸운다. 가족끼리, 애인끼리, 친구끼리……. 저녁에도 드라마에서는 싸우는 장면을 쉽게 볼 수 있다. 이 장면에선 어김없이 폭력적인 언어가 쏟아진다. 머리끄덩이를 잡아채고 따귀를 올려 붙이는 것만이 폭력이 아니다. 이것도 엄연한 폭력인 셈이다.

> (2) a. "내 이 치부책을 나와 오라비들의 목숨을 구명하는 방패가 아니라 너희 두 놈을 '찍어내는' 창칼로 쓰려 함이다"(문정왕후).
>   b. "중전마마, 이 사람의 비수에 찔려 쓰러지기 전에는 결코 윤임이나 김안로의 손에 먼저 '찍혀져 나가시면' 아니 되옵니다"(경빈박씨).

위의 (2)는 SBS의 사극 '여인천하'에 나오는 대사의 하나다. 정적(政敵)을 제거하기 위해 숨막히는 두뇌싸움을 펼치는 장면에서 자주 쓰는 대사가 '찍어내다'이다. '제거하다', '숙청하다' 정도의 뜻을 갖는데 등장인물들이 한결같이 서로를 향해 이런 무시무시한 말을 내뱉는다. 이밖에 '도려내다', '파버리다', '뼈를 갈아 마셔도 시원찮을 년'과 같은 폭력적인 언어들이 거침없이 나온다.

우리 드라마의 표현방식은 너무나 단선적이고 거칠며 위험하다. 아마도 끝간 데 없이 몰아치는 시청률 경쟁이 이런 결과를 가져왔을 것이다. 드라마의 주제·갈등을 언어 또는 물리적인 폭력으로 풀어내는 해법에 우리는 익숙해져 있고, 거기서 얻는 집단적 카타르시스가 시청률의 보장으로 이어진다.

미디어 효과이론 중에 '계발(啓發)효과 이론'이란 것이 있다. 장기간 텔레비전에 접촉한 사람은 현실세계에 대한 인식도 텔레비전식으로 한다는 것이 그 요체다. 이 이론은 주로 텔레비전의 폭력 문제에서 출발해 이것이 시청자들의 사회적 인식에 미치는 영향을 분석하고 있다.

툭하면 고성이 오가는 드라마를 매일 봐야 하는 한국의 시청자들은, 특히 아이들은 우리의 가족관계에 대해, 또 우리의 사회에 대해 알게 모르게 텔레비전식으로 인식하게 될까 봐 걱정이다.

3) 경박성

텔레비전의 이야기쇼에는 연예인들의 경박한 말장난만 넘쳐나고 있고 '참을 수 없이 가벼운 말들의 성찬'이란 비판이 잇따른다. 개그맨들이 진행을 독차지하는 이야기쇼는 비속어나 인격 비하 언어, 반말로 인해 도마에 오른다. '남희석의 색다른 밤'은 "놀고들 있네", "그러고도 니가 사람이냐" 같은 막말로 물의를 빚은 끝에 여성민우회 미디어 운동본부가 뽑은 '2000 최악의 방송 프로그램'에 선정되기도 했다.

이야기쇼의 주요 시청자는 20~40대 여성이다. 자연히 그들이 관심을 갖는 연예 스타 인터뷰나 자질구레한 소문이 단골 메뉴로 오른다.

미국의 방송 전문가 그래험 스콧 박사는 『토크쇼, 그 힘과 영향』이란 책에서 "토크쇼는 18세기 커피하우스에서 사람들이 모여 그날의 이슈를 논의하던 것에서 비롯됐다"고 했다. 하지만 우리 토크쇼에는 '수다'만 넘쳐날 뿐 '정보'는 없다.

하지만 방송사 입장에서 토크쇼는 '보배' 같은 존재다. 진행자와 초대손님 출연료 정도만 주면 싼값에 비교적 높은 시청률을 손쉽게 올릴 수 있어서다. 때문에 '서세원 쇼'는 공영방송 KBS에서조차 적당히 눈을 감아 주는 '성역'이다.

KBS 2TV의 '서세원쇼'가 인기를 끌자 다른 방송의 이야기쇼들도 이 프로그램의 틀을 덩달아 따라 하면서 '안방극장의 경박함'을 더욱 부추기고 있다. 이러한 경박성은 오늘의 사회·문화적 현상을 반영하는 것이겠지만, 문제는 방송의 경박성이 다시 사회·문화적 현상에

투영되어 확대 재생산된다는 데에 있다. 신중함과 가벼움, 느림과 빠름 따위는 양면적인 것이지만, 사색적이고 진지한 삶의 자세가 인간의 근원적 존재의미를 깨닫는 데에 효과적인 것만은 확실하기 때문이다.

4) 지방색 조장

드라마, 코미디 프로그램 등에서 특정 방언들을 지나치게 희화화하는 일도 문제로 대두된다. 방언을 이용해 시청자들의 웃음을 조장하는 것은 자칫 특정 방언에 대해 부정적 이미지를 무의식적으로 심어줄 수 있으며, 청소년들이 흉내내서 하다 보면 언어 습관화로 되어버릴 수 있다.

> (3) a. 돌리 도(돌려 줘)
> b. 우째 이런 일이
> c. 팍 쎄려뿐다
> d. 갱제가 어려워

5-2. 표현의 문제

1) 발음의 문제

인쇄술의 발명과 이에 따른 독서의 확산이 각 언어의 맞춤법의 표준화를 촉진했다면, 방송의 시작은 바로 각 언어의 표준발음의 문제를 제기했다. 그러므로 어느 나라든 20세기 초까지는 표준발음이라는 개념이 거의 없었다고 할 수 있다.[19]

우리 나라는 일찍이 1933년에 한글 맞춤법 통일안이 나와 언어 규범의 통일을 보게 됐고, 이후 거의 60여 년 만인 1988년 1월에 한글 맞춤법과 표준어 규정을 개정하여 고시했는데, 표준어 규정 중에 표준 발음법을 제정하여 우리말 발음의 국가 관리 체계가 마련됐다.

(1) 모음

우선 모음을 보면 규정상 현대 국어의 모음은 'ㅣ, ㅔ, ㅐ, ㅏ, ㅚ, ㅟ, ㅓ, ㅡ, ㅗ, ㅜ'의 열 개인 것으로 되어 있지만, 현재 실제로 쓰이고 있는 모음은 이와는 거리가 있다. 방언에 따라서는 'ㅔ'와 'ㅐ', 'ㅡ'와 'ㅓ'의 대립이 없고 'ㅚ, ㅟ'를 이중모음으로 발음하여 단모음이 6개밖에 없는 지역도 있다. 이런 현상이 방송 언어에서도 그대로 적용되고 있다.

① 'ㅓ'와 'ㅡ', 'ㅏ'와 'ㅐ'를 구별하지 못한다.

'ㅡ'와 'ㅓ'를 구별하지 못해서 '그러나'를 [거러나]라고 하고 '으름장'을 [어럼짱]이라고 발음하는 실수는 경상도 출신을 제외한 모든 국민들에게 곧바로 지적되는 예들이다.

    (1) a. 길더래요[길드래요]

       b. 했더래요[해뜨래요]

       c. 정말[증말]

       d. 같아요[가태요]

       e. 몇시[메씨]

       f. 맡기다[매끼다]

---

19) 김상준(2001), "한국어의 발음과 낭독 지도법" - 매체 활용 · 우리말을 살리는 국어 교육에 수록됨 -, 2001년 전국국어교사모임 충청 · 호남권 여름 연수자료집, 참고.

② 'ㅔ'와 'ㅐ', 'ㅚ'와 'ㅟ'를 구별하지 못한다.

젊은 세대들은 'ㅐ'와 'ㅔ'의 구별에 어려움을 겪고 있으며, 'ㅚ'와 'ㅟ'도 대부분 이중모음으로 발음하고 있다. 이러한 현실은 방송 언어에도 그대로 반영되고 있어서 방송인들 가운데는 출신지역이 어디냐에 따라 발음할 수 있는 모음체계가 다르고, 세대에 따라서도 모음체계가 차이가 있다. 그 결과 뉴스를 진행하는 전문 방송인들도 '제출'을 [재출]로, '거래'를 [거레]로 발음하곤 한다.

또한 단모음으로 발음해야 하는 'ㅚ'와 'ㅟ'를 이중모음의 [ㅞ] 또는 [ㅙ]로 발음해서 '그 외에'를 [그 웨에]라고 발음하고, '죄송합니다'를 [줴송함미다]라고까지 잘못 발음하는 경우도 실제 있다.

③ [ㅗ], [ㅛ]로 발음해야 할 때 [ㅓ], [ㅕ]에 가깝게 발음하는 사람들이 많다.

남희석, 이영자와 같은 개그맨은 '있어요'를 [있어여]로, '성공했죠'를 [성공했져], '이쁘네요'를 [이쁘네여]라고 발음하고 있다.

(2) 자음

자음의 경우는 음소 자체의 발음과 관련된 문제들보다는, 음운 과정에 관련된 문제들이 눈에 뜬다. 국어의 자음목록이 다양하여 두 자음이 함께 올 때의 발음이 항상 고민의 대상이 되기 때문이다.

① 된소리 발음을 많이 사용한다.

자주 지적을 받으면서도 가장 고쳐지지 않는 발음의 실수는 바로 경음화 현상이다. 젊은 세대일수록 예사소리로 발음해야 할 때에 된소리로 발음하는 경향이 많다.

방송 언어에서도 이러한 경향이 많이 나타난다.

(2) a. 좀전에[쫌전에]

b. 사납군요〔싸납구뇨〕

c. bus〔뻐스〕

d. 골밑〔꼴밑〕

e. 점프〔쩜쁘〕

f. 사나이〔싸나이〕

g. 조그맣고〔쪼끄마코〕

h. 구부리고〔꾸부리고〕

i. 바나나〔빠나나〕

j. 배터리〔빳데리〕

k. 게임〔께임〕

l. 졸병〔쫄병〕

m. 지금〔지끔〕

② 받침의 'ㅈ, ㅊ, ㅌ'을 잘못 발음하는 경향이 있다.

'밭끝을'은〔받끄틀〕이라고 발음해야 하는데〔발끄츨〕이라고 발음하는가 하면 아나운서조차 '볕을'을〔벼틀〕이라고 발음하지 않고〔벼츨〕이라고 발음하고 있다.

③ 어간말 자음군을 제대로 발음하지 못하고 있다.

'겁이 나요'를〔거비나요〕라고 발음하지 않고〔겁시나요〕라고 발음하거나, '닭에'를〔달게〕라고 발음하지 않고〔다게〕라고 발음한다.

④ 자음첨가 및 음운 탈락이나 활음 탈락 현상도 눈에 띈다.

'흐르다'를〔흘르다〕로, '전야제'를〔전냐제〕로 발음하는 자음첨가나 '저희가'를〔저이가〕로, '해볼까'를〔해보까〕로 발음하는 음운 탈락, 그리고 '과장된'을〔가장된〕으로, '실화'를〔시라〕로 발음하는 활음 탈락 현상들 모두 잘못된 발음의 예이다.

(3) 표준 발음의 예

① 받침 'ㅎ'의 발음

(3) 각하-[가카] ○ 　　　　　[가가] ×

　　생각했다-[생각캗따] ○ 　　[생각갣따] ×

　　입학-[이팍] ○ 　　　　　[이박] ×

　　맏형-[마텽] ○ 　　　　　[마뎡] ×

② 자음받침의 연음

(4) 꽃을-[꼬츨] ○ 　　　　　[꼬슬] ×

　　부엌이-[부어키] ○ 　　　[부어기] ×

　　밭에-[바테] ○ 　　　　　[바세, 바데] ×

　　무릎에-[무르페] ○ 　　　[무르베] ×

③ 겹받침의 연음

(5) 넋이-[넉씨] ○ 　　　　　[너기] ×

　　곬이-[골씨] ○ 　　　　　[고리] ×

　　닭을-[달글] ○ 　　　　　[다글] ×

　　값을-[갑쓸] ○ 　　　　　[가블] ×

④ 받침 뒤에 모음으로 된 실질 형태소가 올 경우

(6) 맛있다[마딛따/마싣따]

　　값어치-[가버치] ○ 　　　[갑서치] ×

멋있다[머딛따/머싣따]
값있는-[가빈는]○   [갑씬는]×

⑤ 소리의 동화로 달라지는 발음

(7) 담력[담:녁]
    항로[항:노]
    의견난-[의:견난]○   [의:결란]×
    막론[망논]
    십리[심니]
    생산량-[생산냥]○   [생살량]×
    난로[날:로]
    공권력-[공꿘녁]○   [공꿜력]×
    광한루-[광:할루]○   [광:한누]×
    이원론[이:원논]○   [이:월론]×
    대관령-[대괄령]○   [대:관녕]×
    논리-[놀리]○   [논리]×

⑥ 잘못 발음하기 쉬운 자음동화

(8) 감기-[감:기]○   [강:기]×
    꽃밭-[꼳빧]○   [꼽빧]×
    옷감-[온깜]○   [옥깜]×
    꽃길-[꼳낄]○   [꼭낄]×
    있고-[읻꼬]○   [익꼬]×
    문법-[문뻡]○   [뭄뻡]×

184

젖먹이-[전머기]○　　　　〔점머기〕×

선물-[선:물]○　　　　　〔섬:물〕×

⑦ 경음으로 소리나는 말

(9) 갈등〔갈뚱〕　　　　말살〔말쌀〕

문고리〔문꼬리〕　　　눈동자〔눈똥자〕

불소〔불쏘〕　　　　　몰상식〔몰쌍식〕

신바람〔신빠람〕　　　산새〔산쌔〕

불세출〔불쎼출〕　　　만날 사람〔만날 싸람〕

잠자리〔잠짜리〕(잠을 자는 자리)

⑧ 소리가 첨가되는 말

(10) 솜이불-[솜:니불]○　　　〔소:미불〕×

영업용-[영엄뇽]○　　　〔영어봉〕×

막일-[망닐]○　　　　　〔마길〕×

식용유-[시굥뉴]○　　　〔시굥유〕×

맨입-[맨닙]○　　　　　〔매닙〕×

서울역-[서울력]○　　　〔서우력〕×

내복약-[내:봉냑]○　　　〔내:보갹〕×

휘발유-[휘발류]○　　　〔휘바류〕×

색연필-[생년필]○　　　〔새견필〕×

옷입다-[온닙따]○　　　〔오딥따〕×

늑막염-[능망념]○　　　〔능마겸〕×

잘입다-[잘립따]○　　　〔자립따〕×

2) 어휘의 문제

(1) 비표준어의 사용
방송에서는 비표준어를 쓰지 말아야 하는데, 실상은 그렇지 못하다. 아래에 예만 든다.

(11) a. 풍지박산(풍비박산)

b. 새앙쥐(생쥐)

c. 맨날(만날)

d. 티각태각(티격태격)

e. 목이 메이는(목이 메는)

f. 되겠구만(되겠구먼)

g. 헤매이는(헤매는)

h. 삐지고(삐치고)

i. 임마(인마)

j. 담은(담근) 김치

k. 양발(양말)

l. 언능(얼른)

m. 놀래키다(놀래다)

n. 얼로(어디로)

o. 심(힘)

(2) 외래어·외국어 남용
방송에서 외래어나 외국어가 남용되고 있다는 것은 다 아는 사실이다. '오락', '예비교육', '심상', '등단', '갈래' 등으로 표현할 수 있는 것을 '레크리에이션', '오리엔테이션', '이미지', '데뷔', '장르'

등으로 쓰는 것은 큰 문제이다.

최근 들어 서양 문물의 수입이 가속되면서 갖가지 외국말들이 우리 사회의 곳곳을 파고들고 있다. 이런 상황에 때를 맞추어 '국제화'와 '세계화'의 바람까지 불면서 방송에서는 외국말을 사용하는 것이 오히려 당연한 일이라는 엉뚱한 생각까지 갖게 된 듯하다. 그래서 익숙한 우리말이 있거나 얼마든지 번역이 가능한데도, 방송에서는 이를 무시하고 지나치게 외국말을 쓰고 있다.

(3) 외래어·외국어 제목의 실태

① 외래어만을 사용한 방송 제목들

(12) a. 쥬얼리 퍼스트 클래스, 월컴 투 코리아, 스톡보드, 스페셜 TV 컨설팅, 리얼 코리아, 스페셜 아카데미, 머니 센스, 무비 월드, 파워 선데이, 스포츠 와이드, 와이드 저널, 팝 뮤직스타, 파워 잉글리시, 시네 타운, 시네 월드, 원더풀 투나잇, 파워 인터뷰

    b. All that Music, Let's go English.

② 우리 나라 말로 된 방송 프로그램 제목

(13) a. 멋진 만남(해석 남녀, 청춘의 찜, 진실의 손), 기분 좋은 밤, 행복찾기, 좋은 세상 만들기(SBS)

    b. 나의 사랑 나의 가족, 나의 꿈 나의 도전, 노래하는 우체국, 열린 음악회(KBS 1TV)

    c. 칭찬합시다, 일요일 일요일 밤에, 푸른 세상 만들기, 고향은 지금(MBC)

    d. 좋은 아침입니다, 누룽지 선생과 감자 일곱 개, 연예가 중계, 사

랑의 가족, 일요특강 나의 영농 체험, 라디오의 상쾌한 아침, 가요 산책, 아름다운 이 아침, 음악 노시(KBS 2TV)

③ 우리말로 바꾸어 본 표현들

(14) a. 한국판 철갑상어의 풀 스토리(모든 것).
   〈SBS 생방송 모닝 와이드 3부 세상을 만나자 : 조수희 리포터〉
   b. 고의가 아니었다는 제스처죠(몸짓이죠)?
   〈KBS 스포츠 프로축구 슈퍼컵 : 이상철 해실위원〉
   c. 슈팅 타이밍을(슈팅할 시간을) 뺏긴 거죠.
   〈KBS 스포츠 프로축구 슈퍼컵 : 이상철 해설위원〉
   d. 찬스 메이킹의(기회를 잘 만드는) 히카르도와 안드레 선수
   〈KBS 스포츠 프로축구 슈퍼컵 : 이상철 해설위원〉
   e. 가격이 비싼 만큼 주유소에서 메리트를(혜택을) 줘야 손님이 오거든요. 〈MBC 뉴스 데스크 : 자막〉
   f. 애니콜배 프로농구에서 슈퍼 루키 이규섭의 삼성이(거물 신인 이규섭이 맹활약한 삼성이), 〈KBS 1TV 9시 뉴스 : 김현태 기자〉
   g. 아주 적절할 때 커팅 플레이를(가로채기를) 잘 이루어(해) 줬어요. 〈SBS 스포츠 2001 프로농구 : 신동파 해설위원〉
   h. 무조건 재미있고 쇼킹하게(충격적이게)
   〈MBC 생방송 모닝 스페셜 : 성우〉

(4) 일본식 한자어

우리는 일상 대화에서 일본어를 자주 쓴다. '오뎅', '곤조', '다라이', '마호병', '사시미', '쓰끼다시', '사꾸라' 등은 일상에서 흔히 쓰는 순 일본말이다. 그러나 이런 말들을 방송에서 쓰는 일은 드물

다. 문제는 일본식 한자어 사용이다. 일본 한자말이 우리 사전에 나오는 단어들의 20~25%를 차지한다는 연구 결과도 있다.

① 일본식 한자어의 분류

㉠ 우리말로 쉽게 바꿔 쓸 수 있는 일본식 한자어

> (15) 우려(→걱정·염려), 납득(→이해), 식량(→양식·곡물·곡식), 수순(→절차·과정·차례)

㉡ 본래 있는 우리말을 쫓아낸 일본식 한자어

> (16) 입장(→처지·상황·방침·태도·형편), 역할(→노릇·일·몫)

㉢ 우리말로 쉽게 풀어 쓸 수 있는 일본식 한자어

> (17) 간과, 취급, 매도, 매도인, 품절, 기입, 회람, 식상, 고지, 견적, 매상

㉣ 일본 색채가 강한, 새로 도입한 말

> (18) 고수부지, 윤중, 물류, 전향적

(5) 비속어

방송 금기어이던 욕설과 비속어가 1990년대 이후로 방송에서 자주 쓰이고 있다. 이는 오락 프로그램에서 정도가 심한데 전문 방송인이 아닌 연예인이 출연할 때 더욱 빈번히 쓰인다. 연예인은 젊은 층의 우상이기에 무조건 흉내내기를 원하여 그 파급 효과가 크다.[20]

MBC '일요일 일요일 밤에' 진행자 이경규의 말 중 출연자들을 향한 "거지 같은 것들", "못해 먹겠네" 등 저질 언어의 사용은 시청사들에게 거부감을 심어 주기에 충분했다. SBS '두 남자 쇼'에서도 "저런 건 죽어야 돼", "너 왜 사니" 등 남을 깎아 내리거나 비난하는 말들이 난무한다. 아무리 장난으로 하는 말이라지만 듣는 사람으로서는 상당히 언짢을 수 있고, 시청자들에게 순간적인 재미를 줄지는 모르지만 언어 순화에 앞장서야 할 방송에서 이런 말을 한다는 것은 적합하지 않다. 재미만을 쫓아 억지웃음을 이끌어내는 현상이 빨리 없어져야 한다.[21] 이러한 잘못된 말을 초대손님은 물론이고 진행자까지 사용한다는 점에서 큰 문제다. 초대손님에게 존칭을 쓰지 않고 반말을 하거나 무시하는 발언을 하는 경우도 종종 드러나고 있다.

SBS 시트콤 '웬만해선 그들을 막을 수 없다'라는 극중에서 아이들에게 "싸가지가 없다"라든가 "쳐먹어", "열라" 등의 비속어가 많이 사용되고 있다. 시트콤은 가족 단위로 많이 보는데 이러한 폭력적이고 저급한 속어를 쓴다는 것 자체가 잘못되었다. SBS 홈페이지 게시판을 보면 이 프로그램에서 쓰는 언어에 대해 많은 사람들이 문제점을 지적하고 있었다.

SBS '장미의 이름'에서도 진행자가 출연자들에게 "눈이 맞았어여", "한번 쏘시져", "웃기구 앉아 있네" 등의 잘못된 방송 언어를 사

20) 다음은 요즘 학생들이 자주 쓰는 비속어의 예를 나열한 것이다.
대갈통, 작살날 준비하세요, 저 지지배, 떵까떵까하네, 몰래 꼰질러, 내가 족쳐 버릴 거야, 싸가지가 없어, 골 띵해지는 거, 밥맛 없어하는 타입이야, 짜리몽땅해서, 너 잘났어, 자식, 이 계집애가, 이 인간아, 야 임마, 새끼, 미련 곰탱이, 난쟁이 똥자루, 웬수, 지랄하고 자빠졌네, 여편네, 개뿔, 멋대가리, 개기다, 씹어대다, 화끈하다, 끝내 주다, 뺑까다, 방방 뜨다, 꼬부치다, 꼬시다, 맛 죽어 준다, 열받는다, 골 때린다, 밝힌다 밝힌다 해도 저렇게 밝히는 애 처음 봤어, '영계'도 감사한데 순진하기까지, 뒤에서 보면 똥꼬 낀 바지, 똥싼 바지도 못 봐주지만 똥꼬 낀 바지는 진짜 못 봐준다. 그것도 뒤에만 먹으면 괜찮은데 앞뒤 다 먹었다. 교장인지 나발인지 나만 씹어, 자빠져 자, 저런 사람 출연하지 말라고 해, 개 코나 당신 코나, 나이 많아서 좋겠다, 이년아, 야 임마, 뒤에 있는 놈이, 근데 이 자식이, 이년아 너는 이런 거 사다 줘 보기라도 했어?
21) 아래 사례들은 각 방송사 홈페이지 시청자 게시판에서 참고하여 내 생각을 덧붙이거나 TV를 보면서 발견한 사례들이다.

용하였다. 어느 방송국이건 오락 프로그램에서는 거의 진행자나 출연자들이 저급한 비속어나 은어를 자주 사용하고 있다는 것을 알 수 있다.

그 밖의 예는 다음과 같다.

(19) a. 여학생을 찍은 거예요(선택함을 뜻함)

　　b. 뻥치지 마('거짓말하지 마'의 뜻임)

　　c. 소설들이 먹히는 게 아닌가('소설들이 읽힌다'는 뜻임)

　　d. 뚱땡아!('뚱보'를 낮잡아 이르는 말임)

　　e. 저금리 시대 예금 금리는 칼같이(어김없이) 내리는 우리 은행, 보험사들이 고객을 대하는 서비스 수준입니다. 〈SBS 8시 뉴스 : 고희경 기자〉

　　f. 제가 또 한 힘 하거든요(힘이 세거든요). 〈SBS 생방송 모닝 와이드 3부 세상을 만나자 : 윤희영 리포터〉

(6) 유행어, 은어, 신조어

쇼, 연예, 음악방송 등에서 새로 생긴 말이 방송을 타게 되면 그 파급 효과는 상상할 수 없을 정도로 크다. 은어나 유행어를 모르면 젊은 층에서는 따돌림을 당한다는 느낌이 들기 때문에 그것을 모방하려는 욕구는 더욱더 커서 언어의 오염은 급속도로 전파될 수밖에 없다.

(20) 캡이다, 왕따, 따봉, 오 마이 갓, 오 예, 잘 돼야 할 텐데, 잘 먹고 잘 살아, 왜 사니 왜 살아, 싹쓸이, 푼수, 빠떼루 먹이다, 어쭈그리, 앗사르비아, 롱다리, 숏다리, 뽕가다, 니 맘대로 하세요, 왕 짜증나, 쏜다, 당근이지, 쭉쭉빵빵, 번개(통신상에서 대화하다 만나는

것), 방가방가(반갑다), 폭탄, 썰렁하다, 죽음이다, 캡 좋다, 울트라 캡션, 나이스 짱이다

(7) 적절하지 않은 어휘

(21) a. 감독의 전술 변화가 틀려질(달라질) 수가 있습니다.
〈KBS 스포츠 프로축구 슈퍼컵〉

b. 이때 불 조정을(조절을) 잘해 줘야 한다고 해요.
〈MBC 생방송 모닝 스페셜〉

c. 두 학년이 한 반에서(교실에서) 공부를 하게 되는데요.
〈MBC 생방송 모닝 스페셜〉

d. 학교 앞 밭에서 달래도 따고(캐고) 냉이도 따고(캐고) 이런다는데. 〈MBC 생방송 모닝 스페셜〉

e. 전혀(절대) 발견돼서는 안 되는 물질이지만 검사 결과 엄청난 양이 발견됐습니다. 〈MBC 뉴스 데스크〉

f. 현지 시간(시각) 5일 오전 9시 20분 〈MBC 뉴스 데스크〉

g. 인간 복제는 자연을 거슬리는(거스르는) 행위입니다.
〈KBS 1TV 9시 뉴스 : 자막〉

(8) 극단적이고 과장된 표현

우리 나라의 방송은 최상급, 강렬한 언어, 극단적 표현, 지나치게 과장하는 표현 등을 버릇처럼 사용한다. 지극히 좋은 것을 지극히 좋다 하고 지극히 나쁜 것을 지극히 나쁘다고 하는 것이야 당연하지만, 조금만 나쁘면 한없이 나쁘다고 하고, 조금만 좋으면 끝없이 좋다고 하는 데는 큰 문제가 있다. 그렇게 되면 제법 나쁘거나 적당히 좋은 경우가 존재하지 않게 되며, 결국 이 세상은 흑과 백의 두 색깔만 존

재하는 곳이 되고 만다. 과장 표현에 중독되었는지 정작 2001년 '9·11 테러'의 뉴스 제목에 '미국 사상 최악의 테러 대참사'란 표현에도 그 참상이 실감나지 않았다.

① 과장의 백미 : 최고, 최초, 최대, 최상

> (22) 최악의 취업난, 청년실업 대란, 한국 포경수술 세계 최고, 올해 마지막 동시분양 최대 인파 몰려, 우리 시대 최고의 시인으로 불리워 온 미당 서정주 작고, 금세기 최악의 홍수, 세기말 최대 재앙, 박세리 금세기 마지막 여왕, 맥빠진 세기 대결, 인간 유전자 실험용 쥐 세계 최초 개발, 한국 최초 초음속 항공기 첫선, 김병현 한국인 최초 세이브, 사상 첫 원격수술, 댐 저수율 준공 이후 최악, 적조현상 사상 최대 피해 우려, 취업난 사상 최악, IMF 때보다 심해, 수출 '사상 최악'의 감소세, 방글라데시 최악 테러 발생, 세계 최대 규모의 조각상, 기상 관측 사상 최악의 가뭄, 홍역 급속 확산, 최악 사태 우려, 최악의 토네이도, 소비자 체감경기 사상 최악, 오존층 파괴 최악, 마의 고속도로 최악의 운전문화, 독일 최악의 고속열차 사고

② 지나친 일반화 : "다 그렇다"

방송에서는 '하나의 예로 일반화할 수는 없지만 2~3개의 자료만 모으면 일반화할 수 있다'고 생각하는 것 같다. '추세'나 '경향'을 보도하는 기사 중에서 4개 이상의 사례를 다루는 기사는 찾아 보기 힘들다.

> (23) a. 이것이 우리 ○○의 현주소입니다
> b. 모든 국민들의 한결같은 바램입니다.

③ 파국(catastrophe)식 방송 언어 : 빅뱅, 대란, 전쟁

(24) 미 우편대란 민심이 흉흉하다

앵커 : 탄저 테러로 미국에서는 우편업무가 전면 마비되는 것이 아
니냐는 우려가 나오고 있습니다. 부시 대통령은 오늘 탄저 테러를
또 하나의 전쟁으로 선언했지만 미국 정부는 아직 뚜렷한 대책을
내놓지 못하고 있습니다. 워싱턴의 최재현 특파원이 보도합니다.
〈KBS 9시 뉴스 2001. 10. 25.〉

④ 한자 수식어를 이용한 습관적 과장법
㉠ 동사에는 '폭(暴), 급(急), 혈(血), 참(慘), 사(死), 강(强)'을 붙임

(25) 프랑스 폭염 맹위, 프로축구 빗속 혈전, 英 군대 동원 구제역과 사
투, 일본에 참패, 에티오피아-에리트리아 격전 난민 급증, 아시아·
유럽 증시 폭락, 주가 사상 최대 폭락, 동부지역 강타

㉡ 명사에는 '대(大)'를 붙임

(26) 하위팀들 대반란의 날, 대탕평책, 주가 대폭락, 바이러스 대란, 뉴
욕증시 대폭락

㉢ 형용사에는 '극(極), 최(最)'를 붙임

(27) 가뭄피해 극심, 최악의 황사, 도덕성 최악, 사상 최대 경기부양, 최
악의 소비 위축, 사상 최악 피해

② 과장을 과장하는 '초(超)'와 '극(極)'

    (28) 초대현안(超大懸案), 달러 초강세, 일본열도 초비상, 허리케인 초
        비상, 극성, 극심, 극단적

⑤ 상투적인 과장법 : 총체적, 구조적, 전면, 대폭, 전격

    (29) 총체적 대학입시 부정, 정치권의 총체적 개혁이 필요, 구조적 문
        제, 구조적 부조리, 구조적 비리

⑥ 이분법과 극단화

    (30) 전화 한 통화로 완벽한 대답을 제공, 열악한 교육환경, 열악한 근
        로 조건, 열악한 시설

⑦ 극단적 표현의 부작용

  방송 언어가 극단화하면 여러 가지 부작용이 생겨난다. 방송이 사용하는 말은 알게 모르게 일반인들 사이에 번져 나가기 마련이다. 특히 극단적 언어는 다른 말들보다 더 빠르게 일반화할 가능성이 있다. 극단적 언어는 강렬하기 때문에 의사 표현을 확실하게 해주고, 설득력도 높아 보인다. 그래서 자기 주장이 강한 현대인은 이런 언어를 아주 매력적으로 느낄 가능성이 높다.

  게다가 우리 나라 사람들은 다혈질적이고 쉽게 흥분하는 경향이 있다. 극단적 표현은 이러한 한국인의 성격과도 비교적 잘 맞아 떨어지는 편이어서, 방송이 앞장서서 사용하는 한, 극단적 언어는 쉽게 일반 대중에게 퍼져 나갈 것이다.

극단적 언어가 일반화하면 언어 선택의 폭이 좁아지고, 사람들의 사고방식이 양극화하며, 언어의 의미가 고갈되는 부작용이 생겨난다.

첫째, 극단적 언어가 보편화하면 중간어가 사라지고 천장 효과와 지하실 효과가 생겨나서 언어 선택의 폭이 좁아진다. 극단적 언어는 강렬하기 때문에 양극단의 중간에 끼여 있는 말보다 설득력이 높아 보인다. 그래서 '악화가 양화를 구축' 하듯이 극단어가 중간어를 구축하게 되고, 그러다 보면 결국 중간어는 사라져 버리고 만다. 천장 효과(ceiling effect)란 조금 좋은 일에 자꾸 '극단적으로 좋다' 는 표현을 사용하면, 그 일보다 더 좋은 일이 생겨도 같은 표현을 쓸 수밖에 없는 현상을 가리킨다. 지하실 효과(basement effect)는 조금 나쁜 것을 자꾸 '극단적으로 나쁘다' 고 하게 되면 정말 나쁜 일이 발생했을 때는 이를 차등화할 표현을 찾지 못하는 현상을 가리킨다. 천장 효과와 지하실 효과는 근본적으로 같은 현상인데, 어중간한 일에 극단적 표현을 사용하면 막상 극단적 현상이 생겨났을 때는 이를 표현할 적절한 말이 없다는 사실을 강조하는 것이다.

둘째, 극단적 언어의 남용은 국민들의 사고를 양극화시켜 흑백논리가 사회를 지배하게 한다. 앞에서 자세하게 설명하였듯이 언어는 사용자의 사고방식에 큰 영향을 미친다. 언어가 중간어 없이 천장어와 지하실어의 양극단으로 나뉘면, 사람들은 현상을 '흑 아니면 백', '모 아니면 도' 식으로 나누어 놓는 이분법적 사고에 빠져들게 된다. 그렇게 되면 '완벽' 하게 좋은 것이 아니면 '열악' 한 것이요, '돌발사건' 이 아니면 '구조적 문제' 이며, '단순한 문제' 가 아니면 '총체적 문제' 가 되는 것이다.

셋째, 자꾸 극단적인 말을 쓰게 되면 그 말의 의미가 점점 퇴색하는 '의미고갈 현상' 이 생겨난다. 말의 의미는 그 말 자체에 붙어 있는 것이 아니라 사람들의 사용방식에 따라 결정되는 것이다. 즉, '그 말로 무엇을 가리키려 하는가' 하는 사용자들의 의도에 따라 결정되는 것이다. 따라서 의미는 불변하는 것이 아니라 그 사용방식이나 지칭 대상이 바뀜에 따라 항상 변한다.

극단에 이르지 않은 현상을 과장하기 위해 극단적 언어를 사용하면 그 극단적 언어의 극단적인 의미는 쇠퇴하기 마련이다. 의미가 쇠퇴하자 더욱 덜 극단적인 현상에까지 사용하게 되고, 이런 과정이 반복되면 극단적 표현이 갖고 있던 원래 의미는 거의 사라지고, 결국에는 습관처럼 사용하는 공허한 말이 되고 만다.

이렇게 극단적인 의미를 가졌던 말들이 더 이상 그 의미를 갖지 못하게 되면, 사람들은 기존의 극단적 언어보다 더 강렬하고 더 극단적인 언어를 찾아내야 한다. 그러나 극단적인 표현보다 더 극단적인 표현을 찾는 것은 쉬운 일이 아니며, 설사 더 극단적인 언어를 찾는다 해도 얼마 후에는 이 언어도 결국은 그 의미를 잃고 말 것이다.

⑧ 특정 집단의 관점을 옹호하는 표현

보통 사람들이 흔히 쓰는 말이 있는데도 사회 각 집단은 때때로 다른 말을 만들어 사용한다. 범죄집단의 은어, 학자들의 전문용어(jargon) 등이 대표적인 예다. 그러나 은어나 전문용어 같은 특수언어 외에도 특정집단이 특별한 경우에 사용하기 위해 만든 말들이 많다. 예를 들어, 학교에서 교사가 학생을 매로 다스리는 '체벌'을 교사들은 '사랑의 매'라고 한다. 체벌이 문제가 되는 경우 자신들의 행위를 정당화하기 위해 만들어낸 말이다. 반대로 자기 자식이 심한 체벌을 받아 화가 난 학부모들은 체벌한 교사를 '폭력교사'라고 부른다. 자식을 때린 교사를 궁지로 몰아넣기 위해 만들어낸 말이다. 이런 말들은 대부분 현실을 자신에게 유리하도록 재구성하기 위해 만들어낸 것이기 때문에 객관성이 결여되어 있으며, 이념적으로 정당하지 못하다. 또 특성 집단만 집중적으로 사용하기 때문에 보편성도 낮다. 따라서 이런 말을 방송이 그대로 받아 쓰는 것은 문제가 있다.

ㄱ 정리가 필요한 '아전인수' 언어

(31) '뇌물' 대 '떡값', 재야의 '민중' 대 정부의 '공권력', '날치기' 대 '실력저지', '명예 혁명' 대 '양심선언', '국민정서' 대 '여론재판', '하얀 사람' 대 '검은 사람'

ㄴ 청와대의 관점을 채택하는 표현

(32) 마녀사냥, 햇볕정책, 포용정책, 상명하복, 기강해이

(9) 권위주의 표현

1992년 제14대 대통령 선거를 앞두고 우리 방송이 가장 즐겨 쓰던 말 중 하나가 '대권(大權)'이라는 말이다. '대권주자'니 '대선 후보'니 하는 말들이 연일 방송 뉴스에 등장하다 보니 보통 사람들도 정치 이야기만 하면 거침없이 '대권'이라는 말을 쓰게 되었다. 별뜻없이 쓴 말이라 할지라도 저항감이 가는 말이다.

그로부터 5년이 지난 1997년, 제15대 대통령 선거를 앞두고 일부 양식 있는 방송은 '대권'이란 말의 사용을 자제하였다. 큰 발전이라 할 수도 있다. 그러나 문제는 '대권'이라는 말 못지않게 권위주의적인 '용'이라는 말이 등장하기 시작하였다는 점이다. 대권을 향해 달리던 사람들이 5년 만에 용으로 승천하기라도 했다는 말인가? 말은 바뀌었지만 아직도 권위주의 정치 현실과 이를 비판 없이 수용하는 방송의 뒤떨어진 감각이 살아 있다.

우리 방송이 사용하는 권위주의 언어는 대부분 정치가나 고위 공직자들이 만들어낸 것이다. 대권이라는 말도 그렇고 '9룡' 이니 '8룡' 이니 하는 말도 그렇다. '사회지도층' 이란 말도 보통 사람들이 만들어 붙여 준 것이 아니라 소위 '잘 나가는 사람들' 이 스스로 붙인 이름이다.

지위가 높은 사람들에게는 민주화된 사회보다 권위주의 사회가 더 편리할 것이 틀림없다. 민주사회에서는 모든 사람이 근본적으로 평등하고, 각자가 그 사회의 중요한 구성원으로 대접받는다. 그러나 권위주의 사회에서는 사람의 신분과 지위에 차등을 두고, 지위가 높은 사람이 낮은 사람보다 더 중요하고 더 가치 있는 사람으로 대접받는다. 그러니 높은 사람들이 권위주의 사회를 좋아할 수밖에 없다.

권위주의 언어는 현실을 권위주의식으로 재구성한다. 사람의 높낮이를 갈라 놓고 높은 사람들이 더 중요한 사람들이라는 이념을 주입함으로써 권위주의적 현실을 '당연한 것' 으로 생각하도록 한다. 그래서 권위주의 언어는 높은 사람들에게 유리한 권위주의 사회를 고착시키는 결과를 낳는다.

① 왕정시대를 답습하는 표현

㉠권세 권(權)자

(33) 대권(대임), 징권(국임), 집권(현임), 당권(당임), 권력(통제력), 수권(수임)

㉡ 사당(私黨)체제의 주종관계를 반영하는 말들

(34) 가신, 상도동계, 동교동계, 무주공산(15대 대통령 후보가 없는 영남)

ⓒ 공무원을 왕정시대 관리에 비기는 말들

(35) 놀면서 국가의 녹을 먹지 말아야, 감독 관청인 교육부, 요즘은 관
청에 가면, 권부, 세리, 관리, 관청

② 정치인을 귀족화하는 언어
㉠ 정치인의 행위에 권위를 부여하는 말

(36) 하사금, 금일봉, 접견, 친서, 조찬, 기념식수

㉡ 아랫사람들의 행위를 낮추어 부르는 말

(37) 진언하다, 후보 간택

ⓒ 특별한 호칭

(38) 영부인, 영식, 영애, 통치권자, 통치권 행사

(10) 공식화한 표현
① 등식화한 표현
우리 방송은 공식화한 표현을 반복적으로 사용하고 있다. '부조리'
하면 '구조적'이라는 말이, '환경'하면 '열악'이, '행정'하면 '졸
속'이 공식처럼 따라 붙는다.

② 진부한 표현
오랫동안 공식처럼 써 왔기 때문에 이제는 특별한 의미를 가져다

주지 못하는 고루한 표현을 쓰는 경우도 적지않다. "안전에 대한 우리의 고질적인 무감각 증세를 보여준 사고", "마치 전쟁터를 방불케 하고", "폐허를 연상케 하고", "투기와 개발 열풍에 시달려 온", "행정 편의주의적 발상" 등은 많이 들어서 이제는 싫증난다.

(11) 어려운 한자말

방송은 자신에게 편리한 말보다는 시청자에게 익숙한 말을 써야 한다. 자신의 주요 시청자층이 누구인지를 파악하고 그들이 보통으로 쓰는 말과 표현, 그리고 그들에게 익숙한 문법과 묘사법을 찾아 써야 한다. 그래야 방송 언어가 '공중의 관용어(public idiom)'로 자리잡게 되는 것이다.

① 지식층도 쉽게 이해할 수 없는 말

(39) 내홍(內訌), 접점, 원려, 침하, 금명, 차제, 목도되다

② '유식한' 사람들이 쓰지만 순화해야 할 한자말

(40) 부연(덧붙이다), 다중 이용 시설(여러 사람이 이용하는 시설), 기능마비(고장)

③ 어려워서 엉터리로 쓰는 한자말

(41) 지양, 반증

'지양(止揚)'은 '어떤 것을 그 자체로서는 부정하면서도, 도리어 한층 더 높은 단계에서 이것을 살리는 일'이란 뜻을 지닌 헤겔의 변증

법 용어 'aufheben'을 일본 학자가 한자로 표현한 것이다(이수열, 1993). 추상적인 철학용어이므로 뜻을 쉽게 풀어 설명하기 어렵지만 적어도 단순히 '금지', '멀리 함'을 뜻하지는 않는다. 그런데도 방송을 비롯해 일상생활에서 '금지'나 '멀리 함'의 뜻으로 쓰인다. 위 기사에서도 지양이 단순히 '금지'의 뜻으로 쓰였다.

'반증(反證)'은 사실과 반대되는 증거라는 뜻이며, 법적으로는 상대방이 신청한 사실이나 본증을 반박하기 위한 증거라는 뜻으로도 쓰인다. 보기를 들면, "사건 현장에 철수가 없었다는 사실은 철수가 범인이라는 주장을 반증한다" 따위에 쓴다. 그런데 이 용어가 '입증하다'나 '방증하다'라고 써야 할 자리에 쓰인다. '방증(傍證)'은 원래 법률용어로서 '직접 증명하는 증거는 아니지만 주변 상황을 명백하게 하고, 이것을 굳힘으로써 간접적으로 증명하는 증거'라는 뜻이다. 기사에서 흔히 보이는 '반증'은 대부분 '방증'이나 '입증'으로 바꿔 써야 할 것들이다.

3) 방송 문장의 문제

(1) 조사가 잘못 쓰인 것

(42) a. 거기에 또 최선을 다한다는(다한다고) 팬들에게 약속을 하는 그런 경기거든요. 〈KBS 스포츠 프로축구 슈퍼컵〉

b. 그런 모습이(모습을) 오늘도 보실 수 있습니다.
〈KBS 스포츠 프로축구 슈퍼컵〉

c. 매달 3일과 8일, 장을(장이) 섭니다. 〈KBS 1TV 6시 내 고향〉

d. 목포로(를) 출발해 인천으로 가던 중이었습니다.
〈SBS 8시 뉴스〉

e. 어제 홍제동에서 소방관 여섯 명의(여섯 명이) 목숨을 잃었지만 골목길 불법 주차는 오늘도 계속되고 있습니다. 〈KBS 1TV 9시 뉴스〉

f. 북한이 미국에 대해 비난한 것은, 관계 개선이 되지 않았을 때 그 책임이 미국에게(에) 있다는 것을 분명히 하기 위한 전술이 었다는 분석도 나오고 있습니다. 〈MBC 뉴스〉

g. 유족들에(에게) 보훈 혜택 〈MBC 뉴스 데스크 : 자막〉

h. 사랑의 마음을 담은 노래들(가) 각박한 세태에 생명을 구하는 힘이 되고 있습니다. 〈KBS 1TV 9시 뉴스〉

i. 소설 『태백산맥』을 읽어 본 사람들은 벌교 사투리를(가) 가장 인상적이라고 합니다. 〈KBS 1TV 6시 내 고향〉

j. 오늘 카메라 출동은(에서는) 경남 김해시의 한 사찰을 고발합니다. 〈MBC 뉴스 데스크〉

k. 지난해 사월 이곳에서 대규모 위락시설의 기공식에(이) 요란하게 치뤄졌습니다(치러졌습니다). 〈KBS 1TV 9시 뉴스〉

l. 그런 반칙은 이번 시즌에서(에는) 그라운드에서(경기장에서) 보이지 않았으면 좋겠습니다. 〈KBS 스포츠 프로축구 슈퍼컵〉

m. 호프 선수의(가) 득점을 할[헐] 수 있는 상황을 놓치기(놓쳤기) 때문에요. 〈SBS 스포츠 2001 프로농구〉

n. 이게 바로 참숯과 향토가(를) 섞어서 만든 것이고요. 〈KBS 1TV 6시 내 고향〉

(2) 어미가 잘못 쓰인 것

(43) a. 근데, 더러 힘든다고(힘들다고) 판단한 하영이, 잠시 딴청을 피워 봅니다마는. 〈MBC 생방송 모닝 스페셜〉

b. 내가 질세냐(질쏘냐) 하는 식으로 말이죠.
〈MBC 월드컵 여자 골프〉

c. 더구나 불이 난 주택은 벽돌로 지어진 30년이 넘는(넘은) 낡은 건물. 〈KBS 1TV 9시 뉴스〉

d. 밤하늘을 바라보는 일은 만만치 않을(은) 일이죠.
〈KBS 1TV 6시 내 고향〉

e. 우리 시청자 분들은 재주 있으시는(있으신) 거 같아요.
〈MBC 생방송 모닝 스페셜〉

f. 참 신기했네요(신기하네요)? 숯으로 돌을 만들고.
〈KBS 1TV 6시 내 고향〉

g. 하영이랑 콩이랑 꼭 노는 거 같으네요(같네요).
〈MBC 생방송 모닝 스페셜〉

h. 어린 시절 냇가에서 고기잡이하는(던) 것마냥(처럼) 숭어잡이에 시간 가는 줄 몰랐는데요. 〈MBC 생방송 모닝 스페셜〉

i. 그렇다면 때타월이 없을(없었을) 때는 과연 어떻게 때를 밀었을까? 〈MBC 생방송 모닝 스페셜〉

(3) 주어와 술어가 호응이 안 되는 것

문장을 구성하는 성분인 주어, 서술어, 목적어들은 서로 앞뒤가 맞아야 한다. 성분간의 연결이 어색하거나 어느 한 성분이 빠지면, 문장의 구성은 물론 문장 전체의 의미도 어색해지기 마련이다. 특히 주어와 서술어는 문장의 두 기둥으로서 한쪽이 부르면 다른 한쪽이 화답하는 관계에 있다. 말하자면 둘이 서로 호응하면서 한 문장을 이룬다. 흔히 '주술의 호응'이라 줄여 부른다.

그런데 일상 언어에서 이 주술의 호응을 깨뜨려 세련되지 못하고 어색한 문장을 만드는 경우가 많다. 예를 들면 주어는 있는데 그 짝이 될 서술어가 아예 없거나. 무엇인가 서술어가 될 만한 내용은 있어도 군더더기 말이 덧붙어 결과적으로 적절한 서술어가 없게 되는 경우가 이에 속한다.

(44) 김 대통령은 특히 스미스 GM 회장을 따로 만나 대우차 인수를 권유했고 한국 정부에 지원을 약속했습니다.
　→ 김 대통령은 특히 스미스 GM 회장을 따로 만나 대우차 인수를 권유했고 스미스 GM 회장은 한국 정부에 지원을 약속했습니다. 〈KBS 1TV 9시 뉴스〉

(44)에서 '약속했다'란 서술어와 호응할 수 있는 주어(스미스 GM 회장은)가 없다.

(45) 오늘 인질극은, 2교시 수업 중이던 오전 10시 20분쯤 3학년 5반 교실에 지씨가 흉기를 갖고 들어오자 학생들이 뒷문으로 탈출했고 여고생 4명과 교사가 탈출에 실패해 범인과 6시간 여 동안 교실에 남아 있었습니다.
　→ 오늘 인질극은, 2교시 수업 중이던 오전 10시 20분쯤 3학년 5반 교실에 지씨가 흉기를 갖고 들어오자 학생들이 뒷문으로 탈출했으나 여고생 4명과 교사가 탈출에 실패해 범인과 6시간 여 동안 교실에 남아 있게 되면서 벌어졌습니다. 〈MBC 뉴스〉

(45)에서는 '인질극'에 대한 서술어(벌어졌습니다)가 없다. 앞절의 내용과 뒷절의 내용이 서로 다르므로, 연결어미 '-으나'(탈출했으나)를 사용해서 연결해 주는 것이 자연스럽다.

(4) 성분 사이의 호응이 잘못된 것

(46) a. 고등어와 명태값의 상승은(값이 상승한 것은) 지난해 어황 부진
에 따라서 재고량이 감소한 데다 올해 러시아 명태 어획 쿼터량
이 줄어들고 최근에 고등어 어획고가 급격히 줄고 있기 때문입
니다. 〈MBC 뉴스〉

b. 그만큼 심판들이 올 시즌에는 잘 보겠다는 어떤 다짐이죠(심판
을 잘 보겠다는 다짐을 한 것이죠).
〈KBS 스포츠 프로축구 슈퍼컵〉

c. 봄 향기를 좀 느껴지셨어요(느끼셨어요)?
〈KBS 1TV 6시 내 고향〉

d. 어제만큼 이제, 퍼팅에 자신감이 떨어지거든요(생기지 않거든
요). 〈MBC 월드컵 여자 골프〉

e. 이곳 안동분들은요, 상어, 조기, 간고등어, 꼭 제사상에 올라간
답니다(올린답니다). 〈KBS 1TV 6시 내 고향〉

(5) 수식 구성이 잘못된 것

(47) a. 베이지색 코트와 짙은(짙은 색) 바지로 멋스럽게
〈MBC 뉴스 데스크〉

b. 김대중 대통령은 오늘, 최근(최근에) 불거진 의료보험(건강보
험) 재정 악화 문제 등을 면밀히 검토해서 이에 대한 종합적인
대책을 세우라고 이한동 총리에게 지시했습니다. 〈MBC 뉴스〉

c. 이번 황사는 지난 1월 올 들어(올해 들어) 처음 황사 현상이 관
측된 이후 지난 3일과 4일에 이어 올 들어(올해 들어) 벌써 엿새
째 관측된 황사입니다. 〈KBS 1TV 9시 뉴스〉

d. 특히 화재가 났던(화재 현장을 지켜 봤던) 홍제동 주민들은, 절박했던 구조 현장에서의 기억이 되살아나 더욱 안타까워했습니다. 〈MBC 뉴스 데스크〉

(6) 접속 구성이 잘못된 것

(48) a. 강력반에서는 피해자인 여대생과 (가해자인) 사채업자가 조사를 받고 있었는데요, 두 사람의 진술은 계속 엇갈리고 있었습니다. 〈MBC 생방송 모닝 스페셜〉

b. 도덕성을 갖춘 강대국의 길로 방향을 바꾸기까지는 많은 시간과 (시간이 필요하고) 우여곡절이 필요할(있을) 것으로 보입니다. 〈SBS 8시 뉴스〉

c. 정부는 숨진 소방관들을 훈장 추서와 함께 일 계급 특진하고(소방관들에게 훈장을 추서하고 일 계급 특진시키고) 국립묘지에 안장하기로 했습니다. 〈SBS 8시 뉴스〉

d. 천만 원이 넘는 치료비뿐 아니라(치료비가 천만 원이 넘는 데에다) 근무를 하지 못하기 때문에 월급마저 칠십만 원이 깎였습니다. 〈MBC 뉴스 데스크〉

e. 심한 황사로 결막염이나 비염 등 호흡기 질환, 피부병 환자들이 (결막염 등 안과 질환이나 비염 등 호흡기 질환, 피부과 질환 환자들이) 크게 늘고 있습니다. 〈MBC 뉴스 데스크〉

(7) 사동법·피동법의 오용

(49) a. 3개월 숙성시킨다(숙성한다)
〈SBS 네트워크 현장! 고향이 보인다 : 자막〉

b. 55 대 52, 역전시킨(역전한) 수원 삼성.

〈SBS 스포츠 2001 프로농구〉

c. 네 가지 악기를 완벽하게 조화시켜(조화해) 우리 장단의 매력을 마음껏 발산시킵니다(발산합니다). 〈KBS 1TV 9시 뉴스〉

d. 때의 긴장과 당선의 기쁨은 노화를 지연시킨다고도(지연한다고도) 합니다. 〈KBS 1TV 9시 뉴스〉

e. 현 정권 들어 영남 30.4%, 호남 26.8%로 인구 비례에 맞춰지는 (맞는) 수준으로 나타났다고 인사위 측이 밝혔습니다.

〈MBC 뉴스〉

f. 반면에 카리 웹은 또 호조를 띠우고(띠고) 있고요.

〈MBC 월드컵 여자 골프〉

4) 자막 언어의 문제

우리는 문자의 홍수 속에 살고 있다. 자의든 타의든 무수한 정보를 통신이나 인쇄매체 등을 통해 문자로 접하게 된다. 요즘은 텔레비전까지 자막을 통해 문자 정보를 쏟아내고 있다.

1999년부터 MBC방송사를 시작으로 청각장애인과 외국인을 위한 캡션 방송을 실시하고 있다. 또 몇 년 전부터 문자방송을 서비스하고 있어서 청각장애인을 위해선 무엇보다 좋은 일이라 할 수 있겠다. 그 취지는 더 많은 이들에게 공공의 서비스인 공중파 방송의 역할을 효율적으로 전달하겠다는 것이다.

영화나 드라마에서도 자막이 다양하게 활용된다. 무성영화를 보면 영화 중간중간에 자막이 오르는 것을 발견할 수 있다. 이런 자막을 통해서 스토리의 진행을 보여주는 것이다. 요즈음 '엽기적인 그녀' 처럼 '전반전', '후반전', '연장전' 등의 자막을 통해 보여주기도 하고,

어떤 것은 좀더 구체적인 자막을 통해 상황을 좀더 쉽게 이해하도록 하기도 한다. 보여주거나 상황을 설명하기는 어렵고 알리기는 해야겠고 할 때 장소나 시간 등을 자막으로 처리하는 것도 그런 방법 중의 하나다. '고양이를 부탁해'를 보면 휴대폰 문자 메시지 내용이 화면에 뜬다. 이것도 자막을 통한 스토리의 진행에 해당된다.[22]

그러나 최근 각 방송사들이 무분별하게 방송자막을 사용하고 있어 우려를 낳고 있다. 현재 방송사들의 많은 프로그램에선 외국 프로그램을 모방한 수많은 문자들이 화면을 가득 채우고 있다. 화려한 조명과 요란한 장치, 선정적인 차림의 출연자로 현란하기 그지없는 토크쇼 프로그램에 화려한 묘기를 선보이는 그래픽과 자막이 어느 날부턴가 증가하기 시작했고, 현재는 자막공해라는 비판을 피할 수 없는 지경에 이르렀다.

과연 자막이 정보 전달의 역할을 잘 수행하고 있는가? 혹 자막이 방송 언어로 부적절하지 않는가? 올바른 국어 사용에 부정적 역할을 하고 있지는 않은가? 선정적이지는 않은가? 등에 대한 의혹을 떨칠 수 없다.

효과적인 정보 전달을 위한 자막 삽입에 대해서는 긍정적인 측면이 있으나 문제는 무분별하게 넘쳐나는 자막이 공중파를 통해 시청자들에게 전달되면서 부정적인 결과를 초래한다는 것이다.[23]

이에 '바른 언론을 위한 시민연합'의 방송 모니터팀이 방송사별로 주말 저녁시간대 쇼 프로그램과 심야시간대 토크쇼 프로그램을 선택하여 방송자막에 대해 모니터한 결과[24]를 중심으로 자막 언어의 문제점을 살펴본다.

---

22) 양수련(2002), "시나리오 맛보기" 중 '시퀀스(Sequence)에 대한 이해' 참고.
　　http://www.koreafilm.co.kr/press/sceanario_set2.htm
23) 주철환(2001), "꼬리에 꼬리 무는 자막, 공해수준", 중앙일보 2000년 12월 4일자, 참고.

1) 불필요한 자막이 너무 많다. 특히 대화 전체가 자막 처리되는 경우도 많다.

1999년 1월 30일 방송된 '서세원의 좋은 세상 만들기'는 580회 이상의 자막이 등장하였다. 다음의 〈표1〉에서처럼 많은 프로그램이 이야기쇼의 진행자와 출연자의 말 전체를 무분별하게 자막으로 처리하고 있어 TV를 볼 때 시각적 혼란을 가중시킨다.

〈표1〉

프로그램	자막	실제 내용
서세원쇼	서세원쇼 아름다운 밤이 시작했습니다. 미국에는 '오프라쇼'가 있지만 한국에는 우리 정서에 맞는 쇼가 있습니다. 그것은 바로 서세원쇼입니다.	서세원쇼 아름다운 밤이 열렸습니다. 미국에는 오프라쇼 데이빗 레터맨 같은 굉장히 유명한 쇼가 많지만 한국에는 한국인의 정서에 맞는 쇼가 있습니다. 바로 서세원쇼입니다.

2) 이야기 프로그램 등에서 벌어지는 인격이나 인권 침해가 자막을 통해 강화된다.

이야기 프로그램이 시청자에게 웃음을 주기 위해 오락성을 띠는 것은 당연하다. 요즘처럼 생활고에 시달려 웃을 일이 드문 때 텔레비전

---

24) 바른언론을 위한 시민연합(1999), "프로그램의 넘쳐나는 자막", 주말 저녁시간대 쇼 프로그램과 심야 토크쇼 자막 모니터 보고서 참고. 모니터 기간 : 1999년 1월 25일~1999년 1월 31일, 모니터 대상 프로그램 : ① MBC 일요일 일요일 밤에(1월 31일), 21세기 위원회(1월 26일), ② KBS 2TV 서세원쇼 아름다운 밤(1월 26일), 자유선언(1월 30일), ③ SBS 김혜수 플러스유(1월 27일), 서세원의 좋은 세상 만들기(1월 30일).
http://mediawatch. or. kr/Data/2_Monitor/Reports/0200TalkShaw. htm.

을 보면서 잠시나마 웃을 수 있다면 이야기쇼는 제 구실을 다하고 있다고 생각할 수 있다. 이야기쇼 출연자들은 시청자를 웃기기 위해 무던히 애쓰고 있다. 그들은 기꺼이 자신을 웃음거리로 만든다. 시청자는 그 프로그램을 보며 웃음거리가 된 사람보다 우월하다는 '보상심리'를 갖게 된다. 여러 가지 압박에 시달리는 시청자에게 스트레스를 풀 기회를 주기도 한다. 그러나 그 정도가 지나치다. 그 동안 여러 차례 비판을 받았는데도 고쳐지기는커녕 최근엔 더욱 심해지고 있다. 여기에 한몫 거드는 게 바로 자막과 그래픽 처리이다. 다음의 〈표2〉에서처럼 출연자의 실수를 강조하기 위하여 자막의 문자 크기를 키우거나 색깔을 달리하여 그래픽으로 처리하고 있다. 이야기쇼에서 대화로 이루어지는 인격, 인권 침해가 문자로 보여지면서 시청자들은 청각과 시각을 통해 이중으로 인식하게 된다.

〈표2〉

프로그램	자막	상황	비고
일요일 일요일 밤에	◇ 둘 중에 누가 더 예뻐? ◇ 과연 승리는? ◇ "찬민"이 쟁취야 승리!	코너 진행자가 영재에게 진행자의 멘트와 함께 자막으로	출연자가 어리더라도 진행자는 출연자에 반말을 써서는 안 된다. 그런데 자막까지 반말로 처리함
토요 스타클럽	◇ 나 형광등인가 봐 ◇ 조금 느려 가지고 ◇ 이쁘고 볼 일이야	출연자와 이성미의 농담 중	프로그램의 품위를 떨어뜨리는 대화를 반말로 그대로 표현함

많은 시청자가 이와 같은 가학적인 내용을 담은 자막언어에 노출되어 있다. 텔레비전에서 벌어지는 인격 모독이나 인권 침해가 대인관계에서도 별 거리낌없이 그대로 적용된다는 데 문제가 있다. 은연중 시청자의 삶에도 악영향을 끼치게 된다. 특히 어린이나 청소년들에게 미칠 악영향은 간과해서는 안 된다.

3) 방송 문자로서 정확성이 떨어지며 품위를 떨어뜨린다.

이야기쇼 진행자의 다듬어지지 않은 말투도 문제다. 특히 진행자의 반말투와 고압적 어투는 늘 지적 사항이다. 프로그램 진행자의 자격을 갖추지 못한 비전문인을 상업적인 목적으로만 기용하는 데서 비롯된 문제이다. 특히 〈표3〉에서처럼 방송에서의 반말이나 저속한 표현, 비표준어 사용의 문제는 심각하다. 거기다 출연자의 말을 그대로 자막으로 옮기는 것은 더욱 문제다.

〈표3〉

프로그램	자막	상황
일요일 일요일 밤에	◇ 김국진 입에 주목하세요 (객석으로 튀었음)↘ 무안한 국진 구강구조상(?)	김국진이 답을 말하기 전에 자막으로 답을 말하다 침이 튀자 김국진의 발음의 부정확함에 대해
좋은 친구들	◇ 4번…… 흠 있었잖아 ◇ 다리…… 추운데 ◇ 장난 아니잖아, 다리 쫘악~	여학생이 짧은 치마를 입고 춤을 춘 뒤 남학생들의 평가 내용

또 다른 문제는 자막 언어를 통하여 품위를 떨어뜨린다는 것이다. '서세원쇼'에서는 '닭대가리'를 '닭○○○'으로 자막 처리하여 시청자에게 뭔가 자극적 의미를 내포하고 있는 듯한 인상을 줌으로써 프로그램을 저속하고 가볍게 이끌어 간다.

4) 국어의 올바른 사용에 부성적 영향을 미친다.

자막에서의 국어 오용이 사회적인 문제가 되고 있다. 무분별한 외래어 사용과 어법에 맞지 않는 표현 따위로 우리말이 손상되고 있다. 방송에서는 바른 국어 생활을 해치는 어조 및 비속어, 은어 등을 써서는 안 되고, 사투리나 외국어, 외래어도 신중하게 써야 한다는 방송 규정이 있는데도 이야기 프로그램에서는 이를 무시하고 있다. 그 가운데 외래어와 외국어의 무분별한 사용이 가장 심각한 문제이다.

모든 프로그램 이름과 프로그램을 이루는 각 꼭지 이름이 국적을 알 수 없는 언어로 만들어져 있고, 그것이 문자로 나타나고 있다. 특히 서세원쇼는 '토크박스', '실루엣 토크' 등처럼 모든 꼭지의 이름이 외래어 범벅이다.

〈표4〉

프로그램	자막
21세기 위원회	◇ 아우토반을 달리는 토크 감별사 표영호
서세원쇼	◇ 혼났DAY 등 ◇ 국민과의 토크 ◇ 토크쇼의 새로운 밀레니엄을 연다. 21C 토크쇼의 전형, 서세원쇼의 쇼 토크박스, 토크왕 타이틀을 놓고 벌이는 ……

〈표4〉에서처럼 외국어, 외래어 사용의 문제는 진행자와 출연자의 대화에도 많이 나타난다. 그들의 대화를 그대로 자막으로 표현하는 것은 교육면에서 악영향을 미친다. 주말 저녁은 주로 청소년이나 어린이가 시청하는 때인데, 청소년의 문화를 선도해야 할 프로그램에서 외국어와 외래어가 남용되고, 어법이 파괴된 자막언어는 올바른 국어 사용에 해를 끼친다.

문장부호의 오용도 모든 프로그램에서 나타나는 현상이다. 또한 사투리를 그대로 자막 처리하는 문제점도 간과할 수 없다. 사투리를 단순히 웃음거리로 보여준다. 대화 내용을 정확히 전달하기 위해서라면 대화 전체보다는 각 사투리에 대응하는 표준어를 자막으로 처리하는 것이 바람직하다.

5) 자막이 시청자의 관심을 끄는 도구로 전락한다.

텔레비전 방송에서 3초 안에 시청자의 관심을 끌지 못하면 시청자는 채널을 돌린다. 그렇기 때문에 프로그램 진행 중에 자막을 삽입하여 변덕스러운(?) 시청자의 마음을 사로잡아야 한다. 출연자들이 열심히 연기하고 시청자를 웃기려고 노력하는 순간에도 자막을 통해서 시청자에게 호소하는 것이다. 그러나 너무 잘하려다 보니 방송 출연자보다 자막이 앞서 갈 때도 있다. 실제 방송되는 상황에 앞서 자막이 나타나 시청자가 웃음을 강요당하기도 한다는 것이다. 시청자는 의도하지 않아도 자막이나 그래픽이 이끄는 대로 따르게 되고 프로그램 진행과 별개의 상황에 집중하게 된다. 이 점 또한 이야기 프로그램 자막의 문제점이다.

214

〈표5〉

프로그램	자막	상황	비고
서세원쇼	◇ 에로 영화에 출연할 생각은? ◇ '에'가 맞음 혹시 애로 (수고)가 많은 영화(?) ◇ 으~악!	◇ 채시라 씨 애로 영화에 출연할 생각은 없으세요? ◇ 애로 영화래요…… 애로 ◇ 아무 말도 할 수 없어서 으~악 하고 탁 끊었다.	· 대화 내용과 단절된 흥미 위주 · 상황에 흥미 유발을 위해 어휘를 부각, 시청자가 그것에 집중하게 한다.
21세기 위원회	◇ 회사 간부용 구두(?)	◇ 20세기 승객의 구두 클로즈업	· 관련 없는 내용에 집중하게 함
토요 스타클럽	◇ ✓	◇ 출연자의 눈의 움직임	· 클로즈업해서 눈가를 그래픽으로 강조

6) 자막이 상황의 이해를 돕기도 하지만 대부분 감정 이입을 방해한다.

요즘 이야기 프로그램을 보면 구성이나 편집이 깔끔한 경우가 드물다. 프로그램 제작자가 주로 화면을 뒤덮는 자막에 의지하다 보니 자연스레 그렇게 된 듯하다. 자막이 시청자의 상상력이나 판단력을 원천봉쇄하는 실정이다. 특히 드라마가 진지한 국면에 접어들 때 화면 밑으로 글자가 줄지어 지나가면 화면 속의 배우는 울고 있어도 시청자는 이미 글자의 홍수에 정서가 떠내려가 버린다.

7) 자막의 남발은 프로그램의 해외 수출에 나쁜 영향을 미친다.

방송 프로그램 해외 판매를 담당하는 아리랑TV 관계자에 따르면 외국 바이어들이 계약을 맺기 전 자막 삽입 여부를 꼭 묻는다고 한다. 지저분하고 어지러워 보이는 데다 화면에 보이는 뻔한 상황을 굳이 자막으로 넣는 이유가 뭐냐고 반문한다는 것이다.

모든 것이 시청률 때문이다. '시청률 압박을 많이 받는 PD일수록 자막 의존도가 높다'는 현역 프로듀서의 석사논문까지 나와 있다. 프로듀서들은 3행시처럼 공허한 내용이라도 자막이 시청자의 눈길을 잡아 준다고 믿고 있고, 카메라맨들은 자막을 예상해 앵글을 잡는다고 한다. 일부 신세대들은 이를 '재치있고 재미있다'고 생각하는 모양이다. '과유불급(過猶不及)'이란 말이 있듯이 넘치는 건 효율적이지 않을 뿐 아니라 역효과를 낸다. 자막은 꼭 필요할 때 써야 하고 이왕에 쓰려거든 제대로 써야 한다. 도올 김용옥의 '노자와 21세기' 방송에서 보여주었던 훌륭한 자막 처리나 장애인을 위한 자막방송은 얼마나 유용한 것이었는가. 기분 좋게 화면에 몰입할 수 있도록 시청자를 배려해야 한다.

6. 방송 언어 문제점의 극복 방안

6-1. 방송인의 역할

많은 방송 출연자들은 '표준 발음법'에 어긋나게 발음한다. 바람직하지 못한 억양이나 알아듣지 못할 빠른 속도로 말하는 이도 있다. 또한 장음과 단음을 구분하지 못하고 잘못 발음하는 사례도 많다.

이렇듯 '표준 발음법'에 따라 정확히 발음하지 못하는 것은 출연자들이 '표준 발음법'을 모르거나 국어를 바르게 표현하려는 의식이 부족한 경우이다.

방송 출연자들의 어휘 사용이 갈수록 문제가 되고 있다. 은어, 비속어, 외국어, 혼종어 등의 나쁜 언어 습관이 그대로 반영되고 어법에 맞지 않는 문장을 구사하거나 지나치게 긴 문장을 사용하는 경우도 많다.

이런 잘못된 방송 언어 사용을 개선시키기 위해서는 각급 학교에서 발음 교육을 철저히 해야 한다. 특히 초등학교 교사는 시각 보조 자료를 이용해 조음법을 알려 주고 시범을 보인 뒤에 모든 학생이 정확히 발음할 수 있을 때까지 발음 훈련을 꾸준히 시켜야 한다.

방송사에서는 방송 언어 구사 능력을 지니고 있는 사람만 방송에 출연시켜야 한다. '방송 심의 규정'에 어긋나는 출연자에게는 주의를 주고 그래도 시정이 안 될 경우는 단호하게 출연 금지를 시켜야 한다. 방송인은 국어 교사라는 생각을 갖고 올바른 언어를 사용하기 위해서 꾸준히 노력해야 한다.

6-2. 방송의 표준 발음 교본 역할

우리 방송은 내국인뿐만 아니라 외국인이나 해외동포들도 많이 시청한다. 한국인 2세들의 한국어 교육을 위해서나 외국인을 위한 한국어 교육의 수요를 생각할 때 위성방송 시대의 공영방송은 표준 발음 교본으로서의 역할을 수행할 수 있어야 한다. 흩어져 있는 한민족을 통합한다는 사명으로 방송 프로그램이 진행이 되어야 한다.

6-3. 방송의 언어 교육 역할

방송은 학교 국어 교육을 위해서 '표준어 발음과 오용 발음 사례집'을 발행·배포하여 계몽한다거나 지방 방언권 교사들의 발음 연수를 기획한다거나 하여 학교 교육과 손잡고 나가는 방법도 모색해야 할 것이다.

아울러 국어 교육자들과 부모들도 학생들에게 텔레비전 금지와 같은 소극적, 수동적 자세로 임하기보다는 텔레비전 방송 언어의 문제점을 발견해서 비판하고 해결책을 생각할 수 있도록 적극적인 지도법을 개발해야 한다.

제4장 ● 통신 언어

1. 인터넷과 현대생활/2. 인터넷과 언어생활/3. 통신 언어의 개념 및 특성/4. 대화방 언어의 특성/5. 통신 언어의 문제점과 극복 방안

님의 침묵

한용운

님은 갔습니다.
아아 사랑하는 나의 님은 갔습니다.
푸른 산빛을 깨치고 단풍나무 숲을
향하여 난 적은 길을 걸어서 차마
떨치고 갔습니다.

황금의 꽃같이 굳고 빛나던 옛 맹세는
차디찬 티끌이 되어서 한숨의
미풍에 날아갔습니다.

날카로운 첫 키스의 추억은
나의 운명의 지침을 돌려 놓고
뒷걸음쳐서 사라졌습니다.
나는 향기로운 님의 말소리에 귀먹고
꽃다운 님의 얼굴에 눈멀었습니다.

(중략)

우리는 만날 때에 떠날 것을 염려하는
것과 같이 떠날 때에 다시 만날 것을
믿습니다.

아아 님은 갔지마는 나는 님을 보내지
아니하였습니다.
제 곡조를 못 이기는 사랑의 노래는
님의 침묵을 휩싸고 돕니다.

님아 잠수?

용우니^^*

님아 가써염.
~~~ ♡하는 니마가 가써염.
퍼시시한 산빛 쌩까고 단풍나무 숲을
향해 난 당근 지름길루 걸어서
씨버버리고 가써염.

빤짝 꽃가치 때꿍하고 빛나던 옛 맹세년
절라 차가운 구라가 되가지구 한숨의
미풍에 20000해써염.

날카론 첫 뻐뻐의 추억은
내 팔자 도움말 캡숑 바꺼넣코
뒷달리기로 텨 텨 텨 버려써여.
지는여 냄새 쌈빡한 니마의 말빨에 뻑가구
꽃가튼 니마의 얼굴땜시 _///_ 📧이랬져

(잠쉬)

우리는 벙개때 찌져지는 걸 시러하는
거처럼 찌져질때 다시 벙개칠걸
미더염

흐미~~ 니마는 빠이해찌만 지는 니마를
열라 잠거이써여.
내 소리 카바 못 하넌 러부송은
니마의 잠수에 다굴 포즈로 도네염.

제4장 통신 언어

1. 인터넷과 현대생활

요즘에는 대여섯 살만 되도 컴퓨터를 능숙하게 다룰 줄 알고 한글을 깨치지 않은 아이들도 게임을 곧잘 한다. 컴퓨터와 함께 자란다고 할 수 있다.

최근 몇 년 사이 컴퓨터는 우리에게 없어서는 안 될 존재로 자리잡게 되었다. 며칠 동안 컴퓨터가 고장나거나 인터넷이 불통되면 안절부절 못 하다가 가까운 PC방에라도 찾아 나서야 직성이 풀리는 청소년이 늘고 있다.

인터넷의 사이버 문화는 특히 청소년에게 큰 영향을 미쳤다. 도심의 세 건물 중 하나는 PC방이라고 해도 지나치지 않을 정도이다. 예전에는 청소년을 위한 공간이 턱없이 부족하여 학교 주위나 집 주위를 맴돌던 청소년들이 PC방이라는 새로운 공간이 생기자 그들만의 문화를 구축하고 있다.

그러나 사이버 문화가 청소년들에게만 영향을 미친 것은 아니다. 기성세대늘도 사이버 분화를 적극적으로 받아들이고 활용한다. 그들 중 일부는 사이버 공간을 악용하거나 청소년처럼 컴퓨터에 중독되는 경우도 있다. 사이버 원조교제, 채팅 중독, 그로 인한 가정 파탄 등 여러 가지 문제가 생기고 있다.

　"하루라도 글을 읽지 않으면 입안에 가시가 돋는다." 이는 안중근 의사의 말이다. 그런데 이제는 "하루라도 인터넷을 하지 않으면 손가락에 가시가 돋는다"고 고쳐 말해야 할 판이다. 그래서 인터넷 중독증, 즉 '웨버홀리즘(Webaholism)'이란 말까지 생겨났다.

　뉴욕의 정신분석 전문의 이반 골드버그(Ivan K. Goldberg)가 1995년 인터넷 중독증의 자가진단 기준을 제시한 이후 여러 가지 기준이 나왔는데 이를 종합하면 다음과 같다.[25]

① 메일을 확인하기 전에는 다른 일이 손에 잡히지 않는다.
② 자판이 없는데도 손가락으로 두드리는 행동을 계속한다.
③ 매일 3시간 이상을 쉬지 않고 인터넷 여행을 한다.
④ 인터넷 때문에 잠을 못 자거나 식사를 거른 일이 자주 있다.
⑤ 인터넷을 하다가 수업을 빠뜨리거나 약속 시간에 늦는 일이 잦다.
⑥ 새로운 사이트를 찾아 나서는 게 거의 유일한 취미다.
⑦ 채팅 등 인터넷에서의 대인관계가 일상생활의 대인관계보다 훨씬 더 편하다.
⑧ 잠자리에 들었다가도 음란 사이트에 가보고 싶은 생각에 다시 일어난다.

---

25) 정진홍의 e컬처, 동아일보 2000년 5월 29일자 참고.

⑨ 자신의 홈페이지에 모든 시간과 노력을 투자해도 아깝다는 생각
   이 안 든다.

그러나 위에 든 증상 중 몇 가지가 나타난다고 해서 '인터넷 중독
증'이라고 속단할 필요는 없다. 몰입의 즐거움과 중독의 병리 현상은
그 경계가 모호하기 때문이다.

지금 미국에서는 날로 증가하고 있는 인터넷 사기 사건들이 큰 사
회 문제로 떠오르고 있다. 인터넷 사용 인구가 갑자기 늘면서 전자상
거래 규모도 덩달아 급팽창하게 되자 사이버상에서 악덕 사기꾼들의
사기행위가 잦아지고 있기 때문이다.[26]

이와 관련해 미국 뉴욕시 소비자보호국(DCA)은 최근 그 동안 발생
한 인터넷 사기를 유형별로 분류해 예방법을 안내한 '거짓말 웹'이라
는 제목의 소책자를 발간했다. 이 책자는 인터넷 사기가 일반 물품
구매는 물론 여행 등 서비스 상품 구매, 그리고 증권, 부동산 등 각종
투자에 이르기까지 매우 광범위하게 발생하고 있다고 지적하고 있
다. 미국의 이런 인터넷 사기는 인터넷의 역기능 문제가 심각함을 다
시 한번 깨닫게 해주고 있다.

인터넷의 역기능 문제는 국내에서도 이미 사회 문제로 대두되고 있
다. 특히 인터넷을 통한 사생활 침해는 인터넷의 엄청난 확장성 때문
에 때로는 개인에게 치명적인 피해를 주고 있다. 인터넷을 매개로 한
음란 퇴폐문화의 무차별적 확산은 청소년들은 물론 성인들에게도 성
도덕의 문란 현상을 가져와 일부에서는 가정이 파탄되는 지경에 이
르고 있다.

요즘도 게임이나 채팅을 하기 위해서 인터넷을 이용하는 경우가 훨

---

26) 주호석(2001), "눈부신 인터넷 보급률 역기능도 따져 봐야", 한겨레 2001년 7월 23일자 참고.

씬 많지만 점차 '자녀교육', '생활정보검색', '남에게 뒤처지지 않기 위해' 능 적극적인 복적의식에서 인터넷을 이용하는 경우가 많아지고 있어 그나마 다행이다:

2001년 말 현재 국내 7세 이상 인구 가운데 월 평균 한 번 이상 인터넷을 이용하는 사람은 모두 2,438만 명(56.6%)으로 2000년 말의 1,904만 명(44.7%)에서 1년 동안 534만 명(11.09%p) 늘었다. 하지만, 2001년 9월 조사와 비교해 보면, 단지 26만 명 증가에 그쳐 점차 인터넷 이용자수 증가율이 감소되고 있다.

1999년 이후 국내 인터넷 이용자 수의 폭발적 증가를 주도하던 중·고등·대학생의 이용률이 포화 상태에 이르렀으며, 2·30대 이용률도 일정 단계를 넘어 완만한 증가 추세에 접어들었기 때문으로 분석된다. 이와 같은 추세는 정보화 선진국인 미국, 노르웨이 등에서도 동일하게 나타나는 현상으로서, 이제는 정보화의 양적 보급뿐 아니라 활용의 질적 성장에도 관심을 가져야 한다는 시사점을 제시하는 것으로 판단된다.[27]

얼마 전 경제협력개발기구(OECD) 회원국 중 우리 나라가 초고속 인터넷 보급률 1위라는 소식이 전해진 데 이어 최근에는 우리 나라 인구의 절반이 인터넷을 이용하고 있다는 통계가 발표된 바 있다. 이들 통계는 우리 나라가 인터넷 보급에 있어서는 이미 선진국 수준임을 입증해 주는 수치들이다. 그러나 인터넷 보급 확산으로 발생하는 역기능들을 효율적으로 억제 또는 관리하지 못할 경우, 그러한 통계는 자랑스런 것이기보다 자칫 부끄러운 결과를 가져올 수도 있다는 사실을 간과해서는 안 될 것이다.

인터넷은 자기가 원하는 정보를 언제든지 쉽게 얻을 수 있고, 또 한

---

27) 한국인터넷정보센터(http://www. nic. or. kr) 2002년 1월 15일자 보고자료 참고.

꺼번에 많은 사람과 정보를 주고받을 수 있다는 점 때문에 이제 현대인에게 없어서는 안 될 중요한 매스 미디어가 되었다. 그런 만큼 인터넷이 현대인들에게 미치는 영향도 매우 크다. 특히, 국민들의 언어생활에 미치는 영향은 이제 그 어느 매스 미디어보다도 크다고 할 수 있다.

2. 인터넷과 언어생활

1990년대 컴퓨터의 보급과 함께 인터넷 통신의 발달로 우리는 온라인에서 영화 보기, 음악 감상, 게임 등의 취미 생활을 하며, 동호회에 들어 관심 분야의 정보를 공유하고 새로운 인간관계를 맺기도 한다. 이런 편리함 때문에 인터넷 사용자가 빠르게 늘고 있으며, 누구나 인터넷 통신으로 얘기를 주고받을 수 있는 시대가 되었다. 이제는 인터넷 통신만을 이용해서 대부분의 일상생활이 가능할 정도로 인터넷 통신은 우리 생활에 중요한 부분을 차지하고 있다.

컴퓨터와 인터넷 통신망의 급속한 발전으로 우리는 새로운 미디어 시대를 살아가고 있다. 이제는 가상공간, 가상현실이라는 말이 그다지 먼 개념으로 느껴지지 않는다. 인터넷이란 정보의 바다를 자유롭게 헤엄치며 온갖 정보를 받아들이고 재구성하는 네티즌이 21세기의 새로운 디지털 사회를 이끌고 있다.

인간은 자신들만이 가진 언어를 통해 의사소통을 한다. 인간의 가장 중요한 의사소통 수단인 언어는 사회적 약속으로 만들어지고, 그것을 사용하는 사회의 구성원에 의해 변화하고 소멸되기도 한다. 사회가 변하면 언어도 변하듯 언어와 사회는 밀접한 관계를 갖는다.

인터넷 통신으로 의사소통을 하면서 우리가 일상에서 쓰는 언어와는 다른 언어가 새롭게 등장하게 되었다. 이를 통신 언어라고 한다. 통신 언어는 전자우편을 보내거나 게시판에 글을 올릴 때 쓰기도 하고, 대화방에 들어가서 얘기를 나눌 때 쓰기도 한다.

통신 언어를 씀으로써 또래끼리의 친밀감이 더욱 커진다는 긍정적인 평가가 있는 반면에 소중한 우리말이 오염되고 있다는 비난까지, 통신 언어를 둘러싼 의견은 가지각색이다.

사회 변화에 따른 언어의 변화 역시 예견되었지만 변화의 폭이 예상을 뛰어넘는 것이어서 사회적인 문제로 떠오르게 된 것이다.

요즘 많은 언론 매체에서 인터넷 통신 언어의 위험성을 지적하였다. 사이버 공간에서 쓰이는 일탈된 신종 언어가 네티즌의 문화를 반영한다는 차원을 넘어서 거꾸로 그런 문화 자체가 실제 공간의 언어 체계를 왜곡시키거나 함몰시킬 수 있기 때문이다. 네티즌의 연령이 낮아지면서 그 우려는 더욱 커지고 있다.

특히 이러한 변화는 인터넷 대화방에서 두드러지게 나타나고 있다. 첩보원의 암호문 같은 글들이 게시판이나 대화방에서 마구잡이로 쓰이고 있다. 해독이 불가능할수록 신세대의 첨단 표현인 양 변형과 왜곡이 극단으로 치닫고 있다. 이러한 신세대의 언어 파괴 현상은 세대 간은 물론 또래끼리의 의사소통에도 장애를 일으키면서 사회적인 문제로 떠올랐다.

사이버 공간에서는 익명성이란 특성 때문에 기존의 강요된 어법을 파괴하고 싶은 유혹을 피할 수 없다. 또한 접근의 용이성, 동시성, 개방성이라는 인터넷 매체의 특성상 이런 언어 현상의 확산 속도가 매우 빠르다. 이러한 언어 변화가 대화방에서 그치는 것이 아니라 일상생활의 글에도 영향을 주고 있다.

집단 따돌림을 당하다 목숨을 끊은 어느 초등학생의 유서("경찰 아저씨, 개들이 저를 때렸어염")는 물론, 필통의 선전문구("드뎌 나왔슴돠

~")나 화장품 상품명[28]에 이르기까지 통신 언어는 이제 일상화되었다.

이미 초·중등학생들이 얼마나 한글 맞춤법과 어법이 잘 지켜지지 않는지 일기장만 봐도 금방 알 수 있다. 성인인 대학생의 보고서 역시 맞춤법이 엉망이다.

또한 요즘 여러 방송매체들이 청소년을 대상으로 한 프로그램에서 무분별하게 유행어, 속어, 외국어, 조잡한 유머를 남용하면서 말장난과 말의 경박화(輕薄化) 현상을 부추기고 있다. 한편 시청률을 의식한 방송에서는 청소년들의 통신 언어를 방송(특히 방송자막)에서 남용하면서 악순환을 고질화시키고 있다. 인터넷은 물론 방송 매체까지 거들면서 알 수 없는 줄임말, 이모티콘이 화면을 도배하고, 온갖 비어, 속어, 욕설 등이 일상의 말글살이를 위협하고 있는 것이다.

매체는 그 사회와 불가분의 관계가 있어 매체 고유의 특성만 나타내는 것이 아니라, 그 매체를 이용하는 사람의 인지구조나 의미 체계에도 영향을 미친다. 이런 점에서 인터넷 통신 언어는 통신 이용자만의 문제가 아니라 사회 전체의 문제인 것이다.

더구나 이제 청소년의 통신 언어 문제는 과거 컴퓨터 통신에서의 '효율적인 줄여 쓰기'의 수준을 넘어 기존의 멀쩡한 언어를 파괴하는 양상을 보이고 있다. 심지어 아래의 예처럼 한자와 특수문자까지 사용하여 일반인은 도저히 해석할 수 없는 지경에 이르렀다. 다음의 (1-2)는 어느 중학교 홈페이지 게시판에 실린 글이다. 원문(1)을 제시하고 1년 남짓 대화방 경험을 한 필자의 해석(2)을 덧붙인다.

(1) ⒩⒩납!!因九月패밀린궈 ⓡⒼ흙¿¿¿ 긍뒴 ⓒ데 ⒩. . 亞영ⓒ능흡 .

---

28) 화장품의 상품명인 '멜(me:ll)'의 경우는 'me(나에게)'와 ':ll(도돌이표)'를 결합한 형태로서 "나에게 돌아와"라는 뜻을 담았다.

. . . 서울뤄 던학乙 家흒 ! ! !ㅠ.ㅠ 흐흐흐 ㄱㄱㄱ☆ㅠ_ㅠ 어릴 탸 콰극 뎌웅 칭九들乙 ㈏느극 설릑 家흒 . . . . 굴애쉬 ⓒ귀 ⓣ릴㉯극 因 仁川女中까즬 와쒸흒 ! ! 亞영ⓒ 家능귀 ☆上관 없능귀능 亞능돼흒 글애득 ⓣ려듀九 쉬풔쉬흒 어릴 因仁川女中싁⑨들앜!! ㈏㈏납♡ ^
^*

(2) ㈏㈏납!!因(?) 9월 패밀린 거 알지요??? 근데 이제 나 아영이는 요... 서울로 전학을 가요!!! (ㅠ.ㅠ 흐흐흐 ㄱㄱㄱ ㅠ.ㅠ) 우리 착하 고 좋은 친구들을 놔두고 서울 가요……. 그래서 이거 일리려고 因 (?)인천여중까지 왔어요!! 아영이 가는 거 상관없는 거는 아는데요, 그래도 알려 주고 싶어서요. 우리 인천여중 식구들아!! ㈏㈏납♡ ^
^*(?)

　　이런 글을 올리는 청소년들의 생각은 어떨까? 다음의 (3-4)는 ‘다 음커뮤니케이션’의 ‘언어 파괴를 반대하는 사람들’이란 카페의 게시 판에 어느 중학교 1학년 학생이 올린 항의조의 글이다. 원문(3)과 해 석(4)을 함께 제시한다.

(3) 웱겍엎 쓰눅궤 웻납허혁? (제목)
　　쓰는겇 느ᅦ 뫔일직~*
　　긁읋 쓱던 웲 참격?
　　싉젝롯 썰멐눈 겄뎌 아늬꺾 오ᅦ 끄래혁?
　　앞틈 쓱떨찍 뭘떠찍 쌍꽃하띄 마때흅 –
　　욹 홬긁 어떠디거 이 긁띄가 욹놔롸 긁띄가 띄쓷쩌켸따
　　쪨 끼여뿐 끌씨 *^^*

228

(4) 외계어 쓰는 게 왜 나빠요?(제목)

　　쓰는 건 내 맘이지

　　글을 쓰든 웬 참견?

　　실제로 써먹는 것도 아니고 왜 그래요?

　　아무튼 쓰든지 말든지 상관하지 마세요.

　　우리 한글 없어지고 이 글씨가 우리 나라 글씨가 되었으면 좋겠다.

　　제일 귀여운 글씨 *^^*

　이런 현상을 자유롭고 창의적인 표현이라고 나쁘지 않게 보는 사람도 있으나 현재 벌어지고 있는 언어 왜곡은 이미 또래끼리의 의사소통도 불가능한 상황에 이르고 있다.

　일반적으로 은어는 그 집단 내에서 공감대가 형성되어 있는 상황에서 쓰이고 환경도 폐쇄적인 것이어서 의사소통에 장애가 생기는 경우는 드물다. 하지만 통신에서는 이용자 사이에 공감대가 형성되지 않은 상태에서 개방되어 있기에 언어 파괴가 이용자끼리의 의사소통에 어려움을 주게 된다.[29]

　일상생활에서 통신 언어를 사용하지 않으면 그만 아니냐고 생각할지 모르지만, 이미 인터넷이 가진 여론 형성 기능과 의사 전달 기능이 어느 때보다도 중요해졌음을 생각하면 결코 단순한 문제는 아니다.

　어문규범을 어긴 표기가 표준적인 것처럼 인식되고 일상화되어 있는 것은 현실 언어의 체계에 부정적으로 작용할 위험성이 있다. 사회가 유지되기 위해 필요한 여러 규칙이나 원칙 가운데서 언어규범이 차지하는 비중은 결코 적지 않은데, 통신 언어는 그러한 기본적인 약

---

29) "언어 파괴는 이제 그만!", 아이두 캠페인(http://www. idoo. net/campaign) 참고.

속을 통째로 무시한다는 점에서 우려하지 않을 수 없다. 어휘적인 면에서도 비속어, 은어, 불필요한 외래어가 지나치게 많이 쓰임으로써 국민들의 건전한 언어 생활에 해를 끼치고 있으며, 각종 기호형 표현들이 격식을 갖추어야 할 일상어의 영역에까지 침투해 있다. 통신 언어의 이러한 부정적 요소들은 국민의 바른 언어 생활에 좋지 않은 영향을 줄 것임이 분명하다. 특히 우리말에 대한 교육이 아직 충분히 이루어지지 않은 청소년에게는 그 피해가 직접적이며, 강력할 것으로 예상된다. 또한 통신 언어는 이용자 사이의 의사소통의 불완전성, 상호 이질화, 다른 사람에 대한 불쾌감 전달 등을 일으키는 핵심 요인이라 할 수 있다.

이런 상황에서는 네티즌 여론이 제대로 형성될 수 없으며, 사회적으로 영향력을 행사할 수 있는 민주적인 사이버 토론문화가 이루어질 수 없다. 오히려 왜곡된 통신 언어는 '그들만의 의사소통 체계'로 작용하여 이런 통신 언어를 사용하지 않으면 대화방에서 따돌림을 당하고, 대화방에서 '강제 퇴장'을 당하기까지 한다.

10대 손님을 겨냥한 일부 인터넷 업체들이 그들의 공감을 얻기 위해 거친 말과 왜곡된 언어를 의도적으로 퍼뜨리는 것도 문제이며, 빠르게 변하는 인터넷 네트워크 사회에 적응하지 못하는 우리의 교육 현실과 경직된 사회체제에도 문제가 있다.

그러나 가장 큰 책임은 그런 통신 언어를 쓰는 이용자 자신에게 있다. 늘 들이마시는 공기의 고마움을 잊고 사는 것처럼 우리말이 오염되는 것에 별 관심이 없다.

결국 통신 언어는 통신망 안팎에서 부정적인 영향을 주고 있음을 알 수 있다. 그 동안 언론에서 이러한 문제점을 자주 다뤘지만 우리는 문제 해결을 위해 별다른 노력을 기울이지 않았다. 이제 통신 이용자들의 언어에 대한 인식의 전환과 정부의 통신에서의 바른 언어

생활에 대한 정책적인 연구 및 홍보가 절실하다.[30]

통신을 하다 보면 상대방의 말이 무슨 말인지 몰라 당황하는 경우도 있고, 상대방의 무례한 언행에 불쾌해지는 경우도 있다. 컴퓨터를 사용하여 원만하게 의사소통을 하기 위해서는 통신 언어의 본질을 알아야 할 필요가 있다.

이제 통신 언어의 특성과 실상, 그리고 통신 언어를 사용하는 올바른 자세와 태도에 대하여 살펴보기로 하자.

3. 통신 언어의 개념 및 특성

3-1. 통신 언어의 개념[31]

통신 언어란 넓은 뜻에서 컴퓨터 통신, 인터넷, 휴대전화에서 문자로 표현되는 모든 언어를 이르며, 좁은 뜻에서는 컴퓨터 통신과 인터넷에서 문자로 표현되는 언어만을 이른다. 현재 휴대전화 문자언어는 입력의 불편, 메시지 크기의 제한 따위의 요인으로 컴퓨터 통신·인터넷 문자언어와는 환경면에서 차이가 있고, 결과적으로 언어의 차이도 있을 것으로 짐작된다. 그러나 지금도 컴퓨터에서 쓴 편지를 휴대전화로 보내고 문자 대화를 나눌 수도 있으며, 또 앞으로는 휴대전화를 통한 무선 인터넷 사용이 보편화될 것으로 생각할 때 휴대전화 문자언어 역시 통신 언어와 같은 범주에 들 수 있을 것으로 보인다.

통신 언어는 다시 '운영자 언어', '게시판 언어', '대화방 언어',

30) 이정복(2000), "바람직한 통신 언어 확립을 위한 기초연구", 문화관광부, 1~4쪽 참고.
31) 이정복(2000), 위의 책, 1~4쪽 참고.

'휴대전화 문자언어' 등 크게 네 분야로 나뉜다. 전반적으로 인터넷과 컴퓨터 통신망이 통합되어 가는 추세이기 때문에 두 매체를 구분하지는 않는다.[32]

3-2. 통신 언어의 특성[33]

통신 언어는 본질적으로 다음과 같은 특성을 갖는다.

첫째, 통신 언어에는 상대의 표정과 동작이 담기지 않는다. 통신을 할 때에는 일상적인 대화와 달리 송신사와 수신자가 서로를 보지 못하는 상황에서 얘기를 나누게 된다. 일상적인 대화에서는 말과 함께 전달되는 화자의 표정이나 동작이 중요하게 작용한다. 말로는 "그래 그래 네 말이 옳아"라고 하면서도 표정이나 몸짓으로는 수긍하지 않거나 비꼴 수도 있다.

이런 특성 때문에 통신의 대화에서는 오해의 가능성이 있다.

(1) *ami22(김은비) 님이 입장하셨습니다.

연지 : 리하이

은비 : 다시 왔어요.

터프 : 안 오셔도 되는데

은비 : 그럼 갈께여, 즐거웠어요.

터프 : 승질머리 하군……

은비 : 허걱!

터프 : 아뇨, 가지마여.

---

32) 지금까지 통신 언어를 본격적으로 연구한 선행 연구로는 인하대학교 국어국문학과(1997)와 이정복의 일련의 연구(1997, 1998, 2000a, 2000b, 2000c, 2001a, 2001b) 따위가 있다.
33) 왕문용(2002), "통신 언어, 어떻게 쓸 것인가", 중학 국어(1-2), 참고.

은비 : 넝담하지 마여, 기분 나빠여.

위의 (1)처럼 통신 언어에서는 화자의 표정이나 몸짓을 나타낼 수 없기 때문에 사소한 농담 한 마디가 상대방에게 상처를 주게 된다.

둘째, 통신 언어는 시각적인 매체에 의해 전달되는 언어이므로 음성이 담기지 않는다. 우리가 말을 할 때 말의 높낮이, 빠르기, 성량, 음색 등이 말만큼이나 중요한데, 통신 언어에는 이러한 음성이 드러나지 않는다.

셋째로, 통신 언어는 시각적인 매체만으로 전달해야 하므로 신속성이 필요하다. 여럿이 대화를 주고받을 경우, 일상적인 대화에서는 신체 언어에 의해 '내가 먼저 말하겠다'는 의사나 '너는 좀 가만히 있으라'는 의사 전달이 가능하지만, 말할 기회를 놓치지 않으려면 통신을 할 때에는 많은 정보를 재빨리 전달할 필요가 있다.

이러한 특성으로 인하여 통신 언어는 다음과 같은 모습을 보인다.

먼저, 컴퓨터 통신을 할 때에는 표정이나 동작을 전달할 수 없으므로, 통신 언어는 시각적인 표현으로 이러한 점을 보충하려고 한다. 그리고 자신이 누구인지 알려지지 않는 익명성 때문에 무책임하게 비속어를 사용하기도 한다.

(2) a. TT(눈물 흘리는 모습), ^o^(웃는 표정), 0.0(놀라는 표정), ^^;;(당황해 하는 표정), +_+(할 말이 없는 표정), *^_^*(부끄러워하는 표정)

　　b. 요즘 애들이 좀 싸가지가 없죠?

　　c. 말하면 죽이뿐다.

(2a)와 같이 여러 가지 기호로 표정을 전달하려는 노력은 문자언어

의 결점을 보충하려는 노력으로 볼 수 있다. 또, 기호 이외에 '벌벌', '비실비실' 등의 의태어를 사용하여 의사를 선달하기도 하는데, 이것 역시 표정과 동작을 담으려는 노력의 하나로 볼 수 있다. (2b-c)와 같이 무책임한 비속어의 남용은 경계해야 할 현상이다.

다음으로, 통신 언어에는 음성이 담기지 않으므로 이것을 대신하기 위해 개인적인 발음 습관이나 음운의 변동 현상, 또는 정서나 마음 상태를 그대로 표현하려는 모습이 나타나기도 한다.

(3) a. 세발 가지마로(가지 말어), 화 안 내민 가줘(가지), 언능(얼른), 방가워(반가워), 시로(싫어)
    b. 진짜 조아(좋아), 추카추카(축하축하)
    c. 넘행(너무해), 고파서링(고파서)

(3a)는 자신의 발음을 그대로 상대에게 전달하려는 시도에서 나온 표현이므로 맞춤법에 어긋난 모습을 보이게 된다. (3b)는 소리나는 대로 표기한 것이다. 음운 탈락이나 축약이 일어난 말을 '조아, 추카' 처럼 소리나는 대로 표기하고 있다. (3c)는 애교 있는 음성을 담은 것으로 정서 상태를 표기에 반영한 예이다. 일상생활의 대화에서는 음성을 통해 다양한 방법으로 뜻을 전달할 수 있지만, 통신 언어에서는 그것이 불가능하므로 이런 노력을 보이게 된다.

마지막으로, 통신상에서 요구되는 신속성 때문에 준말과 띄어쓰기를 무시한 표기가 많이 사용되고 있다. 그리고 통신 공간에서 사용되는 은어도 그 수가 늘고 있다.

(4) a. 겜방(게임방), 일욜에 만나(일요일에), 잼 있져?(재미), 컴(컴퓨터), 글쿤요(그렇군요), 강퇴(강제 퇴장), 남친(남자친구)

b. 낼만나서애기하는게어때?(내일 만나서 얘기하는 게 어때?), 할
　　　 말두없어(할말도 없어)
　　c. 잠수(대화방에서 접속한 상태에서 다른 일을 하는 것), 중딩(중
　　　 학생), 고딩(고등학생)

　(4a)는 말을 간략히 줄여서 사용하는 예이며, (4b)는 띄어쓰기를
무시하고 표기한 예이다. (4c)는 통신 공간에서 사용되는 은어의 예
이다.

　통신 언어는 컴퓨터 통신이나 인터넷이라는 특수한 분야에서 사용
되는 사회적 방언의 하나로 볼 수 있다. 방언은 그 사회의 구성원을
결속시키고 그 사회 안에서는 원만한 의사소통을 이루게 하지만, 그
사회를 떠나면 오히려 의사소통에 장애가 될 수 있다. 우리가 표준어
를 배우는 것은 이러한 이유 때문인데, 통신 언어를 사용할 때에도
의사소통의 문제를 생각해야 한다. 지나친 방언의 사용이 의사소통
에 장애가 되듯이 마음대로 만들어 바꾸어 쓰는 통신 언어는 의사 전
달에 장애가 된다.

4. 대화방 언어의 특성

　인터넷 대화방 언어가 일반 언어와 구별되는 가장 큰 원인은 우리가
입으로 하는 말을 컴퓨터의 자판으로 입력하여 대화를 나눈다는 데 있
다. 다음에 그 구별되는 점을 하나하나 구체적으로 살피기로 한다.

　우선, 표기면에서 연철표기, 중철표기, 과잉분철, 생략표기, 띄어쓰
기 무시, 말음첨가, 늘여쓰기와 해체표기 따위가 보인다.

　둘째, 음운면에서 축약, 자음동화, 역구개음화, 원순모음화와 비원

순모음화, 단모음화, 과잉 움라우트, 잦은 모음 교체, 자음 교체, 후음화 현상 따위가 보인다.

셋째, 어휘면에서 비어, 은어, 속어, 유아어, 방언, 외래어 따위의 남용이 보인다.

넷째, 문법면에서 단어나 어구 중심의 불완전한 표현이 문장을 대신한다. 물론 구어의 대화체 성격상 당연하지만 그 정도가 심한 게 문제다.

다섯째, 문체면에서 비꼬거나 재미를 위해 의고체가 쓰이고, 귀여움의 효과를 위해 유아어나 유아어의 발음, 유아어의 종결법이 쓰인다.

이상과 같이 대화방 언어는 일상 언어와는 다른 여러 가지 특성을 보여준다. 음절을 줄이거나 소리나는 대로 적는 등의 방법으로 타수를 줄여 빠르고 편리하게 글자를 적으려는 경제적 동기와, 일상어와는 달리 형태를 바꾸어 봄으로써 통신 분위기를 재미있게 하거나 편하게 하려는 표현적 동기, 그리고 규범에 기초를 두고 있는 현실 공간의 말글살이에서 벗어나 보고자 하는 심리적 동기 등이 복합적으로 어우러져 현재의 통신 언어를 만들어냈다고 할 수 있다.

4-1. 표기

구어체의 구현, 입력의 편의, 새로움의 추구 따위가 특징인 통신 언어에서는 시프트 키를 누르지 않고 입력할 수 있는 표기가 선호된다. 그러다 보니 '된소리 계열'과 '복모음 계열', '어간말자음군 표기'가 대화방 언어에서 기피되며, 이런 표기가 다시 발음에도 영향을 주게 된다. 본의 아니게 시프트 키가 잘 안 눌러져서 된소리가 예사소리로 찍히거나 복모음이 단모음으로 찍히는 경우가 있는데,

이런 습관이 발음에도 영향을 주는 것 같다.

1) 연철표기

한글 표기법의 변천을 거칠게 정리하면 연철표기(連綴表記)에서 중철표기(重綴表記)를 거쳐 분철표기(分綴表記)로 정착되었다고 할 수 있다.

연철표기는 '이어적기'라고도 하며 소리나는 대로 적는 표음적 표기이다. 15~16세기에는 대체로 연철표기가 철저히 지켜졌다.

중철표기는 '거듭적기'라고도 하며 분철과 연철의 혼합 표기이다. 표음적 표기에서 표의적 표기로 넘어가는 과도기적 형태로 17~18세기에 주로 쓰였다.

분철표기는 '끊어적기'라고도 하며 어원을 밝혀 적는 표의적 표기이다. 20세기 한글 맞춤법 통일안에서 정착되었다.[34]

표기의 다양한 모습이 공존하는 채팅 언어의 표기를 살피다 보면 '진화 재현설'을 떠올리게 된다. 이 학설은 "한 개체의 발생 과정은 그 개체가 속한 종(種)의 진화 과정을 재현한다"는 말로 요약할 수 있다. 예를 들면 인간의 성장 과정은 인류라는 종이 진화해 온 과정을 되밟아 간다는 것이다. 그러므로 갓난아기는 네 발로 기어다니는 동

---

34) 표기법 변천을 정리하면 다음과 같다.

구분	연철(連綴)	중철(重綴)	분철(分綴)
특징	소리나는 대로 표기하는 것을 원칙으로 하는 표기(15~16세기) 표음적 표기	연철에서 분철로 옮아가는 과도기적인 표기 (17~18세기)	어원을 밝혀 적는 표기. 맞춤법 통일안에서 분철 표기로 정착됨(20세기) 표의적 표기
체언+조사	님+이 〉 니미	님+이 〉 님미	님+이 〉 님이
어간+어미	깊+은 〉 기픈	깊+은 〉 깁흔	깊+은 〉 깊은

물과 같이 행동하고 생각하며, 아동기는 원시인과 비슷하고, 성인기에 이르러서야 비로소 진화된 인간으로서의 모습을 보여준다는 것이다. 표기법의 역사는 위에서 말한 것처럼 수백 년에 걸쳐 연철에서 분철로 진화(?)했다고 할 수 있다.

소리나는 대로 적는 연철표기는 구어의 청각 이미지를 그대로 살릴 수 있으나 눈으로는 뜻을 쉽게 파악할 수 없는 반면, 어원을 밝혀 적는 분철표기는 청각 이미지를 잘 느낄 수는 없지만 눈으로 뜻을 쉽게 파악할 수 있다. 더구나 한글은 어절별로 모아 쓰기에 뜻을 더욱 쉽게 알 수 있다. 한글 표기법은 연철과 분철이 사이클을 이루며 배타적이면서도 보완적인 관계를 유지하며 변천하고 있다. 그리고 한글은 구어와 문어의 교섭 현상이 시대에 따라 표기에 반영된다고 할 수 있다.

컴퓨터를 이용해서 글을 쓰는 요즘, 소리나는 대로 적는 연철표기는 입력할 때 타수를 줄일 수 있어 경제적이지만 뜻을 쉽게 파악할 수 없는 반면, 어원을 밝혀 적는 분철표기는 입력할 때 타수가 늘어나서 비경제적이지만 뜻을 정확하고 빠르게 전달할 수 있다.

대학생을 포함한 한국의 청소년은 연필로 또박또박 적어 가는 아날로그 세대가 아니라 자판으로 소나기 퍼붓듯 글자를 입력하는 디지털 세대이다. 대화방을 들어가면 기성세대는 도저히 흉내조차 낼 수 없는 현란한 묘기를 부리며 대화방에서 수다를 떨고 있다.

채팅 언어에서는 연철표기가 우세한데, 타자수를 줄임으로써 입력하기 쉽고 시간이 절약되기 때문이다. 또한 분철표기가 우세한 현행 한글 맞춤법에 어깃장을 놓음으로써 기성 문화에 반기를 든다는 신세대의 심리가 작용한다고 볼 수 있다.

대화방의 연철표기 현상은 입력할 때 타수 줄이기와 시간 절약이란 경제적인 이점뿐만 아니라 자연스런 구어 표현이란 정서적인 효과

때문에 통신 초기부터 주요한 특징으로 자리잡았다.[35]

연철은 〈체언＋조사〉, 〈용언의 어간＋어미〉, 〈용언의 어근＋접미사〉 따위의 경우에서 주로 나타난다. 그러나 1933년 한글 맞춤법 통일안은 표음주의를 취하되 어법에 맞도록 쓴다는 규정을 두어 낱말의 원형을 밝혀 적도록 하였다. 한글 맞춤법 제1조 제1항은 '한글 맞춤법은 표준어를 소리나는 대로 직되, 어법에 맞도록 함을 원칙으로 한다'로 되어 있으며, 제14항에서는 '체언은 조사와 구별하여 적는다'고 규정하고 있다.

(1) 〈체언 + 조사〉의 경우

(1) a. 내 방에 사라미(사람이) 아노다니!![36]

　　 b. 두리(둘이) 넘 어울린당.

　　 c. 유지나(유진아) 야간도 잇짜너?

　　 d. 미수기라도(미숙이라도) 열씨미해.

(1a)의 '사라미'처럼 명사와 조사의 결합에서 소리나는 대로 적을 뿐만 아니라 (1c)의 '유지나'처럼 고유명사와 조사의 결합에서도 소리나는 대로 적는다. 이는 1933년 이전의 표기법에도 없던 현상이며, 소리나는 대로 적되 형태를 밝혀 적는다는 현행 규정에도 부합되지 않는다. 이런 현상은 타수를 줄이려는 노력에서 비롯된 것이다. 사람이(7타)〉사라미(6타), 둘이(5타)〉두리(4타), 유진아(7타)〉유지나(6타)로 모두 1타씩 절약되는 효과를 보인다.

---

35) 앞으로 제시되는 대화방 자료는 별도의 언급이 없는 한 한국의 대표적인 인터넷 채팅 사이트인 '세이클럽'과 'SBS의 음악 채팅방'에서 뽑은 것이다. 실제 대화 내용을 예문으로 삼았으며, 대화의 일부분을 필요에 따라 뽑았기에 앞뒤의 대화 내용이 연결되지 않은 부분이 있다.

36) 모든 예문은 가능한 한 원문 상태 그대로 제시하고, 때에 따라서 괄호 안에 교정형을 넣었다.

(2) 〈체언 내〉

다음 (2)의 '미노' 처럼 고유명사 내에서도 소리나는 대로 적는 현상이 일어나고 있다.

(2) 미노(민호) 너희 또 술마셨냐?

(3) 〈용언의 어간 + 어미〉의 경우

(3) a. 난 주거누(죽어도) 놀러.
b. 타란 : 이곡 마자여(맞아요)
c. 예…… 그냥 보구 이씀(있음)
d. 잡아바쩌만(잡아봤지만) 잊으라구하더라구요.

(4) 〈용언의 어근 + 접미사〉의 경우

(4) a. 님덜 복 마니마니(많이많이) 바다여.
b. 근향(그냥) 빙신가치(같이) 웃을란다.
c. 미수기라도 열씨미해(열심히 해).

연철은 화자의 의도와 자잘한 정서까지 청자에게 전달할 수 있는 표기법이다. 연철 현상은 소리나는 대로 적어도 의사소통에 지장이 없을 뿐 아니라, 시간과 노력을 줄이면서 대화의 응집성을 높일 수 있다는 경험에서 나온 것이다. 연철표기가 맞춤법에 어긋나거나 어법에서 벗어났다고 해서 당장 의사소통에 지장을 주는 것도 아니다.

그러나 대화방에서의 연철 현상은 일상 언어에서보다 훨씬 광범위하게 나타나고 있으며 기존의 어법에서 크게 벗어난 것이 많다. 더욱이 상호작용적이고 개방적인 통신의 특징으로 말미암아 이런 현상이 빠르게 퍼져 일상의 언어생활을 크게 혼란시킬 수 있다는 점에서 대책 마련이 필요하다.

2) 중철표기

'거듭적기' 라고도 하는 중철표기는 분철과 연철의 혼합표기이다. 어간의 형태와 결과된 발음을 모두 표기에 담으려는 의도에서 비롯된 것으로서 욕심이 많이 들어간 표기라고 할 수 있다. 입력하는 데 시간과 품이 많이 들어가는 표기라서 그리 눈에 띄지는 않지만 간혹 발견되어 근대국어로 거슬러 간 것 같아 신기하기까지 하다. 대화방의 언어는 표기의 전시장이라고 해도 좋을 듯하다.

(5) a. 손님 : 목소리가 므가 좋타는지 ㅡ,.ㅡ;(좋다는지)
　　 b. 제우스 : 옵빠(오빠) 이름 함부러 불러?

위의 (5a) '좋타' 에서처럼 어간의 형태 '좋' 과 활용 결과의 어미 발음인 '타' 를 동시에 표기하였다. (5b)의 '옵빠' 는 '오빠' 의 분철표기인 '옵바' 에서 다시 중철된 것이다.

3) 과잉 분철표기

재미있고 신선하고 쓰기 쉬운 표현을 추구하는 대화방 언어에서는 신선하고 튀어 보이게 표기하고자 골몰하게 된다. 그러다 보니 분철의 환경이 아닌 경우에도 억지로 분철표기를 하는 과잉 분철표기가 나타난다. 무조건 튀어 보겠다는 화자의 의도가 반영된 표기라고 할 수 있다.

> (6) a. 시포 : 울이(우리)..자기한테...일러버린다~~~
>
>   b. 써니 : 숙오해라(수고해라)~
>
>   c. 쮸늬 : 근향(그냥) 빙신가치 웃을란다.
>
>   d. 로미 : 니가 글애봐(그래봐).

4) 해체표기

입력의 경제성 때문에 '줄임표기'와 '연철표기'가 대화방 언어의
대표적인 특징이 되었다. 그러나 컴퓨터를 끼고 사는 청소년들은 타
수가 1분에 300타는 기본이고 600타까지 가능한 사람이 제법 많다.
1분에 600타를 치려면 웬만한 랩 가사를 곡에 맞춰 입력할 정도의 실
력이 있어야 한다. 영화 '아마데우스'에서 눈을 가린 채 거꾸로 매달
려 피아노를 자유자재로 치던 모차르트가 연상될 정도다. 다음의 (7)
은 기성인들은 흉내도 못낼 표기들이다.

> (7) a. 로그 : ㅎ ㅏ ㅈ ㅣ 만난변 ㅎ ㅏ ㅈ ㅣ
>
>   b. 비누도둑 : ㅁ ㅓ ㅉ ㅓ ㅁ ㅓ ㅉ ㅓ ~~~~~~~~
>
>   c. 모닝 : ㅇ ㅏ ㄲ ㅣ ㄹ ㅏ 의공 ㅈ ㅣ ㅅ ㅏ 항
>
>   d. 그녀와함께 : ㄴ ㅏ ㅇ ㅣ ㄷ ㅓ 몰랐단 말야..——ㅋ
>
>   e. 그녀와함께 : 난 ...끝까지 따라 다닐꼬야 알ㄸㅐ ㄲ ㅏ ㄷ ㅣ
>
>   f. 아담 : ㅇ ㅓ ㅅ ㅓ 옵 ㅅ ㅕ ~^^;

(7)은 풀어쓰기와 모아쓰기를 함께 보여주는 예인데, 특히 풀어쓰
기의 경우 글자마다 한 칸씩 띄우는 풀어쓰기라서 시간과 품이 더 드

는 표기이다.

    (8) 앙큼섹쉬마린 : 즐 방~ 초코민성
        앙큼섹쉬마린 : ㅅ
        앙큼섹쉬마린 : ㅜ
        앙큼섹쉬마린 : ㅇ
        MytH부팀CM : 헉뚜
        ＊앙큼섹쉬마린(whitevalley) 님께서 나가셨습니다.

  (8)의 '슝' 처럼 가로 풀어쓰기에도 만족하지 않고 세로 풀어쓰기를 시도하기도 한다. 더군다나 20~30명이 몰려 있는 대화방에서 화제를 놓치지 않고 순간적으로 한번에 입력했다는 것을 생각하면 놀라울 뿐이다.

5) 생략표기

  발음은 정상적으로 하더라도 표기는 과감하게 생략한 표현들이 쓰이고 있다. 입력의 경제성이 요구되는 상황에서 신선함의 효과까지 얻을 수 있는 창의적인 표현이라고 할 수 있다. 대화방 언어에서나 볼 수 있는 표기이다.

    (9) a. ㅉㅉㅉ(짝짝짝, 박수 소리)
       b. ㅁㅈㅁㅈ(맞아맞아)
       c. ㅋㅋㅋ(크크크 : 웃음소리)
       d. ㅎㅎㅎ(하하하 : 웃음소리)
       e. ㅃ2(바이 : 헤어짐 인사)

f. ㄲㄲ(감사감사)

g. ㄱㅅㄱㅅ(감사감사)

(10) 냉무(내용 없음)

(9)는 1음절을 1음운으로 줄여 표기하는 것이고, (10)은 주로 게시판에서 글의 제목만 있고 내용이 없는 경우에 쓰이는데 '내용 없음'이란 4음절의 구를 '냉무'라는 2음절로 과감하게 줄인 표기이다.

6) 확장표기

(1) 음절

다음의 (11)은 낱말의 원래 음절을 확장하여 표기함으로써 강조의 효과를 얻는 예들이다. '여러분'이나 '부자'를 '여러부운'이나 '부우자'로 늘여 표기함으로써 멀리서 큰 소리로 애타게 부르는 듯한 효과와 강조의 의미를 전달하고 있다.

(11) a. 모닝 : 여러부운~ 부~우~자~ 되세요오~

　　 b. 파도 : 바~앙~자~앙~니~임~!!!(방장님)

　　 c. 한들 : 담곡으로 나가~~~~~~~~~~~~~네~영

　　 d. 석양 : 울리 치잉구 하자~~~~~~아~~영

　　 e. 민수 : 덕부네 자알 보냈다

　　 f. 지은 : 햇살아 전화 꼬~옥! 알앗쥐이~

　　 g. 송화 : 츠암~ 어빠도.... (참~ 오빠도……)

(2) 글자

다음의 (12)는 음절이 아니라 아예 낱글자의 앞뒤와 위아래를 떼어 씀으로써 눈에 띄게 하고 청각의 이미지까지 강화하는 효과를 거두고 있다.

(11) a. 하양하탕 : ㅈ ㅓ ㅇ ㅕ!!(저요)

　　b. 아라뷰니 사라해요(알라뷰님 사랑해요)

　　　ㄹ　　ㅁ　　ㅇ

7) 기호를 이용한 표현

요즘 신세대들은 컴퓨터 자판의 문자나 휴대전화의 특수문자를 이용하여 문장 대신 간단한 그림을 만들어 주고받는다. 특히 친한 친구나 연인들 사이에서 일일이 글로 쓰기에는 쑥스럽고 번거로운 말을 이 문자그림으로 대체할 수 있어 자주 쓰이고 있다.

'@))))))(김밥) 드세요', '*^o^*(아이 좋아)' 등의 간단한 표현에서부터 눈발 날리는 배경 속 크리스마스 트리라든지 하트 가운데 'I love you'를 써넣는 등의 제법 품이 많이 드는 크고 복잡한 그림에 이르기까지, 문자그림은 우리에게 새로운 감각의 의사소통 방식으로서 자리잡았다. 이와 같은 문자그림을 일컬어 '이모티콘(Emoticon)'이라 부른다.

이모티콘은 컴퓨터 통신에서 자신의 감정을 나타내기 위해 기호를 사용하는 데서 비롯되었다. 이모티콘은 자신의 감정이나 의사를 표현하는 것으로 감정(emotion)과 아이콘(icon)을 합성한 말이며, 자판에 있는 각종 기호와 문자를 조합하여 만든다. 예를 들어 웃는 얼굴은 :) 또는 :-)로 나타낼 수 있는데, 왼쪽으로 돌려 보면 웃는 얼굴이 나타나게 된다. 1980년대 카네기 멜론대학 학생인 S. 펠만이 최초로 사용한 것으로 알려져 있다.

컴퓨터 통신이나 인터넷에서 대화할 때 주로 쓰였던 이모티콘은 현재 휴대전화 문자 메시지를 비롯한 각종 게시판은 물론, 편지 또는 일기장 등에서도 심심찮게 등장하고 있다. 이모티콘은 자칫 딱딱해질 수 있는 채팅이나 글에서 마치 상대방 표정을 읽는 듯한 기분을 줘 부드럽고 재미있는 분위기를 연출하고 의사소통을 좀더 인간적으로 만든다. 통신 이용자의 이모티콘에 대한 이러한 관심은 간접적인 대면(對面)에서 오는 불만족을 보완하려는 데서 비롯한 것 같다.[37]

이모티콘은 몇 개 안 되는 기호를 통해 만들어지므로 높은 수준의 창의력과 상상력을 요하는데, 아래에 요즘 유행하는 이모티콘을 몇 개 제시한다.

(13) 간식거리

●●●● 초코파이
◎◎◎◎ 양파링
▓▓▓▓ 웨하스
▨▨▨▨ 에이스

(14) 키스의 4단계

(-_-;)(;-_-) 딴청
(^-^*)(*^-^) 눈치
(^o^)(^o^) 접근
(˝)(˝) 실행

---

37) 손지영(2001), "이모티콘", 연세춘추 제1433호 2002년 1월 1일자 참고.

(15) 뽀뽀하는 쥐

   -(%:)<:%)-*

(16) 별 보는 연인

   *

   _____&&_____

(17) 천사(옆으로 봄)

   (*)

  @(:))(*)=8

   (*)

(18) 눈 오는 날 트리 밑 연인

    ,. ′ ′ ′ * ′ ′ ,′
   ,.· ,.· , ,.· ·,.·
  ,.· ′ ′ ′ *** ′ ′ , ′
  ,.· ′ ·,.·   ,.· ·,.· ·
    ′ ·,.· ***** ′ ·,·′
    · ·,.··   ·,,·
   ′ ,.·′ ******* ′ ,·′
   ·,.· ·   ·,. ·,.

   ____&&_!!_____

(19) 불량학생

   llll

  q _ · _ p

   (o #)

(20) 뽀뽀하는 연인

  //^)(^))

(21) 여우

Vm~

(22) 클론

( ) * ~ ( ) ~ *

'다음커뮤니케이션'의 한 카페에서 '이모티콘의 사용'을 주제로 토론한 적이 있는데 대부분의 네티즌은 '이모티콘의 사용'을 긍정적으로 생각하는 깃으로 나타났다. 특히 글쓰기를 싫어하는 신세대는 자신의 미묘한 감정을 글보다는 이모티콘으로 표현하는 것이 편하고 더 효과적이라고 생각하였다.

4-2. 음운

1) 동화

동화 현상은 성질이 먼 두 음이 서로 영향을 주고받아서 아주 같아지거나 비슷해지는 현상이다. 이에는 구개음화, 움라우트, 비음화, 설측음화, 모음조화 등이 있다. 이 항에서는 대화방에서 특징적으로 나타나는 몇 가지만 제시한다.

(1) 구개음화

구개음이 아닌 자음이 뒤에 오는 모음 'i 나 반모음 j 의 영향을 받아 구개음으로 바뀌는 현상이다. '밭이→바치, 같이→가치, 굳이→구지, 기름〉지름' 등이 그 예다. 현대국어에는 구개음화가 일어날 법한 조건을 갖추었으면서도 구개음화가 일어나지 않는 경우도 있다.

대화방 언어에서는 구개음화 발음이 나타나는 것은 드물다. 인터넷 대화방의 이용자가 주로 신세대이기에 기성 세대의 발음으로 인식(?)되는 구개음보다는 반대의 역구개음으로 왜곡해서 발음하는 것을 많이 볼 수 있다. 이에 대해서는 뒤에 다시 논한다.

(2) 움라우트

움라우트는 게르만어, 특히 독일어에서 뒤따르는 'i 나 e'의 영향으로, 모음 'a, o ,u'가 'ä, ö, ü' 따위로 음질을 바꾸는 현상, 또는 그 바뀐 음을 말한다.

국어에서는 모음 'ㅏ, ㅓ, ㅗ, ㅜ' 등이 그 뒤 음절의 'ㅣ' 모음을 직접 또는 자음을 건너서 만날 때, 그 'ㅣ'를 닮아서 'ㅐ, ㅔ, ㅚ, ㅟ' 등으로 바뀌는 현상을 말한다. 움라우트의 어형은 표준어로 인정하지 않지만 '올창이→올챙이'처럼 역사적으로 이른 시기에 굳어진 어형들은 표준어로 인정된다.

대화방에서는 귀여운 분위기나 이국적 분위기를 연출하기 위하여 움라우트가 자주 나타난다.

다음의 (1)은 한국어의 표준발음에서는 움라우트가 실현되지 않는 경우인데도 대화방에서 움라우트가 적용되어 나타난 경우이다. (2)는 반대로 원래의 움라우트의 발음이 비움라우트로 발음된 것을 보여준다.

(1) a. silver : 아부쥐(아버지)

　　b. 부팀 : 아늬(아니)

　　c. 머쩐안개 : 아~ 이 노래 쥑인다(죽인다)

　　d. 록크 : 저능 인제..물러감뉘닷(물러갑니다)

　　e. 에비앙 : 외국인이랑도 칭구하눼...(친구하네)

f. 투르주 : 역쉬 섹쉬한 뇨자얍

g. 항기 · 실 자~알 보냈쥐이?

(2) 록크 : 키즈풀쟈˜ ˜ ˜ ˜ (퀴즈 풀자)

(3) 비음화

비음 앞에 폐쇄음이 오면 그 폐쇄음은 후행하는 비음에 동화되어 비음으로 바뀌는 현상이다. '믿는다→민는다, 업는다→엄는다, 먹는 다→멍는다, 겉문→건문' 등이 그 예이다. 다민 (3e)의 '음때'는 비음화의 환경이 아닌데 비음화가 일어난 경우로서 방언의 영향으로 봐야 할 것이다.

(3) a. 록크 : 엄는데(없는데)

b. 정아 : 곤 만눈데(그건 맞는데)

c. 라뷰 : 행복님 방갑슴돠(반갑습니다)

d. 힘 : 언제 복 마니 받으라고 핸냐?(했냐)

e. 리나 : 어제 갈려햇는데 음때(없대)

2) 생략

형태소 중의 어떤 음이 다른 형태소를 만나서 스스로 그 형태소에서 떨어져 나가는 현상이다. '솔+나무→소나무, 딸+님→따님, 달+달+이→다달이' 따위의 탈락 현상이 그 예다.

대화방 언어에서의 생략 현상은 위의 생략 현상과는 차원이 다르다. 형태소의 일부가 떨어져 나가 표준어로 정착된 게 아니라 표준어로 인정하지 않는 구어의 한 표현이거나 아예 구어에서도 쓰이지 않는 왜곡 표현이기 때문이다.

(1) 음절 생략

음운 생략보다는 음절 생략이 많이 나타난다. 구어체의 실현과 입력의 타수를 줄이는 데 효과적이기 때문이다. 다음의 (4)처럼 대부분 2음절을 1음절로 줄이는 것으로 나타난다. '다음, 너무, 재미, 그건 오래'를 각각 '담, 넘, 잼, 건/곤, 올'로 줄여 발음함으로써 구어의 형태를 취한다.

(4) a. 비비안 : 지가 한춤 한단까여(한다니까요)

b. 제우스 : 비처럼 음악처럼 담곡임다(다음 곡입니다)

c. 송강호 : 전 장동건 생각하심 되어(저를 장동건으로 생각하시면 되요)

d. 지니 : 제우스님 올만이예요(오래간만→오랜만→오래만→올만)

e. 비비안 : 이곡 넘(너무) 조치안나여?

f. 관광열차 : 잼난(재미난) 태그

g. 중전 : 함(한번) 보실라우?

h. 것도 몰고 클낫네(그것도 모르고 큰일났네)

i. 정아 : 곤 만눈데(그건 맞는데)

j. 제비꽃 : 존아침돠(좋은 아침입니다)

k. 제비꽃 : 글게여(그러게요)

또한 3음절이 2음절로, 4음절이 3음절로 준 경우도 있다. 다음의 (5)에서 '여러분'이 '열분'으로, '어서옵쇼'가 '어셥쇼'로 각각 줄었다.

(5) a. 라뷰 : 열분 방가(여러분 반가워요)

b. 쩡이 : 민수님 어숩쇼(어서옵쇼)

그러나 다음 (6a)의 '알써여'는 구어에서도 쓰이지 않는 독특한 대화방 언어의 표현이다. (6b)는 경상도 방언의 영향을 받은 표현으로 볼 수 있으며 (6c)는 경상도 방언을 얼치기로 흉내낸 표현(경상+충청)이라고 볼 수 있다. 전라도(광주) 사람이 경상도 사람을 반갑게 맞이하는 상황에서 쓰인 것으로서, 진짜 경상도 사람이었으면 "이(기) 누꼬?" 정도로 했을 것이기 때문이다.

(6) a. 파트라 : 알써여(알았어요)
    b. 쮸늬 : 들왓네(들어왔네)
    c. 제우스 : 이게 누여?(누구야)

다음의 (7)의 '랑'은 요즘 대화방에서 은어처럼 쓰이기 시작한 표현으로 여러 사람 앞에서 자기의 신랑이나 남편을 지칭하기에 쑥스러운 상황에서 주로 쓰인다.

(7) 여행 : 랑이(신랑이) 오기 전에 컴캠 숨겨두면 되지 붕아(바붕아 ←
        바보야)

다음의 (8)은 요즘 유행하는 말투이다. '알았어'를 '알았으'로 발음하는 일부 사람들의 말투를 '알아쓰'로 연철한 것이 다시 중철 과정을 겪으며 '알았쓰', '알앗쓰' 따위로 나타난다. 때로는 다시 축약되어 '알쓰'로도 쓰인다. 이런 말투가 유행하면서 이제 '방가'로 끝내던 표현도 '방갑쓰/방가쓰/방가스'나 '방쓰/방스'로, '미안했어'란 표현도 '미안쓰/미안스'로 응용하여 발음하고 있다.

(8) a. 돌돔 : 알앗쓰(알았어) 넝담이엇쓰

　　b. 뵈뵈 : 알쓰(알았어) 미안스~

　　c. 영영 : 방가스(방갑쓰)

(2) 형태소 생략

음운이나 형태소의 일부가 생략되는 것이 아니라 한 형태소 전체가 생략되는 경우이다.

(9) a. 정아 : 구래 알더(알았어)

　　b. 지은 : 이궁 미티(아이고 미치겠네)

　　c. 여우 : 대명 바꾸지 마여 헷갈리(대화명을 바꾸지 마요, 헷갈립
　　　　　　니다)

　　d. 영영 : 김샘~(김 선생님)

　　e. 제우스 : 고마...*^^ (고마워)

(9a)의 '알더'는 '알았어'의 유아식 표현인 '알았떠'가 다시 '알떠'로 줄고 시프트 키를 누르는 게 귀찮아서 '알더'란 최종형이 탄생한 것이다. 아무튼 '알더'는 과거시제를 나타내는 선어말어미 '았'이 생략된 것으로 봐야 한다. (9b)는 '미치겠네' 정도의 의미를 가진 표현이 역구개음화한 표현 '미티겠네'로 되었다가 다시 어간 '미티'만 남은 경우이다. (9c)의 '헷갈리'는 반말의 '헷갈려'가 변형된 것으로 볼 수도 있지만 '대명 바꾸지 마여'에서 알 수 있듯이 반말체가 아니라 '헷갈립니다'의 경어법 선어말어미와 종결어미가 결합된 어미구조체 '-ㅂ니다' 전체가 생략된 것으로 볼 수도 있다. (9d)의 '샘'은 '선생님'이, (9e)의 '고마'는 '고마워'가 각각 생략된 것이다.

다음의 (10)도 요즘 유행하는 말투인데 '행복하세요'가 '행복하세

욤'으로 되었다가 '행복하셈'으로 첨사(添辭) '요'가 아예 생략되고 말음첨가의 'ㅁ'이 직접 붙은 표현이다.

(10) a. 삭만땅으니 : 행벅하셈(행복하세요)

b. 삭만땅으니 : 즐음하셈(즐겁게 음악을 감상하세요)

c. 지니 : 감사요(감사해요)

3) 첨가

첨가는 없던 음을 덧붙이는 현상이다. '고치다'를 '곤치다'로 말하는 경상도 방언에서 확인할 수 있다. 하지만 대화방 언어에서의 첨가는 단지 말장난 차원에서 특정 자음을 덧붙이거나 첨사 '요'를 덧붙이는 경우이다.

(1) 말음 첨가

고불(古佛) 맹사성의 '공당문답'을 모르는 사람이라도 한두 번 말 끝마다 'ㅇ(이응)'으로 끝내는 말장난을 한 적이 있을 것이다.[38]

(11) 고불 : 무엇 하러 가는공

---

38) 맹사성은 고려 공민왕 때 온양에서 태어나 세종 때 79세로 세상을 떠난 조선 초기의 문신이다. 최영 장군의 손자사위이기도 한 고불은 세종 때 좌의정을 역임한 조선의 대표적인 청백리였다. '청백리' 란 이미지 때문에 청렴하고 강직한 분으로만 생각하겠지만 고불은 소탈하고 느긋하면서도 재미있는 분이었던 것 같다. 어느 날 고불이 고향인 온양에서 서울로 돌아가는 길에 갑작스레 비를 만나 길가 정자로 비를 피하게 되었다. 그런데 길채비를 화려하게 꾸민 젊은이가 먼저 정자마루에 앉아 있어서 고불은 정자 아래에서 비를 피했다. 젊은이는 영남 사람으로 의정부의 하급 관리직에 응시하러 가는 길이었다. 그는 고불을 마루로 불러 올리고는 이야기도 하고 장기도 두게 되었다. 그러던 중 두 사람은 심심풀이 삼아 말끝에 '공(公)'과 '당(堂)'자를 넣어 문답을 하기로 하였다. 그후 젊은 이가 시험에 합격하여 인사하러 의정부에 들렀는데, 고불이 그를 보고 '어떠한공' 하고 묻자 그가 비로소 깨닫고 사색이 되어 '죽어지이당'이라 하니 주위 사람들이 영문을 몰라 이상하게 여겼다. 고불은 그를 녹사로 삼았고, 나중에 고불의 추천으로 여러 고을의 수령을 지냈다. 세상 사람들은 이 를 가리켜 '공당문답'이라 하였다.

젊은이 : 과거보러 갑니당

고불 : 무슨 시험인공

젊은이 : 녹사 시험입니당

고불 : 내가 뽑아줄공

젊은이 : 농담하지 맙시당

'공당문답'은 한시(漢詩)의 각운(脚韻)을 응용한 놀이인데 '공'과 '당'처럼 같은 음의 글자를 덧붙여 말을 끝맺음으로써 'ㅇ(이응)'이란 소리의 반복을 통해 리듬과 즐거움을 얻고 파격의 끝맺음이란 신선함을 맛볼 수 있는 말장난이다.

그런데 요즘 이 '공당문답'이 인터넷 대화방에서 부활하였다. 말끝에 'ㅇ'은 물론 'ㄱ, ㅁ, ㅂ, ㅅ'따위를 덧붙여 말장난을 하고 있는 것이다.

다음 (12)는 대화방의 대화 한 토막이다.

(12) a. 장미 : 미소야 나 간닥(간다)

　　 b. 미소 : 장먀 가지맛!!!(장미야 가지마)

　　 c. 파초 : 제비야 글씨 좀 둘여랏!!!!!!!!!!!!!

　　 d. 이별 : 앙뇽하세염(안녕하세요)

　　 e. 미소 : 이별님 어솨용~(어서 오세요)

　　 f. 이별 : 언냐 보고자바 왓징~(언니 보고싶어 왔지)

　　 g. 미소 : 잠수마여 외롭당구리~(외롭다)

　　 h. 이별 : 넵(네)

그러나 21세기의 '신공당문답'에서는 덧붙는 소리가 'ㅇ'만이 아니라 'ㄱ, ㅁ, ㅂ, ㅅ'등으로 다양화되면서 대화자의 감정까지 전달할 수 있게 되었다. 소리의 이미지에 따라 미묘한 감정을 입힐 수 있기 때문이다.

우선 'ㅇ'은 자음 가운데 공명성이 가장 큰 비음으로서 맑고 부드럽고 귀여움까지 곁들인 말음이며, 같은 비음인 'ㅁ'은 'ㅇ'보다는 못하지만 비슷한 효과를 가지며 단호함까지 나타낼 수 있는 말음이다. 'ㅇ'과 'ㅁ' 같은 콧소리 자음은 공명성이 있기에 대화하는 사람들도 자연스레 울림과 여운의 뜻을 갖는 '물결표(~)'를 덧붙이곤 한다.

반대로 'ㅂ'은 절도와 강조의 감정을 니티내는 말음이라고 할 수 있다. 운동의 기합 소리에 흔히 쓰이는 '얍!', '엽!' 따위에서 확인할 수 있다. 'ㅅ'은 'ㅂ'보다 더 격하고 명령조의 어투를 담은 말음이다. 군대식 구령인 '차렷', '우향 앞으로 갓' 따위에서 확인할 수 있다. 'ㄱ'은 'ㅂ'과 'ㅅ'보다 덜하지만 비슷한 효과를 나타내는 말음이다. 호령할 때나 강조와 격한 감정의 표현에 덧붙은 '느낌표(!)'가 'ㅅ', 'ㅂ' 말음에 덧붙는다. 격한 감정이나 절도 있는 의지를 표현하는 정도에 따라 나열하면 (13)과 같고,

(13) ㅅ 〉ㅂ 〉ㄱ 〉ㅁ 〉ㅇ

맑고 여운 있고 귀여운 감정을 표현하는 정도에 따라 나열하면 (14)와 같다.

(14) ㅇ 〉ㅁ 〉ㄱ 〉ㅂ 〉ㅅ

한시의 운율 공부를 응용했던 조선 초기의 '공당문답'이 21세기의 인터넷 대화방에서 새로운 옷으로 갈아입고 미묘한 감정까지 전달하

는 '신공당문답(新公堂問答)'으로 다시 태어난 것이다. 온고이지신(溫故而知新)이라 하겠다.

(2) '-요'의 첨가

'-요'는 어말어미에 덧붙어 듣는 이를 높여 대우하는 문법 단위이다. 비격식의 상황에서 쓰이며 주로 반말의 종결어미 '-아/어'나 '-지'에 붙는다. 종결어미로써 문장이 이미 완결된 상태에 다시 덧붙는 말이란 뜻으로 첨사(添辭)라고 한다.

일상 대화에서도 반말의 종결어미 외에도 '-요'가 덧붙는 경우가 있기는 하다. 예전에 하인이나 심부름꾼들이 상전이나 손님들에게 썼던 사회 방언의 하나로 지금은 거의 쓰이지 않고 있다.

(15) a. 네, 네, 잘 알았습니다요.

b. 소인이 알아서 모시겠습니다요.

그런데 다음의 (16)처럼 대화방에서는 반말의 종결어미에만 붙던 '-요(여)'가 모든 종결어미에 붙어 쓰인다.

(16) a. 참비 : 인사하는데 안바드믄 서운하다요

b. 알러뷰 : 림프님 반갑다요

c. 클라크 : 근대 나랑 성격이 비슷하다요

d. 지니 : 것두 끌여꾸나여(끓였구나)

e. 라뷰 : 그랫당게여(그랬다니까요)

그러나 예전의 '-했습니다요'와 대화방의 '-했다요'는 청자에 대한 화자의 태도가 다르다. 예전의 '했습니다요'의 문체는 청자에 대한 극존칭의 의미가 담겨 있으나 '했다요'의 문체는 반말하기는 아직 이르고 그렇다고 깍듯이 내우하기는 내키지 않은 경우에 쓰인다.

4) 이화

서로 같거나 비슷한 소리의 하나를 다른 소리로 바꾸는 현상으로 동화의 반대이다. 일상 언어의 음운 현상에서는 동화가 이화보다 절대적 우세를 보이고 있지만 특이함, 신선함, 새로움을 추구하는 대화방 언어에서는 이화가 동화 못지않게 나타나고 있다.

(1) 역구개음화(逆口蓋音化)

먼저 구개음화란 비구개음인 어떤 소리가 인접한 구개음의 영향을 받아 구개음으로 변하는 현상을 말한다. '굳이→구지, 밭이→바치, 힘→심, 길→질' 등의 예가 있으며 대부분 표준어로 인정되지 않지만 발음은 표준 발음으로 인정하는 예가 많다.

역구개음화란 구개음화와는 반대로 원래의 구개음이 착각이나 의도적인 왜곡으로 비구개음으로 변하는 현상을 말한다. '형님〉셩님〉성님'의 예처럼 일부 양반들이 구개음은 상놈들이 무식해서 한자음을 모르는 데서 생겼다는 편견에 사로잡혀 '디새'를 '기와'로 '슈지(手紙)'를 '휴지'로 잘못 회귀시킨 것이다. 부정회귀의 일종인 셈이다.

그러나 대화방에서 나타나는 역구개음화 현상은 의도적인 파격의 발음으로 변화와 재미를 느낄 수 있다는 데서 유행하고 있다. 또한 남북정상 회담 이후 불어닥친 북한 열풍이 아직 구개음화 현상을 겪지 않은 평안도 방언을 흉내내며 즐기는 면도 있는 것 같다.[39] 역구개음화의 음상 효과는 파격의 효과, 평안도 방언의 흉내내기, 귀여운 어린이말 흉내내기 따위가 있다.

    (17) a. 록크 : 뎡말여????????(정말요?)

        b. 그녀와함께 : 난 끝까지 따라 다닐꼬야 알ㄸㅔ ㄲ ㅏ ㄷ ㅣ (알

           때까지)

        c. 한국인 : 미티 미티(미쳐 미쳐)

        d. 하니 : 어서옵쇼~~~~ ^^ 꾸벅 방송듕임니닥+_+(방송중입

           니다)

        e. 협향 : 화상 둑어두 엄따(죽어도 없다)

    (18) a. Da2Story : 아띠 띰띰해...ㅜ.ㅜ(아이씨 찜찜해)

        b. 검객 : 왜케 달튕긴다냠 ㅜ.ㅠ(왜 이렇게 잘 튕긴다냐)

        c. 산까치 : 깜딱이야!(깜짝이야)

        d. 쒼라면한박스 : 승준이 내 띵구얍~~~~(친구야)

  (18a)에서는 평안도 방언의 흉내를 통하여 재미와 파격의 묘미를 얻을 수 있으며, (18c~d)에서는 어린이 말투를 흉내내어 귀여운 분위기를 연출하였다.

(2) 원순모음화와 비원순모음화

  대화방 언어의 특성 가운데 원순모음은 비원순모음으로, 비원순모음은 원순모음으로 바꾸어 발음하는 것을 흔히 볼 수 있다.

  원순모음화는 순음 밑의 'ㅡ'가 설음이나 치음 아래에서 'ㅜ'로 변하는 현상으로 '믈>물, 블>불, 므지게>무지개, 므섯>무엇' 따위의 예

---

39) SBS의 사극 '여인천하'에서 '매향이'의 평안도 말투가 인기를 끌고 있는 것이 그 예이다.

가 있다.

그런데 대화방에서는 주로 원순모음이 아닌 것을 원순모음으로 바꾸어 발음하는 경우가 우세하다.

(19) 해바라기비명 : 슬푸당(슬프다)

(3) 후음화

보통 모음과 모음 사이의 'ㅎ'은 일상 언어에서는 유성음 'h'로 발음되기나 묵음화된다. 대화방에서도 (20a)처럼 묵음으로 발음되는 게 일반적이다. 그러나 최근에 대화방에서 (20b~d)처럼 후음이 아니었던 것을 후음으로 조작하여 발음하는 것을 종종 볼 수 있다. 이것을 후음화라고 단정할 수는 없지만 끝없이 새로움을 추구하는 신세대의 경향을 언급할 필요가 있어 항목을 설정하여 제시한 것이다. 신세대들의 '언어 변형'의 항해가 어떻게 언제까지 지속될지 궁금하다.

(20) a. 아공 조아라~(아이 좋아라)

　　 b. 어쩌고저쩌고 : 정말혀?(정말여? : 정말이야)

　　 c. 봄날 : 앙뇽하세효?(안녕하세요)

　　 d. 아스피린 : 작은꼬마님 어솨효(어서 와요)

5) 단모음화

다음의 (21)은 복모음의 단모음화를 나타내는 것이며, (22)는 단모음의 복모음화를 나타내는 것이다. 대화방에서는 (21)처럼 단모음으로 발음되는 것이 훨씬 우세하다. 입력의 타수도 줄이고 구어체의 효과까지 얻을 수 있기 때문이다. (22)는 입력의 타수가 늘어나서 비경제적이지만 '강조'의 전달 효과가 있다는 점에서 간혹 쓰인다.

(21) a. 빤딱 : 이건 말이 안대~(이건 말이 안 돼)

b. 부팀 : 미오해(미워해)

c. 록크주번 : 앙녕히 게세효^_^(안녕히 계세요)

d. 록크회장 : 키즈풀쟈~~~~(퀴즈 풀자)

e. 내일쮜늬생일 : 잡 아 바 찌 만(잡아봤지만)

f. 제우스 : 출근하면 모해요(뭐 해요)?

g. 비비안 : 방장님은 재주가 존가바여(좋은가 봐요)

h. 라뷰 : 멀 조심해여?(뭘 조심해요?)

i. 제비꽃 : 디게 무라하네(되게 뭐라 하네)

j. 정아 : 휴 ~~ 데따(됐다)

k. 하니 : 지성함닥(죄송합니다)

l. 하니 : 자기소개 한번만 더 띄울경우 강티임닥(강퇴입니다)

m. 하니 : 자기소개 띠우지마(띄우지 마)

(22) a. 앞길 : 퀘퀘(케케)

b. 클레마티스 : 헛헛...이제 청아님 또 숨너머가것돠아~~(숨 넘어가겠다)

c. 내안의그녀 : 왜 -200이 되는건뒤?(되는 건데?)

6) 음운교체

음운교체란 같은 어근이나 어미에 속하는 형태소가 그러한 형태소의 기능 및 음성적인 환경의 차이에 의하여 서로 다른 일정한 음운으로 실현될 때에, 이러한 서로 다른 음운 사이의 관계를 이르는 말이다.

이에는 실제의 음운이 나타나지 않는 경우, 즉 '영(零:∅)'과의 교체도 포함된다. 국어의 예를 들면 '놀다 → 놀고 →노는'에서 'ㄹ'과 '영(零)'의 교체, '묻다 → 물으니 → 물어'에서의 'ㄷ'과 'ㄹ'의 교체 등을 들 수 있다.

인도유럽어의 경우에는, 어근, 접사, 어미 등에서 서로 다른 몇 개의 모음 혹은 영(零)이 교체함으로써 의미를 분화하게 되는데, 이를 특히 모음교체(Ablaut)라고 한다.

그러나 통신 언어에서의 음운교체는 이러한 음운 환경에 따른 자연스런 교체가 아니고 단지 기존의 발음이나 형태를 교체함으로써 낯설고 새로운 분위기를 만들려는 의도에서 조작된 것이다.

(1) 모음교체

'통신 언어' 하면 떠오르는 말투가 '방가여', '안냐세여'일 것이다. 그래서 통신 언어를 '여체' 언어라고 부르기도 한다.

통신 언어의 특성 중 하나인 '새로움의 추구' 혹은 '낯설게 하기'를 손쉽게 실현할 수 있는 방법이 바로 음운교체이다.

음운교체 현상은 어휘적인 뜻을 가진 어근에서보다 문법적인 뜻을 가진 어미에서 더 잘 나타난다. 특히 대화방 언어에서는 가벼운 말장난을 즐긴다는 점에서 뜻에 손상을 주지 않는 범위에서 이러한 음운교체는 자주 보인다.

그러나 이러한 교체 현상은 점차 어미뿐만 아니라 어근에까지 확장되어 나타나고 있다. 대화방에서는 웬만한 것은 문맥을 통하여 짐작해서 이해할 수 있기 때문이다.

① '아' 계와 '어' 계

양성모음 대 음성모음의 대립관계를 극명하게 보여주는 대립쌍은 '아'와 '어'이다. '아'와 '어'의 차이는 미묘하여 작은 것 같지만 때에 따라서는 커다란 차이를 보이기 때문이다. 그래서 선인들은 '아 다르고 어 다르다'는 속담을 통하여 말 한 마디, 소리 하나라도 신중히 할 것을 경계하는지 모르겠다.

다음의 (23a)는 '아'를 '어'로, (23b)는 '어'를 '아'로 교체한 경우이고, (24a)는 '야'를 '여'로, (24b)는 '여'를 '야'로, (24c)는 '애'를 '에'로 교체하여 발음한 경우이다. 대화방 언어에서 '아'와 '어'의 음운교체는 자주 나타나지는 않는다. '아' 계를 '어' 계로 바꾸는 것은 일상의 구어에서 흔히 있는 것이라서 새로울 것도 없고 '어' 계를 '아' 계로 바꾸는 것은 발음상 낯설 뿐 다른 어감의 효과를 거두기 힘든 때문인 것으로 추정된다.

(23) a. 하니 : 으리 매너챗합시덩!(우리 매너 있는 채팅을 합시다)

  b. 파트라 : 내가 조아하는걸랑(내가 좋아하는 걸랑)

(24) a. 걸래주제에 : 저거 뭐여~~~~(뭐야)

  b. 꼬마 : 미챠미챠~(미쳐 미쳐)

  c. 이별 : 힘 네 시 오(힘내시오)

② '아' 계와 '오' 계

'아'를 '오'로 교체하는 경우는 있지만 그 반대의 경우는 없는 것 같다. '오'가 가지는 귀엽고 야무진 음상 때문에 '오'로의 교체만이 가능한 것 같다. (25a)와 (25b)처럼 '아'와 '어' 모두 '오'로 교체하여 발음함으로써 새롭고 귀여운 어감을 살려 전달하고 있다.

(25) a. 말아요 마로요(말아요)

　　b. 싫어요 시로요(싫어요)

③ '어' 계와 '우' 계

'어' 계와 '우' 계의 교체는 그리 많이 나타나지는 않는다. '어' 계를 '우' 계로 바꾸는 것 역시 발음상 낯설 뿐 다른 어감의 효과를 거두기 힘든 때문인 것으로 추정된다.

(26) 해바라기비명 : 이룬(이런)

④ '어' 계와 '오' 계

'어' 계와 '오' 계의 교체는 가장 자주 나타나는 현상이다. 특히 요즘 '요' 를 '여' 로 바꾸어 발음하는 통신 언어의 말투를 '여체' 로까지 부른다.

다음의 (27a)는 '오' 를 '어' 로, (27b)는 '어' 를 '오' 로 교체한 경우이고 (28a)는 '여' 를 '요' 로, (28b-c)는 '요' 를 '여' 로 교체한 경우이다.

(27) a. 그녀와함께 : 나이더 몰랐는데..ㅜㅜㅜ(나이도 몰랐는데)

　　b. 은별 : 근데 깻잎모리닷(깻잎머리다)

(28) a. kara : 어케 녹음시쿄여?(어떻게 녹음시켜요?)

　　b. 은별 : 걍 이러케 저영이 사라 갈래(그냥 이렇게 조용히 살아갈래)

　　c. kara : 맘대루해여(마음대로 해요)

'오'를 '어'로 바꿔서 발음한 (27a)의 경우 '나이도'는 음양대립에 따라 보통 '나이두'로 바뀌며 대화방에서 흔히 그렇게 쓰인다. 그러나 구어에서 친숙하게 쓰이는 '나이두'에 식상한 신세대는 더욱 '낯설게 하기' 위하여 '나이더'로 발음한 것이다.

'여'를 '요'로 바꿔 발음한 (28a)의 경우 '시쿄여'는 '시켜요'에 비해 새롭고 귀여운 맛을 느낄 수 있다.

⑤ '오' 계와 '우' 계

'오' 계를 '우' 계로 바꿔 발음하는 것은 많이 볼 수 있다. 구어에서 흔히 쓰이며 대화방 언어가 구어를 기반으로 한다는 점에서 자연스런 현상이다. '우' 계를 '오' 계로 발음하는 것은 잘 보이질 않는다.

(29) 인비지블바부 : 그래두 알고프넹(그래도 알고 싶네)

⑥ '으'와 '우'

(30) a. 인비지블바부 : 웅??(응)

   b. 해바라기비명 : 슬푸당(슬프다)

   c. 비비안리 : 오늘은 날이 흐리고 구리고(그리고) 괴로워도

   d. 제우스 : 굴쎄(글쎄)

   e. 제비꽃 : 민쑤님 움악(음악) 둒인다여

(31) a. 하니 : 으리 매너챗합시덩!(우리 매너 있게 채팅을 합시다)

   b. 하니 : 얼글은어데루??(얼굴은 어디로?)

(30)은 '으'를 '우'로, (31)은 '우'를 '으'로 교체한 것을 보여준

다. 대화방 언어에서 (30a)처럼 '으'를 '우'로 바꿔 발음하는 것은 흔히 보이나 그 반대의 경우는 기의 보이질 않는다.

⑦ '으'와 '이'

(32) 이별 : 기난 슬푸다(그냥 슬프다)

⑧ '으'와 '어'
'으'를 '어'로 교체히여 발음히는 것은 주로 경상도 사람들의 대회에서 많이 발견되며 그 반대의 경우는 충청도나 전라도 사람들의 대화에서 많이 발견된다.

(33) a. 정아 : 어막좀 드롤께여(음악 좀 들을게요)
    b. 고래 : 으뜬 눔이 그려?(어떤 놈이 그래?)

입안의 중앙에 발음되는 '으'가 대화방 언어에서는 상하좌우로 이동되어 '우'로도, '이'로도, '어'로도 교체됨을 확인할 수 있다.

⑨ '으'와 '여'
'으'를 '여'로 교체한 예는 있으나, 그 반대의 경우는 보이질 않는다.

(34) 프리케 : 산아 짐 가믄 듀거!(산아, 지금 가면 죽어!)

(2) 자음교체
자음교체는 그리 많은 편이 아니다. 다음의 (35a)는 'ㅇ'을 'ㄴ'으

266

로, (35b)는 'ㄴ'을 'ㅇ'으로 교체하여 발음한 것이다.

(35) a. 이별 : 기냥 슬푸다(그냥 슬프다)
   b. 록크 : 앙녕히 게세효^_^(안녕히 계세요)

이런 현상은 앞에서 살핀 자음동화 현상과는 다르다. 음운론적 환경 때문에 동화되는 것이 아니고, 단지 낯선 발음으로 교체함으로써 새로움을 추구하는 데 그 목적이 있기 때문이다.

4-3. 어휘

대화방 언어의 외형적 특성은 표기나 음운에서 잘 드러나 내용적 특성은 이용자가 쓰는 어휘에서 잘 드러난다.

인터넷 대화방은 실시간으로 정보나 의견을 주고받을 수 있지만 서로의 신분을 확인할 수 없다는 특성 때문에 욕설과 비방, 비속어, 외래어, 국적 불명의 말, 엉터리 신조어들이 난무하고 있다. 비방과 냉소와 말장난으로 얼룩진 가벼움의 문화가 대화방 언어에 반영되고 다시 건전하지 못한 언어 양상으로 악순환되고 있다.

1) 속어(俗語)

속어는 일반 대중에게 널리 쓰이면서도 정통 어법에서는 벗어난 비속(卑俗)한 언어다. 교육을 받은 계층에서도 흔히 쓰인다는 점에서 비어(卑語)와도 구별되고, 사용되는 범위가 넓다는 점에서는 은어(隱語)와도 다르다.

속어적인 특성은 발음이나 어조, 또는 문법적인 측면에서도 발견되지만, 특히 그것은 어휘면에서 두드러지게 나타난다. 삥땅(부분적인 횡령행위), 공갈(거짓말), 사쿠라(한통속·야비위) 등에서도 알 수 있듯이, 정식 대화에 쓰이는 말이나 문어로서는 선뜻 내키지 않지만 경우에 따라 문학작품 등에서 그 신선한 어감의 효과를 계산하여 속어를 사용하는 수도 있다.

속어가 발생하는 경로 또한 다양해서 새로운 어형('삥땅'의 경우), 기존 어휘에 덧붙여진 새로운 뜻(공갈), 외국어나 방언에서 차용(借用)하는 경우(사꾸라) 등 여러 가지 경우가 있다.

속어의 정의는 학자나 시대에 따라서 각각 다르기 때문에 그 명확한 정의를 내리기는 어려우나 보통 비어와 은어까지 광범하게 포함시키기도 한다.

　(1) a. 쩨비 : 목간통 쓰레빠 사줄게

　　　b. 쩨비뷘 : 물방울 빤쮸 드림돠

　　　c. 냉수 : 네~ 잠쉬 땜빵합니다

　　　d. 뮤 : 짜아식 쪼개긴

　　　e. 호도리 : 터프야 내말 씹디마로

2) 비어

비어란 점잖지 못하고 천한 말을 가리킨다. 사물을 낮추어 부르는 품격이 낮은 상스러운 말로 속어보다 더 비천하고 야비한 어감을 가지는 저속한 말이다. 특히 채팅에서 비어를 사용하거나 이로 인해 피해를 입는 경우가 많이 발생하여 문제가 되기도 한다.

비어의 경우 크게 보면 성에 관련된 것(2)과 욕설(3)들이 주를 이룬다.

268

(2) a. 폰세그(휴대전화를 이용한 성적 교감)할 여자 메모해~

    b. 그럼 **빠구리**(성교) 해봤냐?

    c. **쎄끈한**(섹시하고 화끈한) 오빠들~! 빨리 와요!

    d. 막줘여인(헤픈 여자)

(3) a. 개새끼

    b. 니기미

    c. 시발

    d. 쉬벌

    e. 씨발 욕하지마라

    f. 야이 개씨발놈아

    g. 캐시키

    h. 존나 시끄럽냐?

    i. 키는 존나 땅딸인가부네

    j. 아아 좆도 춥돠

    k. 지랄허네

(4) a. 컴 뽀사부러

    b. 와~ 뚜껑열리네

　이러한 비어들은 익명성을 전제로 하고 있다. 자신을 얼마든지 위장하거나 숨길 수 있기 때문에 위장된 모습 뒤에서 쉽게 자신의 생각을 드러내고, 때에 따라서는 음란하고 저속한 언어들을 내뱉기도 하는 것이다. 특히 초등학교나 중학교 학생들이 주로 이용하는 대화방에 들어가면 온갖 비어로 범벅되어 있는 것을 흔히 볼 수 있다.

3) 은어

은어란 특정한 사회집단, 또는 한 패거리나 동아리끼리 특정한 뜻을 숨겨 붙인 말로 자기들끼리만 익숙하게 사용하는 비통용어라 할 수 있다. 그러나 요즘은 일상 통용어보다 더 많이 거리낌없이 쓰는 현상이 잦아지고 있다.

인터넷 통신을 하고 있는 이용자들은 그들 나름대로의 집단적 특성을 갖고 있으며 대화방의 세계에도 은어를 쓴다. 통신에서의 은어는 일반적인 학생 은어가 통신상에서 그대로 쓰이는 경우와 통신과 관련하여 생겨난 은어로 나눌 수 있다.

(1) 기존의 학생 은어

(5) a. 중딩(중학생)

b. 고딩(고등학생)

c. 대딩(대학생)

d. 고삘이(고등학생)

e. 당근(당연하다)

f. 완빵(가장 낫다)

g. 야그(이야기)

h. 왕따(가장 따돌림)

i. 얼짱(얼굴이 가장 잘생겼다)

j. 폭탄(매우 못생기다)

k. 깔(여자친구)

l. 킹카(잘생긴 사람)

m. 꿀꿀하다(기분이 좋지 않다)

(2) 통신 공간에서 생긴 은어

통신 공간에서 생긴 은어가 모든 청소년의 은어를 주도할 정도로 분량이나 영향력이 엄청나게 커졌다. 특히 대화방에서도 쓰이는 은어는 수도 많을 뿐더러 변종도 많다. 대표적인 것이 '잠수'에 대한 것이다. '잠수'란 대화에 참여하지 않거나 못 하게 되어 다른 대화자들에게 양해를 구할 때 대화명에 덧붙이는 말이다. (6a)는 '잠수'에 대한 변종이 얼마나 다양한가를 보여준다. (6b)의 '다락'은 공개 대화가 아니라 일대일로 대화하는 곳을 이르는 말이다. 공개된 마루에 비해 폐쇄된 공간인 다락을 비유한 것이다.

(6) a. 잠수(중), 완전잠수, 깊이잠수, 잠스, 잠뚜, 잠슝, 잠수함, 물속, 수중, 풍덩, 듣기(만), 감상(만), 음악만, 퐁!!, 완쫀퐁!, 풍더덩, 퍼어어당, 빨대, 부재중, 창내림, 모니터못봄, 일(중), 일함, 일터, 근무(중), 청소(중), 외출(중), 외출 준비(중), 식사(중), 김밥, 퐁이당구리!, 쉬리^^엄따, 잠자요, 자리비움, 연구중, 동작그만, 엄따, 얼름골엄는척, 삼실지키미, 열씨미일함, 늄, 맘마

b. 다락에서 그만 내려오세요

다음 (7a)의 '번개'란 대화방에서 만나 이야기하다가 마음에 드는 사람끼리 실제로 만나는 것을 뜻한다. 번갯불에 콩 구워 먹듯이 잠깐 만났다가 깨끗하게 헤어지는 네티즌들의 즉흥적 만남을 표현한다. (7b)의 '도배'란 대화 도중 같은 문자나 글귀 또는 특수문자를 사용하여 만든 그림이나 문구를 화면 가득히 채우는 것을 이르는 말로 올바른 대화 예절이 아니다.

(7) a. 번개, 벙개, 번개 모임

b. 도배

(8a)의 '리하이'는 "다시 안녕"이라는 뜻으로 "Re Hi(콩글리시)"에서 온 말이다. 통신망의 불안정으로 불시에 끊어졌다가 다시 접속할 때의 인사이다. (8b)~(8e)로도 쓴다.

(8) a. 리하이
   b. 다시 방가
   c. 방가2
   d. 리까꿍
   e. 뤼~~~

(9a)의 '공사중'은 어떤 부분을 미완성하였거나 편집 중임을 나타내는 말로, 주로 홈페이지의 주화면에서 볼 수 있다. (9b)의 '공중돌기'는 통신망의 불안정으로 음악이나 동영상이 실현이 잘 안 되거나 접속이 불시에 끊겼을 때 그 방에서 나갔다가 다시 들어오는 일을 말한다. 이 말이 생기기 전에는 "미소님 나갔다가 다시 들어오세요"라고 했는데 이제 "미소님 공중돌기(하세요)"라고 간단히 쓴다. 그냥 더 줄여서 '턴(turn)'이라고도 한다. (9c)의 '삽질'은 다른 사람이 쓴 글을 그대로 옮겨 적는 일이나 옮긴 글을 뜻한다. '푼글', '퍼온 글'이라고도 한다.

(9) a. 공사중
   b. 공중돌기하고 와여
   c. 삽질

(10a)의 '서핑'은 '웹 서핑 Surfing'에서 온 말로 파도를 타듯이, 인터넷이라는 바다에서 여기저기에 있는 여러 사이트를 구경하며 다니는 행위를 이른다. (10b)의 '스팸'은 'SPAM'에서 온 말로, 자기가 원치 않는 타인이 보낸 일방적인 메일을 이른다.

(10) a. 서핑
     b. 스팸

청소년들이 주로 쓰는 대화방의 은어가 삽시간에 퍼지게 되어 통신과 관계없이 일반의 은어로 쓰이고 있다. 통신 공간에서 파생된 그 밖의 은어를 (11)에 제시한다. 약어로 된 은어는 항을 달리하여 다룬다.

(11) a. 114 : 통화중
     b. 갈무리 : 화면에 나타난 내용을 디스크에 저장하는 일
     c. 공중돌기 : 대화방을 나갔다가 다시 돌아오는 것('턴'이라고도 함)
     d. 대 번개 : 비정기적인 대 모임. 큰 번개
     e. 멜 : 메일, E-Mail, 전자 우편
     f. 문닫다 : 공개 방을 비공개 방으로 전환
     g. 물밑 : 대화하는 두 사람만이 들을 수 있는 귓속말
     h. 방문 닫을까요 : 대화방을 폐쇄하자는 제안
     i. 방가 : 반갑습니다
     j. 방장 : 대화방을 만든 사람
     k. 방청소 : 대화방을 폐쇄하거나 대화창의 내용을 다 지우는 일
     l. 백수 : 실업 상태의 남성

m. 백조 : 실업 상태의 여성

n. 수면으로 부상 : 귓속말을 끝내고, 내화방의 나른 사람과 얘기
　　하는 일

o. 야자방 : 친밀감을 돋우기 위해 처음부터 말을 트는 방

p. 자폭할까요 : 대화방을 폐쇄하자는 제안

q. 집주인 : 홈페이지 관리자

r. 집지기 : 홈페이지 관리자

s. 초청장 : 대화방으로 초대하는 메시지

t. 폭틴 : 좋지 않은 행동을 하는 사람이나 통신 예질이 바르지 못
　　한 사람

(3) 약어에서 생긴 은어

　약어란 원래 어형보다 간략하게 그 일부를 줄여 만든 것이다. 어형
이 길어서 말하거나 표기하는 것이 번잡스러울 때 그것을 덜기 위하
여 만드는 경우와 특정 사회에서 그 구성원들만이 사용하고 외부 사
람들이 알아듣지 못하게 하기 위하여 만드는 경우가 있다. 이러한 약
어는 우선 전하려는 뜻은 명확히 유지하면서도 자판의 두들김을 최
소화하려는 시도로 해석될 수 있으며, 발음상 소리나는 대로 적기 때
문에 통신 초보자도 적응이 쉽다.

　(12) a. 무슨 알바냐(아르바이트냐)?

　　　　b. 민규는 컴이(컴퓨터) 없고⋯⋯

　　　　c. 여친 짐 텔비봐(텔레비전 봐)

　　　　d. 비됴보구(비디오 보고)

　　　　e. 낼 셤봐(시험 봐)

이러한 표현은 인터넷이 대중화되면서 사회에 급속도로 침투하고 있는 새롭게 생성된 대화방 언어이다.

4) 약어

약어는 우리보다 인터넷 대화방 문화에서 앞선 미국에서 쉽게 찾아볼 수 있다. 그들은 대화방은 물론 일상생활에서도 영어 단어를 발음 나는 대로 쓰거나 대표 글자를 뽑아서 사용하곤 한다.[40]

예를 들어 'As soon as possible(가능한 한 빨리)'을 'ASAP'으로 표기한다든지 'Because(왜냐하면)'를 발음 나는 대로 'bcuz'로 표기한다. 또 BTW(By the way : 그런데), IMHO(In my humble opinion : 제 소견으로는……), CYA(See ya : 다음에 또 보자) 등 다양하다.

우리 나라에서 쓰이는 약어의 종류도 다양하다.

  (13) 강추 : 강력 추천
      강퇴 : 강제 퇴장
      겜, 껨 : 게임
      공구 : 공동 구매
      넷맹 : Network에 문외한 사람을 일컫는 말
      대 번개 : 비정기적인 대 모임(큰 번개)
      멜 : 메일, E-Mail, 전자 우편
      방제 : 대화방의 제목
      비방 : 비밀번호를 알아야 들어갈 수 있는 비공개 대화방
      비번 : 접속 비밀번호

---

40) 오식기(2000), "사이버 감정 표현 '이모티콘' 인기", 강원일보 2000년 10월 25일자, 참고.

삐번 : 무선 호출기 번호

상퀴방 : 상식 퀴즈방

설사람 : 서울 사람

앤 : '애인'의 준말

영퀴방 : 영어 퀴즈방(영화에 관련된 퀴즈를 내며, 맞춘 사람이 문
　　　　제를 낸다)

인맹 : 인터넷에 문외한 사람을 일컫는 말

자소 : 자동 자기 소개 - 보통 자기의 성별을 가장 먼저 소개

정모 : 정기 모임　동호회 등의 정기 모임

정팅 : 정기 채팅

즐감 : 즐거운 음악감상

즐통 : 즐거운 통신

즐팅 : 즐거운 채팅(예 : 즐팅 되세요~)

컴맹 : 컴퓨터에 문외한 사람을 일컫는 말

컴팔 : 컴퓨터 펜팔

퀴방 : 퀴즈방

통대 : 통화중 대기

통장 : 통화 장애

5) 방언

　대화방에서는 대화방 은어와 방언이 제법 많이 쓰인다. 대화방의
언어가 구어를 바탕으로 한다는 점에서 방언의 쓰임은 당연하다고
할 수 있다. 이 항에서는 대화자들이 방언에 대하여 어떤 생각과 감
정을 가지고 있는지 살피고자 한다.

　우리는 흔히 방언과 사투리를 같은 의미로 쓰고 있다. 우선 방언에

대한 정확한 개념부터 짚고 넘어갈 필요가 있다.

(1) 방언의 개념

방언이 늘 같은 개념으로 쓰이는 것은 아니다. 시대에 따라 또는 나라나 학자에 따라 몇 가지 다른 개념으로 쓰이지만, 일반인이 쓰는 개념과 전문가가 쓰는 개념도 반드시 일치하지는 않는다.

방언(方言: dialect)이라는 용어의 한 용법은 표준어와 대립되는 개념으로서의, 다시 말하면 비표준어라는 개념으로서의 용법이다. '방송극에 방언을 함부로들 써서 야단' 이라든가, '공직자가 방언을 써서는 안 된다' 든가 할 때의 '방언' 은 표준어와 대립되는 개념으로서의 방언이다. 이러한 개념으로서의 방언은 '충청도 사투리', '평안도 사투리' 와 같이 '사투리' 라는 용어로 바뀌어 쓰이는 수가 많다. 이때의 방언이나 사투리는, 말하자면 표준어가 아닌 어느 시골의 말을 뜻하며, 나아가서는 표준어보다 열등(劣等)한 지위에 있는, 그만큼 세련되지 못하고 격을 갖추지 못한 열등(劣等)의 말을 일컫는다. 그리고 이때의 방언 내지 사투리는 대개 한 고장의 언어 체계 전반을 가리키기보다는 그 고장의 말 가운데서 표준어에는 없는, 그 고장 특유의 언어요소만을 일컫는 것이 보통이다. '사투리가 많아 못 알아듣겠다' 라고 할 때의 사투리가 바로 그러한 용법으로 쓰인 경우이다.

그러나 언어학이나 방언학에서 '방언' 이라고 할 때는 표준어보다 못하다든가 세련되지 못하고 규칙에 엄격하지 않다든가 같은, 어떤 나쁜 평가를 동반한 의미를 가지지 않는다. 한 언어를 형성하고 있는 하위 단위로서의 언어 체계 전반을 곧 방언이라 하는 것이다. 가령 한국어를 예로 들면 한국어를 이루고 있는 각 지역의 말 하나하나를, 즉 그 지역의 언어 체계 전부를 방언이라 한다. 그리고 나머지 지역의 방언들은 표준어가 아니기 때문에, 또는 표준어보다 못한 언어이기 때문에 방언인 것이 아니라 한국어라는 한 언어의 하위류(下位類)들이기 때문에 방언인 것이다.

이때의 '충청도 방언'은 충청도의 토박이들이 전래적으로 써 온 한국어 전부를 가리킨다. 이 점에서 한국어는 우리 나라에서 쓰이는 각 방언의 집합이라고 할 수 있다. 그리고 각 지역의 방언은 하위 단위인 한국어의 변종(變種; variety)들이라고 정의할 수 있다.[41]

(2) 대화방 언어와 방언

대화방에서 방언이 자주 쓰이는 이유는 무엇일까. 이에 대한 구체적인 조사와 연구를 하지 않은 단계라서 객관적인 근거를 제시할 수 없지만 필자가 채팅을 하면서 파악했던 것을 몇 가지 제시한다.

첫째, 대화방의 언어는 구어를 기본으로 얘기를 주고받기 때문에 대화자들이 일상적으로 쓰는 방언이 자연스레 등장한다. 방언의 쓰임에서 남녀간의 차이, 노소간의 차이, 지역간의 차이 따위가 드러난다.[42]

청소년의 경우엔 방언보다는 표준어나 서울 방언을 즐겨 쓰고 있으며, 남자가 여자보다 방언을 즐겨 쓰며 여자의 경우 경상도 방언을 제외하고는 방언의 사용을 꺼리는 것 같다. 또한 출신 지역에 따라 방언의 쓰임이 다른데, 경상도 방언이 남녀노소를 불문하고 애용되는 것 같다. 이에 대해서는 항을 달리하여 다룬다.

---

41) 이익섭(1997), 방언학, 대우학술총서 인문사회과학13, 민음사 참고.
42) 이정민 교수가 한국어의 표준어와 방언 사이의 상호태도를 조사한 결과, 다음의 세 가지 사실을 지적하였다. ① 모두가 자기 방언에 대해서는 타도 사람들보다는 훨씬 큰 호감을 가지고 있다는 사실이다. ② 표준어에 대해서만은 지방인이나 서울 사람이나 똑같이 다 긍정적인 태도를 지니고 있다는 사실이다. 즉, 두 그룹의 4분의 3이 표준어를 "듣기 좋다"고 판단하고 있으며, 거의 반이 "상냥하다"고 평가하고 있다. ③ 남녀의 태도가 꽤 다르게 나타나는데, 여성들이 남성보다 자기의 방언에 대해 상당히 부정적인 태도를 가지고 있다는 사실 등이다. 이정민(1981), "한국어의 표준어 및 방언들 사이의 상호접촉과 태도", 한글 173/174, 559쪽~584쪽, (김진우(1985: 328쪽~330쪽)에서 재인용) 참고.

둘째, 공개적인 글이나 대화에 강요(?)되는 어문규정과 표준어에 대한 반감의 표시로 방언을 의도적으로 쓰기도 한다. 제도권의 기성 문화에 대한 저항의 수단으로 언어에 대한 여러 가지 파격이 시도되는데, 방언의 사용도 그 가운데 하나라고 할 수 있다.

셋째, 표준어만 가지고는 나타낼 수 없는 대화자의 독특한 정서가 있다. 이럴 때 방언을 사용하여 적절하게 표현할 수 있다. 이에 대해서는 항을 달리하여 다룬다.

넷째, 대화 상대자의 방언을 흉내냄으로써 재미와 친밀감을 표현할 수 있기에 등장한다. 인터넷 대화자의 경우 의식·무의식적으로 방언을 많이 쓰는 사람이 있는가 하면 표준어를 고집하는 사람이 있다.

방언을 많이 쓰는 사람들은 특히 두 개 이상의 방언을 쓰는 경우가 많다. 주로 자기 방언을 쓰지만 경우에 따라서는 대화 상대자의 방언을 적절히 흉내냄으로써 재미와 친밀감을 느끼게 하려는 의도에서다. 또한 경우는 이중언어 사용자처럼 이중방언 사용자가 많다는 것에 연유하기도 한다. 특히 여자의 경우 친정과 시댁의 실제 거주지가 각각 다른 사람이 많기에 이중·삼중 방언 사용자도 꽤 있다.

(14) 영주 : 쪼매만(경상도) 가까웠어도 줄 수 있는디(충청도)

(3) 각 방언의 이미지

① 북한 방언

주로 평안도 방언과 함경도 방언이 쓰인다. 북한의 중심지이며 남한 사람에게도 낯익은 평안도 방언이 많이 쓰이는 것은 당연하며, 다만 함경도 방언은 '역구개음화 현상'과 연결되어 함경도 방언이 자주 등장하는 것으로 보이는 면도 있다.

또한 남북정상회담 이후 북한 방언에 대한 이해와 관심이 커지면서 긍정적이고 객관적인 이미지를 가지고 있는 것 같다. 남한 사람들이 북한 방언을 능란히게 구사힌다기보다 다음의 예처럼 북한 방언을 일부 차용한다고 보는 게 낫다.

(15) a. 정아 : 에구 저나기 노쿠 오데가셧구나여(에고 전화기 놓고 어디 가셨구나)

b. 록크따랑 : 뎡말여????????(정말요?)

c. MilkJ하니 : 방송듕임니닥(방송중입니다)

d. 힙향 : 화상 둑어두 엄띠(죽어도 없다)

e. 하두 119 마니 봐서리(하도 119 많이 봐서)

(15a)에서도 알 수 있듯이 남한 사람들은 평안도 방언의 특성 가운데 '어'를 '오'에 가깝게 발음하는 것에 강한 인상을 받은 것 같다. 위의 예에서도 '어데(어디에)'를 '오데'로 발음하고 표기함으로써 재미와 신선함을 동시에 표현하고 있다.

(15c-d)에서처럼 함경도 방언의 흉내를 통하여 재미와 파격의 묘미를 얻는다. 특히 (15d)의 경우는 함경도 방언(둑어두)과 경상도 방언(엄띠)이 함께 쓰이고 있음을 알 수 있다.

② 충청도 방언

대화자들이 즐겨 쓰는 편은 아니다. 남자 가운데 고향에 대한 애정이 큰 충청도 사람이나 타도 사람 가운데 느긋하고 느려 터진 충청도 사람을 재미삼아 흉내를 낼 때 쓴다.

(16) a. 서산 갯마을 : 응 그려(그래)

b. 보리 : 어셔 오세유

c. 지구촌 : 감사유~

d. 라뷰 : 이 곡 아닌디~

e. 갯마을 : 이만 가유~

f. 깜댱거무신 : 손이 아파서 억지러 자판치능겨

g. 프리오 : 어제 돈 거든 거 언제 부칠겨?

③ 전라도 방언

지역감정의 최대 피해자가 전라도 사람들이란 건 잘 알려진 사실이다. 국민의 정부가 들어서기 전에 전라도 방언은 공개적인 자리에서 잘 쓰이지 않았다. 사람들은 누가 전라도 말을 쓰면 일단 무시와 경계의 눈빛을 보내기 일쑤였다. 그렇기에 전라도 사람들은 타도 사람들과 얘기를 나눌 때 고향 말을 자제할 수밖에 없었다.

그런데 국민의 정부가 들어서면서 상황이 바뀌었다. 이제 대통령을 배출한 지방 사람으로서 당당한 국민으로 떳떳하게 대접(?)을 받게 된 것이다. 기존의 방송에서는 우연인지는 모르겠으나 촌스럽거나 폭력배들의 살벌한 분위기를 연출할 때 전라도 방언을 주로 썼었는데 개그 프로그램에서부터 차차 정겹고 재미있는 상황에서 전라도 방언이 쓰이기 시작했다.

대화방에서도 전라도 방언에 대해서 그 지방 사람들은 물론 타도 사람들도 인식이 크게 바뀌게 된 것을 확인할 수 있다. (17a)처럼 전라도 사람이 전라도 방언으로 당당히 타도 사람들에게 얘기를 권하기도 하고, (17b)처럼 타도(경상도) 사람이 전라도 방언을 이용하여 귀엽고 재미있는 분위기를 만들기도 한다.

(17) a. 벌교 : 야그들점해여(이야기들 좀 해요)

　　 b. 하늘 : 애구 들켜붓네(에고 들켜 버렸네)

c. 제우스 : 죤하루맹그시구요(좋은 하루 만드시고요)

d. 지니 : 긍가여(그런가요)

e. 보라 : 내 얼굴 보고잡니?(내 얼굴 보고 싶니?)

f. 지구촌 : 유지나 음악 안나온당께(안 나온다니까)

g. 라뷰 : 영주야 징하게 방가부러

h. 미래 : 다우니 우짜믄 쓰까잉

i. 아리랑 : 야들 등쌀에 미쳐분다

j. 라뷰 : 얼구리 왜그냐?

k. 은지 : 노래 징히게 조탕께

④ 경상도 방언

경상도 방언은 국민의 정부가 들어서기 전까지 가장 특혜(?)를 누렸던 방언이다. 국민의 정부가 들어서며 상황이 달라지긴 했지만[43] 특히 인터넷 대화방에서는 가장 많이 쓰이는 방언이다. 우선 경상도 방언이 가지는 축약 현상과 입력의 편이성이 잘 맞아떨어진 것에서 그 이유를 찾을 수 있다. 타수를 줄이기 위해 '이중모음'을 '단모음'으로 표현하듯이 표준어 대신 경상도 방언을 쓰면 타수를 줄이는 효과를 얻게 된다. (18c)처럼 '문둥이(8타)'를 '문디(5타)'로, (18e-f)처럼 '보이니(6타)'를 '비냐(4타)'로, (18h)처럼 '없군(7타)'을 '엄군(6타)'으로 줄일 수 있다. 또한 (18h)의 '모하노(뭐하냐)'에서처럼 '뭐'를 '모'로, '냐'를 '노'로 단모음으로 줄여 쓰는 대화방 언어의 일반적인 특성과 부합되는 언어가 바로 경상도 방언이다.

---

43) 경상도 방언이 가졌던 기존의 '권위(prestige)'가 조금씩 흔들리고 있다. 특히 국민의 정부 초기에 경북 영덕을 배경으로 방영되었던 '그대 그리고 나'란 드라마에서는 긍정적으로 묘사되는 주인공들은 모두 서울말을 쓰고 부정적으로 묘사되는 몇 명만 경상도 방언을 쓰게 함으로써 비판을 받기도 하였다.

(18) a. 향기 : 파초 언제까지 있을거라하더노

　　 b. 향기 : 니 잇을거가(너 있을 거야)

　　 c. 파워 : 와 문디야(왜 문둥아) 이 문디가스나(이 문둥이 가시내)

　　 d. 파도 : 어데갈라꼬

　　 e. 돔 : 향아 지금 비나?(보이나)

　　 f. 향기 : 오이야 잘 비네

　　 g. 힘 : 여기 무지 만난과자 잇는데 쫌 주까

　　 h. 향기 : 반응이 엄군 다들 모하노

　　 i. 힘 : 보이는기 문제 아이고 킬낫다(보이는 게 문제 아니고 큰일
　　　　　　났다)

　　 j. 힘 : 향아 머하고 잇는겨(경상도 사람이 충청도 방언을 흉내냄)

　　 k. 힘 : 아고 머한다꼬 대답이 와 이리 늦노

　　 l. 뮤직 : 그래 함 뎀비바라(그래 한 번 덤벼봐라)

　　 m. 한들 : 어서 52소(어서 오이소)

　　 n. 애라 : 화상 퍼뜩 해보이소

　　 o. 제비꽃 : 에궁! 나먼사러(나 못 살아)

　　 p. 향기 : 내도 전번 모린당(나도 전화번호 모른다)

⑤ 제주도 방언

대화자 가운데 제주 사람들이 적기 때문인지 거의 쓰이질 않는다.
또한 제주도 방언의 특이성이 심해서 타도 사람들이 거의 못 알아듣
는 데서도 원인이 있을 것이다. 다만 제주도 사람들끼리 모인 대화방
에서는 제법 제주도 방언이 쓰이는 것을 확인하였다. 다음의 예는 제
주도 사람인 프리케가 제주도 방언으로 얘기하니 서울 사람인 인왕
산은 이해가 안 가는지 재차 그 의미를 묻고 있는 상황이다.

(19) a. 프리케 : 홍~ 가던동 말동!

　　b. 인왕산 : ????

　　c. 인왕산 : 가든지 말든지?

　　d. 프리케 : 웅 ㅎㅎㅎㅎ

⑥ 강원도 및 경기도

　강원도 방언은 자주 쓰이질 않는다. '-래요'로 끝맺는 등 나름대로의 특성이 있지만 글로써 나타낼 수 없는 억양이 가미되어야 제대로 구현이 되기 때문인 것 같다. 그리고 강원도 영동지방의 언어는 경상도와 크게 다르지 않은 것도 이유가 될 것이다.

　경기도 방언은 그 정체성이 모호한 방언이다. 서울을 중심으로 경기도 북부는 강원도와, 경기도 중심은 서울과, 경기도 남부는 충청도와 방언의 경계가 겹치면서 경기도만의 방언 특색을 요약하기 힘든 면이 있다. 그래서인지 대화방에서 경기도 방언을 뚜렷하게 확인하기는 힘들다.

4-4. 문법

1) 문장의 완결성

　대화방 언어는 같은 통신 언어인 운영자 언어나 게시판 언어보다 문장의 완결성이 떨어진다. 입말을 반영한다는 점에서도 그렇지만 많은 사람들이 자판만으로 빠르게 이야기하기 때문에 길게 문장을 적거나 종결어미까지 갖추어 적을 시간적인 여유도 없고, '입력창'이 작다는 공간적인 한계도 있다. 대화자의 수와 연령, 대화 내용, 대화 분위기 등에 따라 완결성은 조금씩 다르지만 일상의 구어에 비해서도 문장의 완결성이 떨어진다.

다음의 (1)이 그러하다. 대화자들은 20대들로 종결어미를 생략하거나 서술어를 아예 뺀 채로 대화를 이어 나가고 있다. 핵심적인 어구만으로 이야기를 하고 있는데, 이러한 현상은 대화자가 많을수록 자주 일어난다.

(1) a. 우정 : 하이

　　b. 라뷰 : 어쏴여

　　c. 우정 : 방가

　　d. 라뷰 : 하이2

　　e. 우정 : 워요

　　f. 라뷰 : 잠만 방장좀....

　　g. 우정 : 흐미

　　h. 라뷰 : ??

　　i. 우정 : 주고받는 사이?

　　j. 라뷰 : 된내 ㅋㅋㅋ

또한 대화방의 분위기가 들떠 있다든지, 비속어나 욕설을 많이 사용하는 경우에도 문장의 완결성이 떨어진다. 다음이 그러한 예이다. 20여 명이 경쾌한 리듬에 맞춰 노래를 따라 부르고 중간중간 대화를 나누는 음악방이다. 토막난 노래 가사, 추임새, 웃음소리, 출입자의 안내문 등이 네온사인처럼 명멸하는 장면을 그대로 보여준다. 20명을 웃도는 대화자, 10대 후반에서 20대 초반의 신세대, 경쾌하고 빠른 음악, 괴성과 웃음이 넘치는 분위기 등이 문장의 완결성을 더욱 떨어뜨리고 있다.

(2) 풍선껌 : 꺼면

　　쌍년 : 니가니가멍데

　　스핀스핀 : 아싸

　　풍선껌 : ㅋㅋ

　　시미먀 : ㅋㅋㅋ

　　풍선껌 : ㅇㅏ

　　풍선껌 : ㅋㅋ

　　스핀스핀 : ㅋㅋㅋㅋㅋ

　　풍선껌 : 니가먼뎅

　　풍선껌 : ㅋㅋ

　　쌍년 : 니가머햐?

　　쌍년 : ㅋㅋ

　　스핀스핀 : 와우 잘한다

　　풍선껌 : 먼뎅

　　풍선껌 : ㅋㅋ

　　풍선껌 : 꺼면

　　스핀스핀 : 짱

　　풍선껌 : ㅋ

　　작은꼬마 : 시퍼

　　풍선껌 : ㅋ오엥

　　풍선껌 : ㅋㅋ

　　쌍년 : 〉〉ㅑ～～

　　알로하 : 나???

　　버튀경쥬 : ㅇㅓㅇㅔ～～

　　풍선껌 : 껴껴껴껴

　　하늘나라천사 : ㅋㅋㅋㅋㅋㅋㅋㅋㅋ

286

버튀경쥬 : ㅇㅏㅆㅏ~~

* 헬로디노(icegirl97) 님께서 나가셨습니다.

욜라라 : 에불바리겟담

버튀경쥬 : ㅇㅓㅇㅔ~~

버튀경쥬 : ㅇㅓㅇㅔ~~

이슬비 : 그려..

풍선껌 : 에불바둬두림

쌍년 : 미나님하이~

버튀경쥬 : ㅇㅓㅇㅔ~~

알로하 : ——;;

이슬비 : 왜..욕이나와..

풍선껌 : ㅋㅋㅋ

욜라라 : 에불바리겟스웡

버튀경쥬 : ㅇㅓㅇㅓ~~

* happyM어쭈(milkmemo) 님께서 나가셨습니다.

풍선껌 : ㅎㅎㅎㅎㅎㅎㅎㅎㅎㅎㅎ

버튀경쥬 : ㅇㅓㅇㅓ~

아스피린 : 행복방송~~♡

그러나 위의 예와는 달리 다음의 (3)은 거의 완전하게 문장이 끝나고 있다. 대화자는 세 명이며, 분위기가 차분하며 우호적이다. 한두 문장을 제외하고는 모든 문장에서 종결어미가 완벽히 갖추어져 있다. (2)의 대화자들이 서로 반말을 쓰고 있는 데 비해 (3)의 대화자들은 모두 존칭 표현을 쓰고 있다는 점도 특성적이다.

(3) 릴리 : 참 좋은 곡입니다.

추억 : 지가 자신있게 올리는 부르스곡입니다.

릴리 : 아들하고 춰볼까요?

추억 : ㅎㅎㅎ

후조 : 추억님 음악 잘 들었습니다.

추억 : 가시게요?

후조 : 네, 좋은 밤 되세요.

추억 : 님두요. 그럼 안녕히,,,,,,

2) 종결어미의 변용

대화방 언어의 특성상 문장의 완결성이 떨어진다는 것을 전항에서 지적하였다. 이와 관련하여 대화방 언어에서는 다음과 같은 특성적인 종결어미가 자주 사용되고 있다. '번개해 봤어요?' 나 '번개해 봤습니까?' 로 적는 대신 종결어미를 명사형 어미 '-음' 을 사용하여 '번개해 봤음' 으로 줄이는 방식이다.

(4) a. 번개해봤음?

   b. 다감당할수있음

   c. 아니 왜감당을 못함??

   d. 인사안해줘서 삐짐^^

   e. 밥먹은거 아님

이처럼 명사형으로 문장을 끝맺는 일은 일상어에서도 종종 발견된다. 한자어로 '폐문' 이라고 했던 표현을 쉽게 "문 닫혔음"으로 표시하거나 "채찬영! 교무실로 오기 바람"과 같이 주로 안내문이나 개인 간의 연락을 위한 간단한 메모문에서 사용된다. 이때의 '-음' 사용은

긴 종결어미를 간단히 줄임으로써 전달 효과를 높이는 데 일차적인 목적이 있다.

사람에 대해 이러한 형식을 사용했을 때에는 청자 경어법을 중화시키는 문체적인 효과도 있다. 인터넷 대화방에서의 '-음' 사용은 전달 효과보다는 타자 과정에서의 편의성과 함께 경어법적인 문체 효과를 염두에 둔 것으로 생각된다.

다음 (5)는 문장에서 서술어가 없거나 서술어 가운데서 명사만 남기고 생략한 경우이다. 역시 짧게 문장을 표현하려고 한 것으로 "어떤?"과 같이 한 단어에 의한 문장이나 서술어를 생략한 문장들이 큰 부분을 차지하고 있다. "파라다 청주?"는 "파라다(님은) 청주에 사세요?" 정도의 문장을 핵심 단어만 남기고 줄인 것이며, "물어님 감사"는 "물어님 감사합니다" 정도의 문장에서 서술어의 일부를 줄인 경우라고 할 수 있다.[44]

(5) 대찬녀 쏘주한잔?
파라다 청주?
그쪽 나이는???
제가요 요즘 알바하거덩요 : 어떤?
물어님 감사

다음의 (6)은 어떤 스님이 포교를 목적으로 만든 불교 대화방에서 나눈 대화 한 토막이다. 우호적인 분위기에서 대화가 진행되다가 '선문정로'란 사람 때문에 분위기가 험악해지고 결국 선문정로의 강퇴로까지 이어진 경우이다.

---

44) 이정복(2000), 바람직한 통신언어 확립을 위한 기초연구, 문화관광부, 120쪽~121쪽, 참조.

(6) *사랑(kyi0408) 님께서 세이클럽을 떠나셨습니다.

반야 · 앗 방장님 ㅣ나가셨다

그리스 : 불공드리러 가셨겠죠

반야 : 음

선문정로 : 사가지 없는 방장이군

반야 : 을

반야 : 다운 같은데요

반야 : 거기에 왠 싸가지를

반야 : 말조심

선문정로 : 반야씨

반야 : 왜요

선문정로 : 몇살?

반야 : 왜요? 나이는

선문정로 : 한번 잘해보게 ㅎㅎ

반야 : 음.. 화니님아

화니 : 네

반야 : 아무래도 방 다시 만들어야 할 것 같아요

선문정로 : 그러지 말고 여기 있어

반야 : 다시 만들어 주세요

선문정로 : 요

   방장인 사랑(비구니, 48세)이 다운되면서 신중하지 못한 선문정로 (남, 27세)가 내뱉은 말(사가지 없는 방장이군) 때문에 반야(여, 20세)와 옥신각신하는 장면이다. 이때 '선문정로'에 대한 '반야'의 반감이 "거기에 왠 싸가지를", "말조심"처럼 종결어미를 생략한 형식에 담아 전하고 있다.

'감사합니다' 대신 '감사(어근)' 만이나 '감사함(명사형)으로 끝내는 방식은 상대방에 대한 대우를 중화시키는 효과를 갖지만 문맥에 따라 차이가 난다. '문 닫혔음' 처럼 불특정한 사람에게 전하는 글의 경우에는 대우법을 중화시키지만, 특정의 대화 상대자에게 전하는 글의 경우에는 (5)처럼 우호적으로, 때로는 (6)처럼 비우호적으로 전달되기 때문이다.

3) 조사의 생략과 잘못된 쓰임[45]

필수적인 문장성분에서 조사가 생략되는 일이 종종 발견된다. '사람 진짜 많다'에서는 주격 조사가 빠졌으며, '음성 남겨 주세요'에서는 목적격 조사 '을'이 생략되었다. 이것은 대화방 언어가 구어체적이기 때문이면서 동시에 한 글자라도 줄이려는 노력의 반영이라고 해석된다.

(7) a. 사람 진짜 많다(사람이)

　　 b. 아참 내사는 곳을 안알려 줬네(내가 사는)

　　 c. 청주사시는분 많네영(청주에 사시는 분이)

　　 d. 연락할수있으면 음성남겨주세요(음성(메시지)을 남겨 주세요)

　　 e. 서방님 어디 잠자로 갔어요(서방님은 어디에)

　　 f. 세이해요... 이따가~ 저 술 마시고요(제가 술)

위 (7f)의 '저 술 마시고요' 같은 경우는 조사가 빠짐으로써 '저'가 관형어인지 아니면 주어인지 혼란을 주고 있다. 글자 편의가 대화 상

---

45) 이정복(2000), 바람직한 통신언어 확립을 위한 기초연구, 문화관광부, 121쪽~122쪽, 참조.

대방에게 의미 해석의 혼란을 일으킨다면 그것은 언어 사용의 기본
원칙에서 벗어나는 일로서 문제가 아닐 수 없다.

4) 잘못된 어순[46]

어순의 면에서 지적할 문제는 많지 않다. 대표적으로 부사가 연속
되는 경우, 자연스런 순서가 지켜지지 않은 경우와 부정사의 위치에
서 몇 가지 문제가 발견된다. (8a)에서 부사 '너무'는 서술어 '복잡
하다'를 직접 꾸미기 때문에 서술어 바로 앞에 놓이는 것이 자연스러
운 것이다. 또 (8b)에서는 '영화'가 목적어이기 때문에 '요즘에 무슨
영화를 봤어요?' 정도가 바른 표현이라 하겠다. 물론 이 경우 대화
진행을 빠르게 하기 위해 '영화'를 화제로서 문장의 앞쪽에 두었다고
할 수 있지만 어떻든 자연스럽지 않은 것이 사실이다.

(8) a. 넘 여기 복잡하다
　　b. 영화 요즘에 뭐 봤어요?
　　c. 열받았다 우리 서방님
　　d. 이십대 후반에 들어서면 엄청 빨리 갑니다. 세월이
　　e. 아참 내 사는 곳을 안알려줬네
　　f. 여자분들은 학교 안 밝힌 거 같다는 생각이
　　g. 남자분들한테 넘 안 물어 본거 같은데
　　h. 니가 안멋진게구나
　　i. 얼마나 공주를 못만나봤으면 무조건 공주병으로 치부하실까나

---

46) 이정복(2000), 바람직한 통신언어 확립을 위한 기초연구, 문화관광부, 122쪽~123쪽, 참조.

(8e~8i)는 부정사 '아니'나 '못'이 서술어의 앞쪽에서 나타나서 단형 부정문을 이룬 경우이다. 서술어가 복합어나 파생어일 때 단형 부정문의 성립이 어렵고, 또 어간의 음절수가 3음절 이상인 경우에도 그러한 경향을 보임을 고려하면 위의 예들은 자연스러움에서 벗어나 있다.

인터넷 대화방 언어에서 장형 부정문이 쓰이는 경우는 거의 찾아보기 어려운데 그것은 단형 부정문이 타자의 경제성에서 유리하고 부정사를 서술어 앞에 둠으로써 부정의 의미를 좀더 분명하면서도 빠르게 표현할 수 있기 때문인 것으로 보인다.

5) 호칭 및 경어법[47]

경어법의 면에서 지적할 문제는 다음 사례와 같이 호칭어와 청자 경어법의 말 단계가 제약 없이 자유롭게 공기하는 점이다.

(9) a. 너 충남어디살어요
    b. 경민님은 언고?
    c. 물고기님은 20살? 푸하하

(9a)에서는 부름말로 '너'를 쓰고 있으면서 종결어미에서는 '어요'를 사용하여 상대방을 높이고 있는 것이다. (9b)에서는 높임의 접미사인 '님'을 붙이면서 종결어미에서는 반말을 쓰고 있어 앞의 예와 대조적이다. 경어법의 규범을 강조하는 면에서는 호응이 되지 않았다고 할 수 있을 것인데, 다른 면에서 보면 높임의 강도를 조절하기

---

47) 이정복(2000), 바람직한 통신언어 확립을 위한 기초연구, 문화관광부, 123쪽~124쪽, 참조.

위한 관련 경어법 형식의 선택적 사용으로도 볼 수 있다.

일상어에서도 이러한 경어법의 사용은 종종 관찰되지만 통신 언어에서는 그 빈도가 훨씬 높은 것으로 보인다. 통신 언어의 자유로움이 어느 수준인지 짐작하게 하는 예이다.

> (10) a. 방장님은 나이가 어찌 되시나요
>
> b. 민경님 어쇠엽즐팅하시구엽
>
> c. 프라다님은 뭐 하시나요?
>
> d. 님 토크토크의 나 속상해에 딸기엄마 글 읽고 오세요
>
> e. 님 노가다 하나요?
>
> f. 님덜 너무 조용하군여
>
> g. 아프로님 스토커를 즐기면서 키우신다면서요?
>
> h. 반말님아 할렁임당~
>
> i. 아를님은 꿈도 많으셔
>
> j. 캔디님 마음에 드는걸……

통신 대화방에서는 호칭어로 '님'이 아주 일상적으로 사용되고 있다. 이 형식은 일상어에서는 여전히 '선생님', '박사님' 등에서 접미사로 쓰이는 용법이 주류를 차지하고 최근에 '홍길동님'이나 '길동님'과 같이 호칭의 의존명사로 쓰이고 있다. 그런데 통신 언어에서는 이러한 용법은 물론이고 대화명 등에 붙어 호칭어로서 자연스럽게 사용되고 있다. 또 (10e~f)에서처럼 '님'이 통신 언어에서 대명사로 확대되어 쓰이고 있으며, 두루높임의 기능을 갖는 통신 호칭어로서 자리잡았다.

통신의 대화에서는 상대방에게 '님'을 꼭 붙이고 높임말을 사용해야 한다. 나이에 관계없이 존칭을 쓰는 것이 상대방을 존중하는 마음

의 기본이며, 존칭은 대화방의 분위기를 부드럽게 만들기 때문이다.

(11) a. 반야 : 선문정로님은 종교가 머에요?

b. 선문정로 : 선문정로도 모르니?

c. 반야 : 왠 반말?

d. 선문정로 : 그러고 보니

e. 반야 : 정로님아 반말 하지마라

(11)은 청자 경어법의 면에서 해요체나 합쇼체와 잘 어울려 쓰일 뿐만 아니라 해체 등의 반말 형식과도 어울려 쓰임을 보여준다.

4-5. 인사말

1) 전형적인 인사말

(1) a. 라기븐 : 악세사리님 할랑

b. 네프 : 아릉하세효~

c. 삭만 : 즐음하셈

d. 쿨진 : 쩝..

e. 버찌 : 네-_

f. 삭만 : 행벅하셈

g. 호순이 : 러뷰 빠이

2) 입장 인사

(2) a. 어서와라 방가

b. 어섭서 방가여

c. 방가

d. 안냐세요 방가르르

e. 정아 : 써니님 오솟때여 잘보내 쩌

＊kyk62(강영길) 님이 입장하셨습니다.

f. 어솨여

g. 어섭서

h. 어서오시와여

i. 어시오세여

j. 어소세요

k. 어소세여

l. 아찌 오솟때여

m. 오신님 어솨여 방겨요

n. 어서 납시지요

(3) a. 하니 : 어서옵쇼～～～～～ ^^ 꾸벅 ～(＿)～ 하니 방송듕임니닥

    ＋＿＋

b. 복태애인 : 벅꾸

(4) a. 향기 : 존아침!(익숙한 사이)

b. 은지 : 어소세여 존아침임돠

(5) a. 하이 ～ 방가여

b. 넹 오소와따여

(6) a. A(남, 24세) : 하이여～

b. B(여, 40세) : 하이~

c. A(남, 24세) : (이모티콘) 방가~

d. B(여, 40세) : ㅎㅎㅎㅎ

3) 대답 인사

(7) a. 뤼~~~ 어셥셔

b. 야생화 : 방가 단비야 어여와!

c. 방가방가

d. 방가르르

e. 방가부러

f. 안녕!! 올만~

4) 재입장 인사

(8) a. 리하이(Re Hi)

b. 리까꿍

c. 다시 방가

d. 뤼~~~~

5) 재입장 인사의 대답

(9) a. 왜 나만 밀어유

b. 바다 : 산책님아 리~~

c. 산책 : 지송요~

d. 바다 : ㅎㅎㅎ

e. 산책 : 따운

f. 중전 : 리하이 ͡ ͡

g. 구름 : 컴다운 죄송ㅜㅜㅜ

h. 중전 : ㅎㅎ 알아여 ͡

6) 퇴장 인사

(10) a. 파초 : 모두 즐거운시간 되시와용 ͡ ͡ ͡ ͡ ͡ ͡ ͡ ͡ ͡ ͡ ͡ ͡ ͡ ͡ 주
섬주섬

b. 레용 : 좋은 시간 되세요 안뇽히... 님들.. 끝 ͡

c. 자미 : 님들 즐팅하세요. 즐밤 보내시구요.

d. 정아 : 존밤 데시구예

e. 리나 : 님들 즐넷하고 해피데이

f. 여우 : 모다 즐음하세여

g. 약산 : 모두 즐거운 밤 보내시구랴

.

4-6. 말투

말투는 말하는 사람의 말하는 방식이나 독특한 말버릇을 뜻한다.
말투는 말의 음운, 어휘, 문장의 구성, 비유적인 표현, 리듬 등에 따
라 결정된다. 한마디로 말해서 말투는 표현상의 특성이라고 할 수 있
다.
대화방 언어는 구어체를 기본으로 하며 다음과 같은 몇 가지 독특
한 말투를 갖는다.

1) 축약체

구어체의 실현과 입력의 시간과 품을 줄이기 위해 적용된 말투로서 대화방 언어의 가장 대표적인 특성이라고 할 수 있다.

다음 (1a)의 '임다'처럼 '입니다'를 축약하여 표현하고 있다. 또한 (1b)의 '안냐'처럼 '안녕하'를, (1c)의 '알써'처럼 '알았어'를 축약하여 표현하고 있다.

　　(1) a. 제우스 : 〔최혜원 - 항상 그 자리에〕담곡임다(다음 곡입니다)

　　　　b. 코니콘 : 안냐세여(안녕하세요)

　　　　c. 파트라 : 알써여(알았어요)

2) 생략체

음운이나 음절을 축약하는 것이 아니라 아예 음운이나 음절 혹은 형태소까지 생략하는 말투가 자주 쓰인다. (2a)의 '알더'는 선어말어미 '-았-'이 생략된 말투이며 (2b-c)의 '헷갈리'과 '미티'는 각각 '-ㅂ니다'와 '-겠다'가 생략된 말투이다. (2d)의 '올만'은 '-이에요' 혹은 '-이야'가 생략된 것이나 (2e)의 '올만'은 어미구조체 전체를 생략한 표현이다. 또한 (2f)의 '즐음하셈'은 첨사 '-요'가 생략된 말투이며, (2g)의 '감사요'는 '해'가 생략된 말투이다.

　　(2) a. 정아 : 구래 알더(알았어)

　　　　b. 여우 : 대명 바꾸지 마여 헷갈리(헷갈립니다)

　　　　c. 지은 : 미티(미치겠다)

　　　　d. 지니 : 제우스님 올만이예요(오래간만이에요)

e. 제우스 : 올만 ⌒⌒*

f. 삭만 : 즐음하셈(즐겁게 음악을 삼상하세요)

g. 지니 : 감사요(감사해요)

3) 유아어체

초등학생이나 중학생들은 어린아이 말투를 기피하는 것으로 나타났다. 어른스럽게 보이려는 심리에서 그런 현상이 나왔을 것이다. 반면 어린아이 말투는 대학교 이상의 어자 이용자한테서 자주 쓰이고 있다.

유아어체의 특성은 첫째, 마찰음을 파열음으로 발음하는 것이다. 아이들은 서너 살 때까지 '마찰음'을 잘 발음하지 못하고 '파열음'으로 발음하는 경향이 있다.

대화방에서는 다음의 (3)처럼 어린이 말투를 흉내내며 재미를 추구한다.

(3) a. 정아 : 솔아찌 요기잇선네(솔 아저씨 여기 있었네)

　　b. 슈야 : 연민찌 팬클럽회원 많넥(연민씨 팬클럽회원 많네)

　　c. 카오 : 구래 아라떠(알았어)

　　d. 라뷰 : 감돠(감사해요)

　　e. 돈아 : 언냐 따랑해((((((((언니야 사랑해요)

　　f. 찬호박 : 잠만 잠뚜해여 지성(잠깐만 잠수할게요 죄송)

둘째, 복모음을 단모음으로 발음한다. 어린이는 복모음을 제대로 발음하지 못하고 단모음으로 발음하는데, 이런 말투를 흉내낸 것이 다음의 (4)이다.

(4) a. 빤딱 : 이건 말이 안대~(이건 말이 안 돼)

　　b. 부팀 : 미오해(미워해)

　　c. 록크 : 키즈풀쟈~~~~(퀴즈 풀자)

　　d. 제우스 : 출근하면 모해요?(뭐 해요?)

　　e. 정아 : 휴~~ 데따(됐다)

　　f. 풍선껌 : 오징어링먹고싶어 사종

　　g. 하양하탕 : 앙대욤?(안돼요?)

셋째, 평순모음을 원순모음으로 발음한다. 입술을 오므리고 발음하는 어린이의 귀여움을 나타내기 위한 것으로 다음 (5)가 그것이다.

(5) a. 제우스 : 따라하지마로(따라 하지 말아)

　　b. 등대 : 저 사진 절멋을 때 나 마죠(맞아)

　　c. 정아 : 몰 어캐 생겨 볼거 웁또(없어)

이런 유아어체의 흉내는 구강구조의 미발육이나 발음기술의 미숙 따위에서 비롯된 말투들이 오히려 귀여운 분위기를 연출하는 데 효과적으로 작용하고 있기 때문이다.

4) 만화체

(1) 의성어, 의태어

만화어의 상징이라고 할 수 있는 의성어와 의태어가 많이 쓰인다.

(6) a. 와라라락

　　b. 허걱

c. 호미

d. 휘리릭~~~~~~~~~

(2) 과장 표현

(7) a. 넵

b. 가지 맛

c. 나 간당

d. 인냐세염

5) 의고체(擬古體)

의고체는 일상 언어에서 안 쓰이게 된 옛 단어와 어구를 일부러 사용하는 것이다. 그 예로 기미 독립선언문이나 조지훈의 「고풍의상」 따위가 있으며, 적절하게 구사한다면 장중하고 고아하며 설득력이 있다. 그러나 대화방에서 쓰이는 의고체는 단지 재미삼아 말장난으로 쓰는 경우와 상대방을 비꼴 때 쓰는 경우가 대부분이다.

(8)은 예전의 초등학교 국어 교과서나 주요섭의 「사랑 손님과 어머니」에서 보이는 문체로서 정중하며 때론 귀여운 맛도 있다. 그러나 (9)는 문맥과 동떨어진 의고체 사용으로 신선한 맛과 재미는 줄 수 있지만 자칫 상대방을 비꼬는 것처럼 오해될 가능성도 있다.

(8) a. 꽃누리 : 안녕하셔요? 어서 오셔요.

b. 무지개 : 저 모르셔요? 그럼 저 삐질거여요.

(9) a. 이별 : 아 무 말 들 이 없 느뇨 - ㅅ - ;;

b. 산책 : 이별님! 오서 오소서.

c. 파트라 : 별님~ 어서오시와여~

d. 파초 : 만트라님 어서 납시지요

e. 듣기만 : 열분덜 새해 복 왕창 바드소서

f. 뮤직 : 신청곡 일창으로 주시와요

g. 경빈 : 메야!!!

h. 카박사 : 방제 고치랍십니다.

i. 엄상궁 : 네 그러케하시와요 마~마~ ㅋㅋ

j. 프리오 : 마마 고정하옵소서 그러케하시면 체통이 떨어지옵니다.

k. 체리향 : 어서들 오시와여 존아침되세요~~*

6) 방언 혼효체

통신 언어에서는 각종 방언의 교섭 현상이 심하여 방언 사용만 가지고 그 사람의 출신지역을 가늠하지 못할 때가 많다. 일상에서 사용하는 자신의 방언이 아니라도 의도적으로 사용하는 경우가 많다. 상대방의 방언을 흉내냄으로써 자신의 감정을 '자연스레 표현'하고 '친밀하게 표현'하며 또 '재미있게 표현'할 수 있기 때문이다. 그러나 정확하지 않은 방언을 섞어 쓰다 보니 새로운 말들이 생겨나고 어떤 방언인지 알 수 없는 경우도 생기며, 방언의 차이인지 단지 어법 파괴의 결과로 생긴 어형인지가 분명치 않은 경우도 많다.

(10) a. 라뷰(경기) : 저두 엄청 방가버용, 벌써 나가능겨?

b. 향기(경남) : 그 시간에 고도리를 햐?, 고도리가 먼 재미가 잇더노?

c. 인어(충남) : 지금은 개안혀~(괜찮아) 개안타

5. 통신 언어의 문제점과 극복 방안[48]

컴퓨터 통신망에서 사용되고 있는 언어는 일상 언어와는 다른 여러 가지 특징을 보여준다. 음절을 줄이거나 소리나는 대로 적는 등의 방법으로 타수를 줄여 빠르고 편리하게 글자를 적으려는 경제적 동기와, 일상어와는 달리 형태를 바꾸어 봄으로써 통신 분위기를 재미있게 하거나 편하게 하려는 표현적 동기, 그리고 규범에 기초를 두고 있는 현실 공간의 말글살이에서 벗어나 보고자 하는 심리적 동기 등이 복합적으로 어울려 현재의 통신 언어를 만들어내었다. 그러나 이러한 통신 언어의 사용은 규범적인 면에서 많은 문제점을 드러내고 있다.

무엇보다 어문규범 파괴형의 표기 관행이 표준적인 것처럼 인식되고 또 일상화되어 있는 것은 현실 언어의 체계에 부정적으로 작용할 위험성이 있다.

통신 언어의 문제점은 크게 세 가지로 나누어 볼 수 있다.

첫째, 세대간의 단절이다.

타자 실력이 뛰어나도 젊은 네티즌들이 즐겨 사용하는 통신 언어에 익숙하지 않으면 금방 따돌림을 당한다. 장년층 네티즌들이 대화방에 들어가 채팅을 하는 데는 상당한 용기를 필요로 한다. 시대가 변화하면서 부모와 자식간에 세대 차이로 갈등이 심화되고 있다. 그 갈등의 한가운데 세대간의 대화 단절이 자리잡고 있으며, 통신 언어의

---

48) 이정복(2000:187-199) 참고.

사용이 단절의 양상을 부채질하고 있는 것이다.

둘째, 통신상의 익명성에 기댄 비방과 언어 폭력을 들 수 있다. 컴퓨터 통신은 게시물에 실명을 쓰지 않아도 되기 때문에 남들 앞에서 자신의 의견을 제대로 펴지 못하는 사람들에게 표현의 자유를 누릴 수 있도록 도와준다. 또 외모 지상주의인 이 시대에 사람을 외모로 판단하기 이전에 대화를 나눔으로서 상대방에 대한 진정한 모습을 찾을 수 있는 기회를 제공하기도 한다. 그러나 통신 공간이 상대방과 얼굴을 마주보면서 대화하지 않고 게시물에 익명성이 보장된다는 점을 악용해 상대방을 음해하고 음담패설을 남발하고 욕설을 거침없이 사용하고 있다.

셋째, 어법에 맞지 않는 표현으로 일상어와 마찰을 일으킨다. 인터넷 통신의 백미는 사람과 사람의 만남에 있다. 서로 정보를 교환하거나 일상의 시시콜콜한 이야기를 나누면서 현대를 살아가는 묘미를 만끽할 수 있다. 그런데 통신 예절이 결여되면 즐거움은커녕 오히려 짜증이 난다. 이 통신 예절은 언어로부터 시작된다. 그런데 통신 언어는 대부분 말을 자르거나 장난스럽게 조어(造語)되어 있다.

표기면에서 연철표기와 말음첨가 표기가 남용되며, 음운면에서 의성·의태어, 음운교체 현상, 경음화 현상, 축약 현상 등이 남용되며, 어휘면에서 은어·비속어, 방언의 혼효, 조어법을 어긴 신조어 사용 등이 지나치게 많으며, 문법면에서는 문장의 완결성 결여, 종결어미의 변용, 조사의 오용, 잘못된 어순 사용, 호칭 및 경어법의 오용 등이 문제가 되고 있다.

'안뇽', '방가', '어솨용' 같은 말을 쓰면서 존경하는 마음은 우러러 나오지 않을뿐더러 상대방 역시 대충 말뜻을 알아차리는 정도로 가볍게 받아들인다. '마자여(맞아요), 고마워여, 낼 만나여'처럼 연철표기를 사용하거나 말끝을 '-여'로 마치는 문장을 대할 때는 거부감

마저 느낀다.

이 정도면 그래도 봐줄 만하다. 얼굴이 안 보인다고 해서 상스러운 말을 마구 할 때는 컴퓨터 문화에 대한 회의감을 느끼게 한다. '좆나게(매우)'가 어원인 '졸라(또는 '존나')'라는 말이나 '컴섹(컴퓨터 섹스)'이라는 말을 노골적으로 쓰는 이도 많다.

나우콤이 나우누리 이용자 4681명에게 "통신 언어가 일상 언어에 영향을 주느냐?"고 물어 본 결과, 68.72%에 이르는 3217명이 "그렇다"고 대답했으며, 1270명(27.13%)은 "아니다", 194명(4.14%)은 "잘 모르겠다"는 반응을 보였나 한다. 네티즌을 무작위로 뽑아서 한 조사였지만 절반 이상의 네티즌이 통신 언어가 일상 언어에 영향을 준다고 생각하고 있다. 이는 통신에서 사용하는 비문법적인 말들을 통신 공간 안에서만 사용하고 그치는 것이 아니라 일상생활에서도 사용하고 있다는 것을 시사한다.

한 나라의 말이 바로 서지 않으면 그 나라의 사상이 흔들리고 얼이 흐려진다. 잘못된 통신 언어가 일상생활에 미치는 영향을 간과해서는 안 될 것이다.

통신 공간에서 쓰이는 언어가 일상 언어는 물론이고 가치관 형성에도 악영향을 끼친다는 보고가 있다. 이제 우리 모두 통신 예절에 대해 심각하게 생각해 봐야 할 때다. PC통신의 대중화 시대를 맞아 상대방의 인격을 존중하는 예절을 몸에 익히는 자세가 필요하다.

정부는 컴퓨터 교육에서 기능인 양성과 함께 그에 따르는 윤리적 문제를 인식시켜야 한다. 정보통신윤리위원회에서는 다음과 같이 '네티즌 기본정신'[49]과 '네티즌의 행동강령'[50]을 제정했다. 이제 통신 언어에 대한 정부의 정책적인 연구와 홍보가 절실하다. 7차 교육

---

49) 1)사이버 공간의 주체는 인간이다. 2)사이버 공간은 공동체의 공간이다. 3)사이버 공간은 누구에게나 평등하며 열린 공간이다. 4)사이버 공간은 네티즌 스스로 건전하게 가꾸어 나간다.

과정에 인터넷 예절과 사용 언어에 대한 교육이 일부 반영되었지만 구체적이고 체계적인 교육이 필요한 실정이다. 교사 또한 인터넷 문화에 대해 정확히 이해하고 문제점을 해결하려는 적극적인 자세를 가져야 하며, 인터넷 사용자도 통신 언어에 대한 인식의 전환이 필요한 때다.[51]

---

50) 1)우리는 타인의 인권과 사생활을 존중하고 보호한다. 2)우리는 건전한 정보를 제공하고 올바르게 사용한다. 3)우리는 불건전한 정보를 배격하며 유포하지 않는다. 4)우리는 타인의 정보를 보호하며, 자신의 정보도 철저히 관리한다. 5)우리는 비속어나 욕설을 자제하고, 바른 언어를 사용한다. 6)우리는 실명으로 활동하며, 자신의 ID로 행한 행동에 책임진다. 7)우리는 바이러스 유포나 해킹 등 불법적인 행동을 하지 않는다. 8)우리는 타인의 지적 재산권을 보호하고 존중한다. 9)우리는 사이버 공간에 대한 자율적인 감시와 비판 활동에 적극 참여한다. 10)우리는 네티즌 윤리강령 실천을 통해 건전한 네티즌 문화를 조성한다.
51) 네티켓에 대한 정보는 "http://www. dongnae. ms. kr/data/netiquette. htm" 참고.

■ 참고 문헌

1. 참고 논저

LG상남언론재단(1998),『신문제목 달기』, 상남문고 제2권.

국립국어연구원(2001), "방송 언어 오용 사례".

국어연구원(2000) "신문 언어 실태 조사 자료(일간지 11곳)", 국어연구원 자료실.

김기철(2000), "경박한 TV 토크쇼…… 말장난만 넘쳐", 조선일보 2000년 10월 24일자.

김상준(2001), "한국어의 발음과 낭독 지도법", -『매체 활용 · 우리말을 살리는 국어 교육』에 수록됨-, 2001년 전국국어교사모임 충청 · 호남권 여름 연수 자료집.

김진우(1985),『언어』, 탑출판사.

바른언론을 위한 시민연합(1999), "프로그램의 넘쳐나는 자막", 모니터 보고서.

박갑수 외(2001),『방송화법의 이론과 실제』, 집문당.

손지영(2001), "이모티콘", 연세춘추 제1433호 2002년 1월 1일자.

아이두 캠페인, "언어파괴는 이제 그만!".

양수련(2002),『시나리오 맛보기』중 '시퀀스(Sequence)에 대한 이해'.

오석기(2000), "사이버 감정표현 '이모티콘' 인기", 강원일보 2000년 10월 25일자.

왕문용(2002), "통신 언어, 어떻게 쓸 것인가", 중학 국어(1-2).

이익섭(2001),『국어학개설』, 학연사.

이익섭(1997),『방언학』, 대우학술총서 인문사회과학13, 민음사.

이정복(1997), "컴퓨터 통신 분야의 외래어 및 약어 사용 실태와 순화 방안", 외래어 사용 실태와 국민 언어 순화 방안, 국어학회.

이정복(1998), "컴퓨터 통신 분야의 외래어 사용", 새국어생활, 국립국어연구원.

이정복(2000a), "컴퓨터 통신 속의 지역 방언", 우리 말글과 문학의 새로운 지평, 도서출판 역락.

이정복(2000b), 『바람직한 통신 언어 확립을 위한 기초연구』, 문화관광부.

이정복(2000c), "통신 언어로서의 호칭어 '님'에 대한 분석", 사회언어학, 한국사회 언어학회, 8권 2호.

이정복(2001a), "10대 청소년들의 통신언어 사용과 문제점", 한글사랑, 한글사.

이정복(2001b), "통신 언어 문장종결법의 특성", 우리말글, 우리말글학회.

이주행(1999), 『방송화법』, 역락.

인하대 국어국문학과(1997), "컴퓨터 통신어 연구".

임태섭·이원락 공저(1997), 『보도언어론』, 삼성언론재단.

장소원(2001), "방송 언어 표현의 문제점과 과제", 월간 방송문화 2001년 1월호.

정진홍의 e컬처, 동아일보 2000년 5월 29일자.

주철환(2001), "꼬리에 꼬리 무는 자막, 공해수준", 중앙일보 2000년 12월 4일자.

주호석(2001), "눈부신 인터넷보급률 역기능도 따져봐야", 한겨레 2001년 7월 23일자.

통계청(2000), "1999년 생활시간조사 결과".

홍호표(2000), 『정보사회와 미디어 산업』, 나남출판.

2. 참고 사이트

KBS 아나운서와 함께(http://www.kbs.co.kr/announcer)

LG상남언론재단(http://www.lgpress.org)

MBC(http://www.imbc.com)

SBS 채팅(http://chat.sbs.co.kr)

YMCA 시청자시민운동본부(http://www.watchtv.or.kr)

경실련(http://www.ccej.or.kr)

국립국어연구원(http://www.korean.go.kr)

국어분화운동본부(http://www.barunmal.co.kr)

국어정보처(http://cc.kangwon.ac.kr)

딴지일보(http://www.ddanzi.com/ddanziilbo)

문화개혁 시민연대(http://www.cncr.or.kr)

미디어 오늘(http://www.mediaonul.com)

미디어교육센터(http://www.medialiteracy21.net)

사이버중독정보센터(http://www.cyadic.or.kr)

세이클럽(http://www.sayclub.com)

아이두(http://www.idoo.net)

언론개혁 시민연대(http://www.pcmr.or.kr)

언어파괴를 반대하는 사람들(cafe.daum.net/antioutside)

오마이뉴스(http://www.ohmynews.com)

우리말나들이(http://www.mbc.co.kr/korean/korean.htm)

임태섭 Speech 연구실(http://daisy.kwangwoon.ac.kr/~tslim/speech.html)

전국 국어 운동 대학생 동문회(http://www.hanmal.pe.kr)

종합뉴스데이터베이스 KINDS(http://www.kinds.or.kr)

주철환 PD의 방송 교실(http://www.mbc.co.kr/NETOP/9808/online/
index.html)

진실 미디어정거장(http://jinsil.inkorea.com)

통계청(http://www.nso.go.kr)

한국교열기자협회 말글넷(http://www.malgeul.net)

한국방송영상산업진흥원(http://www.kbi.re.kr)

한국방송협회(http://www.radiotv.or.kr)

한국언론재단(http://www.kpf.or.kr)

한국여성민우회 미디어운동본부(http://fairmedia.womenlink.or.kr)

한국영화지킴이 코리아필름(http://www.koreafilm.co.kr/press)

한국인터넷정보센터(http://www.nic.or.kr)

한글문화연대(http://www.urimal.org)